美國歷史的不癒傷口

思想評論

追念張灝先生

警覺人世與人性之惡

郭克

2022年4月20日，張灝先生離我們遠去了。

我聽到這個消息，正封控在上海的家宅一月有餘，每天看到、聽到各種令人窒息的悲劇在身邊發生，心情無比沮喪。張先生噩耗傳來，更讓我難以置信，我瘋狂地打電話、發微信給香港和台灣的朋友，試圖確證這個消息，內心期盼這不是真的，僅僅是一個誤傳。然而，張先生終究走了，走得是那樣地突然，步履匆匆。

我想，他與師母感情是那樣地融洽，陪伴一生，相依為命。當兩年前師母先他而去，他想必感到孤身一人，在這個世界是如何地寂寞，他的心隨她而去了，如今，他的生命也追隨師母，到了天堂。與師母重新相伴，對於張先生來說，也未嘗不是解脫，是另一種幸福。

是啊，在張先生生命的最後時光，遍目所及看到的世界，俄烏戰爭的殘暴、新冠疫情的肆虐、海峽兩岸上空沉重的烏雲以及他所熱愛的故鄉之種種逆象，一定讓他傷心絕望。這世界不再令人著迷，甚至不再令人期待。了解他內心的朋友都知道，張先生的性格是外冷內熱，表面看來，是純粹的學人，淡泊節制，對人與事都保持一段審慎的距離。其實，他的內心是熾熱的，對國家和世界的命運有著深切的關懷。特別是他揮之不去的大中華情懷，更是刻骨銘心，只是不為一般人知曉而已。

我最後一次與張先生通電話，問：「先生最近在研究什麼問題?」他緩緩地回答：「我正在思考，為什麼在中國人會被神化？」我不知道，他在生命的最後時光，是否找到了答案。但是，人的神化，正在現實中發生，這個「人」，既是抽象的、整體的「人」，也是具體的、肉身的「人」。相信人定勝天，人可以憑藉現代高科技、大資料和生命科學，再加上人的創造性意志，能夠戰勝大自然，包括各種瘟疫和病毒。

然而，被神化了的人真的能創造戰勝自然的奇跡嗎？張先生的老師史華慈教授是不信的，張先生更不會相信，現實中發生的一切也證明了人的虛妄。張先生一生以研究人的「幽暗意識」而著稱，人之所以無法成為無所不知、無所不能的上帝，無法成為大自然的主宰者，最重要的，乃是人性中有著無法克服和消解的「幽暗」與「惡」。

在張先生留下的文集當中，有一篇少有的慷慨激昂短文〈不要忘掉二十世紀！〉。二十世紀有兩場大的人類劫難，一個是慘絕人寰的兩次世界大戰，另一個是從蘇俄革命開始到中國文革終結的烏托邦實驗。這兩場劫難，奪去了幾千萬人的生命，為世界留下了物理與精神的黑暗廢墟。張先生引用慕尼克猶太人紀念碑上鐫刻的名言：「忘掉歷史的人，勢將重蹈覆轍」，他說：「中國人能從兩次浩劫中活過來，能從無數災難中走過來，這就是希望，但這希望必須是經過苦難提煉的，必須是由憂患感昇華的」。[1]

然而，在二十一世紀生活了二十一年的張先生，目睹新世紀中

1 張灝，〈不要忘掉二十世紀！〉，收入張灝，《時代的探索》（台北：中央研究院、聯經出版公司，2004），頁35。

種種的倒退、逆轉和頹敗，他一定很寒心地發現，世界可以變化，科技可以進步，但人性是永遠不會變的。幽暗與生俱來，而人性中的惡伴隨著系統的惡，在這個世界上無所不在。

在世界正處於惡之花到處氾濫的風雨飄搖之際，我想重溫一下他留下的文字之中，對人性中的幽暗意識、人如何被神化以及晚年對人性和人境（the human condition）中「惡」的思考，以此作為對張先生的追念，以回應這個苦難的時代所面臨的大問題、大疑惑。

張先生所說的幽暗，並非一般意義上的性格弱點，而是本體論意義上的宇宙與人性的內在本性。「所謂幽暗意識是發自對人性中與宇宙中與世俱來的種種黑暗勢力的正視和省悟」。[2] 但張先生特別補充，這種意識並非對本體論意義上的幽暗在價值上的認可，相反，與中國傳統中的法家、歐洲的馬基雅維利和霍布斯關於人性本惡的觀點不同，幽暗意識的背後，有著強烈的道德感，對幽暗保持一份警惕、反思和疏離。他在哈佛求學期間深受史華慈教授和尼布爾教授的影響，堅信基督教的人性二元論，人性中具有神性和幽暗性兩面，即有自我超越與昇華的神性，也有向下墮落的幽暗性。「人是生存在兩極之間的動物，一方面是理想，一方面是陰暗；一方面是神性，一方面是魔性；一方面是無限，一方面是有限。人的生命就是在這神魔混雜的兩級之間掙扎與摸索的過程」。[3] 張先生晚年日益堅信的對人性的看法，既不陷入淺薄的樂觀主義，也警惕法家、霍布斯式的冷酷，在理想主義與幽暗意識之間保持適當的平衡，不錯，無論從日常生活，還是在苦難歲月，我們都可以看到人性的這

2 張灝，〈幽暗意識與民主傳統〉，收入張灝，《幽暗意識與民主傳統》，（台北：聯經出版公司，2020），頁10-11。

3 張灝，〈幽暗意識的形成與反思〉，收入《時代的探索》，頁236。

種內在張力。

然而，張先生終生思考的問題，重心乃是為什麼現代中國人缺乏這種必要的幽暗意識，以至於出現人的自我神化？以我的閱讀經驗，發現張先生是從兩個源頭來分析展開：古代儒家的道德理想主義和近代由啟蒙到馬克思的歷史理想主義。

先說儒家的道德理想主義。儒家乃是成仁成聖哲學，從孟子到宋明理學，都相信人性本善。雖然朱熹之後，受到佛教的影響，也深刻意識到人性中的「無明」，憂慮受欲望支配的生命中「小體」或「賤體」，有向下墮落的可能，然而，對人性持樂觀主義的儒家，依然相信生命中的陰暗面，是可以通過個人的道德修養加以根本性消除的，聖人與聖王不僅是可能的，也是必要的，這個世界應該由道德完善的個人由聖而王，實現理想之治。而源自於基督教觀念的幽暗意識，堅信人性中的陰暗面永遠無法根除，人神之間有著不可逾越的鴻溝，凡人不可能達到至善，也不會有「完人」的神性化統治。

張先生發現，不僅儒家有迷戀聖王的道德理想主義，而且中國思想的三大主流傳統儒道佛，都有一個共通的觀念：「人類的內在自我含有神性，而且經由道德或精神修為，人可彰顯天賦的神性，進而神格化。此一信念是以『天人合一』的精神觀作為基礎，而此一精神觀則是儒道二家思想的核心，雖然原始佛教教義並不標舉此一信念，可是大乘佛教在中國發展之後，它的核心思想卻與此信念頗有類同之處」。[4] 一般學者對道德理想主義的考察，只是到儒道佛三家為止，然而，思考深邃的張先生不滿足於此，他要追蹤「人

4 張灝，〈扮演上帝：二十世紀中國激進思想中人的神化〉，收入《時代的探索》，頁142。

類自我的內在神性」究竟淵源何處？

張先生從古老的「軸心文明」那裡找到了這個源頭。史華慈教授沿著雅斯培提出的「軸心文明」理論，曾經發起過「軸心時代」的討論。張先生循著老師的思路，進一步探索「軸心時代」中的「人的自我神化」祕密。之前關於「軸心文明」的研究，都指出各大「軸心文明」都以各自的方式，產生了「超越意識」，即在現實世界之上，建構了另一個超越的世界。這就是帕森斯所說的「文明的突破」。然而，張先生在前輩學者基礎上，偏偏多想了一點點，他發現：「要認識『軸心時代』的思想特徵，不能只限於超越意識，而需要進一步看到由超越意識衍生的原人意識，後者才是『軸心時代』真正的思想創新」。[5] 所謂的「原人意識」，指的是「超越意識」的內在化，內化為個人的自身生命，上帝、自然或者天命的超越意志，嵌印在人的內心。個人的內在心靈可以與超越意志相通，因此「在原人意識中，人的生命發展有其無限性、終極性與完美性」。[6] 這些擔負著上帝意志或天命的心靈，即所謂的「先知」人物，「代表一種以聖賢英雄為企向的精神倫理，這種倫理我們稱之為『超凡倫理』或者『非常倫理』，以別於在近現代世界日益普及的世俗倫理」。[7] 這些擔當超越意志的精神先知，同樣秉承天命，他們與世俗王權構成了雙重權威，在張先生看來，啟蒙運動之後雖然超越世界消解了，但替代上帝或天命、擔當了普遍正義的啟蒙知識分子和公共知識分

5 張灝，〈世界人文傳統中的軸心時代〉，收入《時代的探索》，頁11。

6 張灝，〈世界人文傳統中的軸心時代〉，收入《時代的探索》，頁16。

7 張灝，〈世界人文傳統中的軸心時代〉，收入《時代的探索》，頁18。

子，其精神氣質依然在「軸心時代」先知們的歷史延長線上。

後來，張先生將這種從「軸心時代」先知到近代啟蒙知識分子的精神氣質，稱之為「人極意識」（radical anthropocentrism），即相信人是世間萬物生靈中的特殊存在，是世界的立法者，可以代表普遍、永恆與絕對的價值。不過，張先生也指出，「軸心時代」的「人極意識」與啟蒙運動之後的「人極意識」畢竟不同，前者「在超越意識的籠罩之下，對人的限制是有自知之明，其與近現代人本中心主義所展現的人可能取神而代之的狂傲是不能同日而語的」。近代以還的「人極意識」，「認為人是首出萬物，唯我獨尊，有能力對宇宙任憑己意加以宰制利用」。[8]

在張先生的分析架構之中，既看到了「軸心時代」與啟蒙時代的歷史延續，又區分了二者「人極意識」的時代差異，可謂細微精到。張先生的思想史研究，打通古今中西，他的內心真正所關懷的，依然是當下：在二十世紀的世界與中國，啟蒙運動以來的「人極意識」，是如何被時代潮流所激化，蛻變為人的自我神化？這就要轉到他對「幽暗意識」的第二個源頭：從啟蒙到馬克思的歷史理想主義之研究。

張先生曾經說過：「我近十多年來對儒家的理想主義與馬克思的歷史理想主義，在同情了解的同時，也保持批判的距離」。[9]所謂的歷史理想主義，那是18世紀啟蒙運動以後形成的單向直線發展歷史觀，其擺脫了傳統的歷史循環論，是基督教末世論的世俗翻版，相信歷史是由過去通向理想的未來之有目的的進步。到了19世紀，

---

8 張灝，〈重訪軸心時代的思想突破〉，收入張灝著、任鋒編，《轉型時代與幽暗意識》（上海：上海人民出版社，2018），頁39。

9 張灝，〈幽暗意識的形成與反思〉，收入《時代的探索》，頁235。

歷史理想主義通過無政府主義和馬克思主義得以激化，認定當前時代是歷史轉變的關鍵時刻，有一種強烈的危機意識，未來是光明的，現實是黑暗的，但是危難時刻孕育著復活新生的契機，從苦難的此世向得救的彼岸之間的跨越，取決於人的精神意志和激進的社會行動。二十世紀中國的三次大革命：晚清的反滿革命、國民大革命和中共革命，都充滿了這種來自無政府主義和馬克思主義的歷史理想主義精神。[10]

近代的歷史理想主義激化了傳統的儒家道德理想主義，在二者的相互融合之中，進一步催化刺激了「人的自我神化」。張先生有一篇非常重要的文章：〈扮演上帝：二十世紀中國激進思想中人的神化〉，初步闡述了他晚年想深入而未竟的問題。他從胡適、傅斯年、毛澤東、郭沫若等人身上，發現了近代中國知識分子從溫和的自由主義者到激進的共產主義者，都有一種源自於儒家傳統和啟蒙精神的「人的神化」的趨勢：「人的神化理念不但深植於中國傳統，而且也深植於近代思想中，五四知識階層同時承接這些固有及外來的觀念並以獨特的方式，將這些觀念一併陶鑄成當代中國激進的人極意識」。[11] 人的自我神話，其中的「人」，有雙重內涵，一個是整體的、集體意志的人民，另一個是代表人民整體意志的英雄豪傑。張先生在文章之中，特別分析了青年毛澤東思想中「人的自我神化」，毛說：「服從神何不服從己，己即神也，己以外尚有所謂神乎？」[12] 啟蒙運動之後，當傳統的「人極意識」失去了外在的天命

10 張灝，〈中國近百年來的革命思想道路〉，收入《時代的探索》，頁214-215。

11 張灝，〈扮演上帝：二十世紀中國激進思想中人的神化〉，收入《時代的探索》，頁159-160。

12 中共中央文獻研究市編，《毛澤東早期文稿》(長沙：湖南出版社，

羈絆，人成為「無法無天」的宇宙主人，人的自我神化被進一步激化。儒家的個體道德自主性放大為民族的集體自我，而集體自我最終又落實為領袖的個人決斷。張先生在文章當中特別注意到五四時期的傅斯年和毛澤東在中共七大上對「愚公移山」這則寓言的闡述。愚公對子子孫孫挖下去的信心，在傅斯年那裡展示了對集體自我的樂觀信心，而在毛澤東這裡昇華為代表人民的黨之意志，最終將會感動人民這尊天神，實現革命的終極目標。

此刻重讀張先生文章之時，整個世界再次處於某種樂觀的亢奮之中，人工智慧的出現、大資料和互聯網的發展、生命科學的進步以及即將誕生的元宇宙，讓很多人都重新迷戀人類發明的技術之偉大神魅，想像一個無比美好的技術烏托邦世界。青年毛澤東曾經堅信人定勝天，人的意志力量和創造力最終將戰勝大自然，並且享受與大自然鬥爭的極端樂趣：「與天爭，其樂無窮。與地爭，其樂無窮。與人爭，其樂無窮」。[13]然而，其樂無窮的鬥爭，要不要付代價？誰在付代價？縱然科技無限發展進步，能夠改變得了人性嗎？張先生所憂患的人性中的「幽暗」會因此改變或減少嗎？近十年來中國與世界的狀況無情地告訴我們，章太炎在晚清提出的「俱分進化論」是很睿智的，道高一尺，魔高一丈，善在進化，惡亦進化，人性中的惡不僅沒有減少，反而如跳出潘朵拉盒子的精靈一樣，借助高科技的魔力，以前所未有的速度在放大作惡。這就是我們今天所看到的嚴酷現實。

我注意到，晚年的張先生開始注意到「惡」的問題。他所說的

(續)

1990），頁230。

13 李銳，《毛澤東的早年與晚年》（貴陽：貴州人民出版社，1992），頁256。

「惡」，有兩個層面，一個是人性中的「惡」，另一個是人境（the human condition）中的「惡」。人性中的「惡」，來自與生俱來、無法消除的人性之幽暗面，但幽暗只是人性脆弱的一部分，指的是凡人都有在道德上墮落的可能性。但人性中的「惡」不同，並非每個人都有可能犯的道德小錯，乃是公共正義層次上的不正當之惡。張先生受到漢娜·阿倫特的啟發，將人性中的「惡」分為「極惡」和「常惡」兩種。「極惡」來自於人性中的極端的魔性，有著邪惡的動機。但弔詭的是，最邪惡的動機和最殘暴的行為，往往是以善的名義進行的。以惡行惡，惡是有限度的，因為行惡者明白違背了內心的良知；但以善行惡，惡的行為上不封頂，下無底線，行惡者自以為代表天命，代表人民的整體意志，內心沒有絲毫的敬畏，任何難以想像的傷天害理之事，都可以大打出手，無所顧忌。從法國大革命時期的雅各賓專政到史達林時期的大清洗、中國文革期間女紅衛兵打死校長老師，都是以善行惡的極端案例。

張先生雖然沒有直接研究「極惡」，但他從思想史的角度探究了「極惡」的一個重要源頭：以追求至善為終極目的的近代中國的烏托邦主義，特別是二十世紀三大革命高潮中呈現的剛性烏托邦主義，[14] 他還特別注意到，這種剛性烏托邦主義，與他稱之為的「高調的民主觀」有關，這種從盧梭開始並由馬克思所繼承發展了的民主觀，「是以集體主義為基調而又非常理想化的；在民主共和政治之下，不但人人自由，而且個人自由的歸趨是一個和諧無私的社會，這是一種接近烏托邦的民主觀念」。[15] 晚清以後，中國知識分子所

14 張灝，〈轉型時代中國烏托邦主義的興起〉，收入《時代的探索》，頁161-208。

15 張灝，〈中國近代轉型時期的民主觀念〉，收入《時代的探索》，頁64。

接受的民主觀，基本上就是這種類型的與民族主義、民粹主義內在結合的「高調的民主觀」。歷史上許多「極惡」的暴行，背後都有一種美麗烏托邦的理想、包括直接展示人民意志的「大民主」作為背書。經歷苦難之後的中國人是健忘的，從歷史中得到的唯一教訓就是，人們不能從歷史中得到任何教訓。

與「極惡」相對的，是張先生所說的「常惡」，即漢娜·阿倫特所說的「惡之庸常性」（banality of evil）。「常惡」來自於人性中的幽暗，雖然沒有罪惡的動機，只是被動地執行上級的指令，但因為缺乏內心的獨立思考和良知喪失，就像阿倫特所分析過的納粹分子艾希曼那樣，封閉在自我狹小的認知世界之中，不能從他人的感受中換位思考，也從不顧及行為的後果，既缺乏馬克斯·韋伯所說的「信念倫理」，更匱乏對行為結果擔當的「責任倫理」，即使有「槍口抬高一寸」的彈性空間，也像機器人一般無動於衷，自願成為行政機器上的殺人工具。著名的米爾葛蘭實驗，也證明了「常惡」在凡人中普遍存在的可能性，對命令的被動服從性要遠遠超過對施暴對象的同情憐憫心。有著邪惡動機的希特勒是很少的，但每個人內心都有一個艾希曼，「常惡」普遍存在於幽暗的人性之中。

張先生非常感慨地說：「阿倫特對『罪惡的庸常性』觀察，使我看到人世間黑暗與邪惡的出沒無常，無所不在，不僅需要審查人的內在動機，有時也需要把邪惡與人的動機分開，在人的內心以外去尋找。這裡我要特別強調人世陰暗的兩個外在源頭：制度與文化習俗或思想範圍」。[16] 由此張先生轉向了對「人境」中的惡的重視。雖然他作為思想史家，對此著墨不多，也並非其研究重心所在，然而，我想借助這篇短文，與張先生的在天之靈有所討論。我覺得，

16 張灝，〈我的學思歷程〉，收入《轉型時代與幽暗意識》，頁393。

張先生在研究二十世紀中國悲劇性源頭的時候，過於重視儒道佛三家中由於對人性樂觀期待、而匱乏基督教的「幽暗意識」，相比之下，他對中國傳統中的法家在現代中國投下的巨大陰影似乎缺乏重視。與歐洲的馬基雅維利和霍布斯一樣，法家思想對人性的看法是非常陰暗的，利用人性中的幽暗，那種自我保存的本能以及對失序的恐懼感，建立利維坦式的大一統絕對專制。我的老師王元化先生在文革期間曾經對法家的性惡論有尖銳的批判：「倘使人性中沒有潛在的善的基因，不管強制性的外在力量多大，化惡為善是不能的」。王先生對韓非利用人性之惡借助君主的絕對專制控制社會的理論深惡痛絕：「過去我只對韓非的法、術、勢深覺反感，一旦我弄清楚了性惡論的實質，我不禁對這種殘苛理論感到毛骨悚然。它給天下蒼生帶來多少苦難！」[17]我相信，張先生一定會同意王先生的看法，他後來再三說明，與法家、馬基雅維利、霍布斯對人性的看法截然不同，幽暗意識「仍然假定理想性與道德意識是人之所以為人不可少的一部分，唯其如此，才能以理想與價值反照出人性與人世的陰暗面，但這並不代表它在價值上認可或接受這陰暗面」。[18]

與二十世紀的革命年代不同，二十一世紀的「人境」發生了很大的變化，互聯網和高科技使得人的自由獲得了足以周旋的巨大空間，同時也為全能主義(totalism)對社會的控制擁有了更有效的技術手段。史華慈教授在〈盧梭在當代世界的迴響〉一文中，曾經天才地提出過兩種烏托邦的全盤社會改造工程：盧梭式的致力於人性改造的道德工程和笛卡爾式的致力於理性控制的技術工程。史華慈認

17 王元化，〈思想發微序〉，王元化，《清園論學集》（上海：上海古籍出版社，1994），頁557。

18 《時代的探索》，頁236。

為，毛澤東的烏托邦主義更多地體現為盧梭式的塑造社會主義新人的道德工程，「由於毛澤東的去世，中國引人注目地轉向了我所說的工程—技術取向」。史華慈認為，工程—技術的烏托邦模式是建立在霍布斯自我保存的人性觀上：「就像工程師要求基本的原材料成為適於其目的的道具一樣，工程—技術取向在處理複雜的人類社會問題時也依賴於高度的簡化，它將人（或者大多數的人）塞進一個可預測的模式中，還強調人對安全的需求和生理需求——趨樂避苦——的滿足。」[19] 這種工程—技術取向，繼承的是史達林時期的控制模式，加之以最新的大資料追蹤系統，在技術上達到了爐火純青的地步。付諸執行的行政系統，如同丸山真男所說，是一個「無責任的體系」，每一層級的官僚，都宣稱自己只是執行上級的指令，不擔當道德和政治責任，不對行為的結果負責，漠視人的生命與尊嚴。而處於生死邊緣的民眾，又是如綿羊般順從，互相妒忌，相互傾軋，以自我保全為唯一的生存之道，人人陷在囚徒困境之中而不能自拔。

人境中的惡，歸根結底來自於人性中的惡。人性中的惡，是如何建制化，剝離了責任倫理，去政治化，去倫理化，形成一套「無責任的體系」？關於這些問題，張先生一定有思考，可惜沒有留下文字。我想，在張先生生命的最後一刻，對來自大洋彼岸的呻吟吶喊，想必有所耳聞。對於這位對國人同胞有著深切關懷的老人來說，又是何等的痛心和絕望！張先生的驟然離去，是否也與此有關呢？

張先生晚年在回憶自己一生的心路歷程的時候，有一段很沉痛的話：

19 史華慈，〈盧梭在當代世界的迴響〉，收入許紀霖、宋宏編，《史華慈論中國》（北京：新星出版社，2006），頁95-96、110。

> 我從二十世紀七十年代末期以來，結合了基督教的罪孽意識與我在二十世紀歷史再認的過程中，對空前慘烈的人禍長達二十年的觀察、審視與反思，形成我對人世與人性中的黑暗的高度警覺。一方面警覺它們是無所不在，到處隱伏，既內在於人性，又出沒於人境。另一方面也警覺這陰暗面，在人類歷史裡層出不窮、變化多端，令人無法預測它在未來會以什麼形式出現。只有靠我們不斷的今天，才能在人世對它作不斷的抗拒、繩範和防堵，這就是我的幽暗意識。[20]

在互聯網和高科技凱旋高歌的二十一世紀，善良的人們對未來過於樂觀了，真的以為人類依靠技術的力量，可以創造一個美麗的、符合人性的新世界。然而，他們忘卻了人性中另有幽暗一面，還有潛伏在幽暗之中的各種「惡」。在這樣的時刻，重讀張灝先生的文章，不啻是一劑醍醐灌頂的清醒劑。

這讓我想起，反法西斯主義的捷克作家伏契克在臨上絞刑架之前，留下的最後一句話是：

善良的人們，我是愛你們的，你們要警惕啊！

2022年4月於封城中的上海

郭克，上海學者。

20 張灝，〈我的學思歷程〉，收入《轉型時代》，頁394。

革命國家與倫理—政治：

紀念《阿Q正傳》發表百年[1]

趙尋

我相信還會有阿Q似的革命黨出現……我還恐怕我所看見的並非現代的前身，而是其後，或者竟是二三十年之後。

——魯迅，《阿Q正傳的成因》，1926

It is impossible for the new prince to avoid the imputation of cruelty…

要避免殘酷的惡名，對新的想做君主的人來說，是不可能的了……[2]

——馬基維利，《君主論》

---

1 今年是魯迅的《阿Q正傳》發表100週年。儘管它一直被視為中國現代影響最大的小說——2018年入選「構形世界的100個敘事」（The 100 stories that shaped the world - BBC Culture）——但阿Q所表徵的倫理—政治，即使在不斷反省「魯迅與中國革命的關係」的魯門弟子中間，也從未被真正觸及。二十年前，進入博士論文研究伊始，錢理群教授即希望我，重新銘寫魯迅記憶的現代中國挫折，將其轉化為思想批判的資源。本文是對他漫長期待的一個回應。感謝先生對初稿的理解與肯定。感謝在我陷入困頓時，和我分享臺灣戒嚴時代閱讀阿Q經驗的錢永祥先生，感謝《思想》雜誌紀念《阿Q正傳》發表百年的舉意。本文獻給錢理群先生，也獻給海內外中國精神危難的承擔者：願我們不再有一個阿Q的世紀。

2 見N. Machiavelli, *The Prince*, trans. W. K. Marriot（Woodstock, 2016）, p. 40. 把「the new prince」譯為「新的想做君主的人」，主要考慮

祥林嫂和閏土哥，是魯迅的讀者無法忘懷的人物：一想到她／他們在黑暗的底層，被剝奪殆盡後絕望的眼神，就不禁要流淚、憤怒，甚至要失掉對啟蒙的信心者，代不乏人；無辜生命的被毀及其引發的道德愧疚，因為魯迅的影響，從此成為中國革命認同的情感加速器。[3]

然而在革命成功之後的國家敘事（national narrative）中，代表底層的卻是他們的「兄弟」：阿Q——他不僅擁有與他們同樣無辜被侮的底層形象，他的時時感到「不平」[4]與有仇必復，更是革命國家「首創精神」的象徵——而祥林嫂和閏土哥則不過是麻木、被動的群眾，處於被革命的位格。

這一區分當然是極其微妙，難以覺察的。然而，當我發現阿Q殘忍的做戲，並思考及此時，不但無法有洞悉歷史之密時通常應有的欣悅，湧上心頭的反而是無法祛除的震恐：殘忍之惡在革命中國的普遍化趨勢，政治正義無法在後革命時代的展開，都莫不與把阿

(續)

到：馬基維利獻策的對象「Prince」，並非前現代社會中法定的君權繼承人如，儲君「太子」，或「王子」；而是如其在第六、七、八章所言，依靠武力或運氣、依靠邪惡或其同胞幫助，成為統治者的平民。故與其用成語譯成歧義重重的「君主」、「新君主」、「霸主」、「橫霸政治論」(參潘漢典，〈馬基維利《君主論》譯後記〉)，不如直譯。進一步的討論，見本文末節。

3 五四以來，因魯迅小說而「走向民間」，甚至直接參加革命的，並不罕見。以李慎之為例，無論其早年參加一二九運動，還是晚年自悔誤入歧途的思想資源，都與魯迅有關。1990年代，在與舒蕪的通信中，他說：「你我啟蒙的時間也差不多，都是在讀初中時從讀《狂人日記》、《阿Q正傳》開始的……你特別尊重魯迅，我也是特別愛敬魯迅：這一點，自己從來沒有變化過」。見李慎之，〈重歸「五四」，學習民主：給舒蕪談魯迅、胡適和啟蒙的信〉，《書屋》雜誌，2001年第5期。

4 《正傳》中多次寫到阿Q的「不平」，第四節將有集中分析。

Q作為革命國家的倫理代表相關。

而這竟然是，以魯迅的名義達成的。

作為中華民國憲法危機和國家危機的反應，新文化運動同盟「不談政治」與「倫理革命」的高度共識，意味著他們對馬基維利式的**新君主**已經完全失去了信心。還在《阿Q正傳》之前的九篇小說裡，魯迅即已將如獅、如兔、如狐的「大哥」那樣，「吃人」也要統治的殘忍人格，放到了譴責的焦點位置。[5] 他怎麼可能肯定阿Q，或假洋鬼子？更不用說肯定他們的國家倫理？筆者深知，在將阿Q視為憐憫（pity）和模仿對象一個世紀以後，這樣的解讀無異於冒天下之大不韙。然而，要重獲失落已久的共和國的自由權利，就必須反省阿Q式的社會大革命（social revolution）的殘忍倫理。[6] 筆者將以「革命阿Q的製作」為題，另文討論阿Q成為革命倫理代表的政治史進程；本文則將在復原作為長篇小說的《阿Q正傳》的過程中，致力於揭示阿Q隱藏在為奴的愚昧言表之下，以殘忍為偏好的倫理心理和行動人格，並討論使阿Q批判消失的倫理—政治乖謬。

---

5 《吶喊》中列在《阿Q正傳》之前的九篇小說分別為：《狂人日記》（1918.4）、《孔乙己》（1919.3）、《藥》（1919.4）、《明天》（1920.6）、《一件小事》（1920.7）、《頭髮的故事》（1920.10）、《風波》（1920.10）、《故鄉》（1921.1）。「如獅、如兔、如狐」的「大哥」一語，出自《狂人日記》六：「獅子似的凶心，兔子的怯弱，狐狸的狡猾……」；但魯迅對殘忍人格的批判貫穿九篇。具體分析見本文「結語」。

6 漢娜・阿倫特（Hannah Arendt）《論革命》中有關政治革命與社會革命，平等與自由，憐憫與同情的分析，本是拙文〈革命阿Q的製作〉才會引入的理論背景。感謝錢永祥先生對我的提示。我已在本文作了必要的增補，以回應最易引起爭議的那些議題。

一、不可見的鋼鞭：作爲倫理—政治學問題的殘忍

按《阿Q正傳》，「宣統三年九月十四日」——1911年11月4日[7]中午，阿Q連喊著「造反了」的口號，走上街頭，在一遍驚懼的眼光中發布了未莊革命的宣言：「我要什麼就是什麼，我歡喜誰就是誰。」但其革命戲劇的高潮，是接下來在那陣激烈的仿軍樂中唱出的高腔：

> 嘚嘚，鏘鏘，嘚，鏘令鏘！
> 我手持鋼鞭將你打！[8]

學界至今無人討論，鋼鞭與阿Q革命的淵源，但從他回到土穀祠所「思想」[9]的革命規劃看，其圖景仍是清晰可辨的——

「第一個該死的是小D和趙太爺，還有秀才，還有假洋鬼子……留幾條麼？王胡本來還可留，但也不要了……」總之，殺盡男人。

---

7 武昌首義後之第25日。辛亥革命在南方中國進展神速，紹興於革命次日即宣布光復，魯迅獲任大通師範學堂學監。相關材料甚多，魯迅本人的回憶，參其〈范愛農〉。

8 魯迅，《阿Q正傳》第七章〈革命〉，收入《吶喊》，見《魯迅全集》卷1（北京：人民文學出版社，1981年第1版），頁513。為方便閱讀，本文以下，《魯迅全集》稱《全集》；引文出自《阿Q正傳》的，不再注《吶喊》，除獨立引文，隨文寫出章名、章序外，亦不再注出，而僅標出其在《全集》卷1中的頁數。

9 據《正傳》原文，阿Q那時「酒完全醒了」，故其對未莊世界的革命規劃，必須被視為正常的「思想」活動，而不能以「酒後一時糊塗」之類加以解釋。

他喜歡的，只有女人和東西：「直走進去打開箱子來：元寶，洋錢，洋紗衫……秀才娘子的一張寧式床先搬到土穀祠，此外便擺了錢家的桌椅……」遺憾的是，女人都不夠他的理想，「趙司晨的妹子真醜」，鄒七嫂的女兒還小，「假洋鬼子的老婆……不是好東西！」[10]

連由大陸新左派汪暉研究，據說喚起了阿Q「**生命主義**」**政治覺醒**[11]的吳媽，也只是引來了「腳太大」的譏嘲。[12]腳大，本不影響或更有利於傳宗接代，解除阿Q不孝有三、無後為大的倫理壓迫和晚年恐懼的，不幸竟成為令其惋惜的缺陷。這似乎真的暗示了，秀才娘子，才是他寧式床上的夢中佳偶；[13]與吳媽困覺的跪求，只是性滿足的另類選擇：吳媽是個小孤孀，和尼姑一樣是最需要性滿足的假正經[14]——引誘的失敗，使阿Q在志得意滿之際，也難以釋然。

不過，僅此也足以見出，阿Q宣諭的並非何種詩學，包括一向被標榜的權力詩學，而是殘忍報復的權力政治：[15]在想像的白盔白

---

10 魯迅，《全集》卷1，頁515。

11 對阿Q的跪求吳媽交合，汪暉寫道：「森嚴的等級秩序，以及阿Q對這個秩序的尊崇，被阿Q的性本能突破了。」見汪暉，《阿Q生命的六個瞬間》（上海：華東師大出版社，2014），頁45。

12 「吳媽長久不見了，不知道在那（哪）裡，——可惜腳太大。」見《全集》卷1，頁500。

13 這當然是嚴重的諷刺。但據鄭子瑜推測，寧式床是對秀才娘子的性幻想投射：見氏著《阿Q正傳鄭箋》（北京：中國社科出版社，1998），頁95-96。

14 魯迅，《全集》卷1，頁500。

15 Harold Bloom在論William Hazlitt 的莎士比亞研究時，對「權力詩學」與「權利政治」原則之背馳，有極其精彩的論述：「**他的權力詩學還迫使我們懂得**，柏拉圖懼怕荷馬之社會的影響是極有道理的。**詩意的公正與社會的公正恰好相反**，想像力的貴族或王室的狩獵，不會使我們成為更好的公民或更好的人，極有可能使我們變得更壞。」見《文章家與先知》（南京：譯林出版社，2016），頁91-107。

甲的簇擁下，滿懷飲盡**世間之血**渴望的阿Q，其鋼鞭打向的首先是**同類中的弱者**。本文接下來，還將對《阿Q正傳》（下稱《正傳》）中的殘忍，詳加呈現，以論定「留幾條麼……但也不要了」那樣恐怖的世界規劃，絕不是貧窮、愚昧造成的視野偏狹、趣味低俗，可以通過所謂「翻身」得到疏緩與解決。[16] 但一個迫切的問題，卻必須首先提出——

為什麼，自1921年《正傳》開始發表[17]以來，就**沒有**人看見過他的**鋼鞭**？

人們當然會猜測，阿Q只是在未莊革命的時刻，才幻想著擁有鋼鞭。但遠在革命之前，阿Q的鋼鞭所向，一切他所厭恨者已不能倖免於難。

鋼鞭在《正傳》中的**第一次**現身，還在引誘吳媽不成，造成生計困境之際：阿Q對取代自己位置的小D，當即便要上演「手持鋼鞭將你打！」的活劇；幾天後路遇，也仍如仇人相見，只是因為「他手裡沒有鋼鞭」[18]，才變成了揮臂撲將上去。換言之，如果阿Q手裡有了鋼鞭，小D的死亡就無需再等。據說是瘦骨伶仃的阿Q，究竟從何處，獲得了如此恐怖的力量？

魯迅的讀者不會忘記，小D原是阿Q最蔑視的弱者之一。[19]對他

16 阿Q在土穀祠中醞釀的復仇，是在他已見過殺革命黨，而且自己走上革命街頭以後，故不只是如張獻忠屠蜀一般，殺盡一切的淋漓惡意；而是本文將分析的邊緣人的殘忍計畫。

17 《阿Q正傳》於1921年12月4日開始在北京《晨報副刊》連載，但在舊曆、新曆歲首分別暫停過兩次，故1922年2月12日才告結束，主體部分的發表也在1922年。

18 魯迅，《全集》卷1，頁504-505。

19 在未莊，阿Q最看不起的是王胡，而小D「位置是在王胡之下的」。見《魯迅全集》卷1，頁504。

（們）打擊的失敗，或許確因對自己的力量誇張所致。然而，在一部以心理推進敘事的小說中，阿Q的意識才是小說的第一真實：哪怕那只是對現實的扭曲。[20]矚目阿Q的敗績，以一連串後果的不幸，臆斷他沒有暴力行動的能力；甚至倒推出一個無辜的弱者，只能與真的阿Q對面不識。實則，《正傳》中接著阿Q揮「鞭」撲上而來的，便是他先下手去拔小D的辮子：這樣既處心積慮，又直取對方要害的兇暴，在對小尼姑肆無忌憚的凌辱中，淋漓盡致地展現為表演殘忍（cruelty）：

> 他迎上去，大聲的吐一口唾沫……小尼姑全不睬，低了頭只是走。//阿Q走進伊身旁，突然伸出手去摩伊新剃的頭皮，呆笑著，說「禿兒！快回去，和尚等著你……」酒店裡的人大笑了。//阿Q看見自己的勳業得了賞識，便愈加興高采烈起來：「和尚動得，我動不得？」他扭住伊的面頰……而且為滿足那些鑒賞家起見，再用力地一擰，才放手。（第三章〈續優勝紀略〉）[21]

這對小尼姑而言完全是無妄之災：即使從懲罰旁觀者的苛刻標準出發，阿Q挑釁王胡、假洋鬼子失敗時，小尼姑並未在場，連冷眼相看的機會也不能有。[22]阿Q不斷升級其混雜著色情的凌辱，則

---

20 《阿Q正傳》之所以成為新文學運動的標誌性成就，不僅在「近於盲從新青年」的白話、標點，更在於其引入的第三人稱限制敘事，以心理真實為內在真實、表現真實的現代小說原則。但由於長期以來，阿Q心理被視為逃避外部世界真實所致的心理病態，對其真實性的討論，十分缺乏。

21 魯迅，《全集》卷1，頁497-498。

22 小尼姑不在場，見《正傳》：「但（酒店）對面走來了靜修庵的小尼姑」，《魯迅全集》卷1，頁497。

因為在眾目睽睽之下侮辱公認的異端，可以掩蓋新近的失敗；而小尼姑的孤立無援，又可以使自己的表演無所顧忌。如果說真正的勇敢，是面對危險也要出擊的無畏之心，對失去抵抗力的對象卻表現得寬宏大度，阿Q就不過是在對絕無危險的對象，殘忍施虐。考慮到那些他立意要一博讚賞的閒人們的在場，阿Q的施虐更渾如一場殘忍的戲劇表演——用魯迅的修辭是「做戲」——對此，《正傳》中的評論，顯地有些意味深長。

> 有些勝利者，願意敵手如虎，他才感得勝利的歡喜；假使如羊，如小雞，他便反覺得勝利的無聊……然而，我們的阿Q卻沒有這樣乏，他是永遠得意的。[23]

從倫理—政治（Ethical-Politics）的原理看，這種完全以加劇對方身心恐懼、羞恥為目的，公然施行的殘忍（cruelty），正是催生那些嚴重的政治災難的根源。[24] 循此，我們也正好可以對那些流行的殘酷戲碼，進行解鎖。但我不願穿上倫理—政治的理論甲冑，以理論家的形象來懾服那些不願正視殘忍之惡的讀者，而希望針對《正

23 魯迅，《全集》卷1，頁498。

24 對我所接受的倫理—政治的現代傳統而言，蒙田（Montaigne）、孟德斯鳩（Montesquieu）、漢娜·阿倫特（Hannah Arendt）和斯克拉爾（Judith N. Shklar）是其中最核心的人物。但本文不是對他們理論的試用，而是在共同的關懷之下，對中國現代倫理—政治困境的直接分析。對不熟悉這一學術脈絡的讀者，我想指出，以殘忍為前提的政治倫理，正是由馬基維利推動的國家主義政治學的基本特色。拙文〈余英時留給中國的大哉問〉（FT中文網，2021年8月31日），初步整理了中國現代思想史研究中，胡適、余英時對殘忍問題的理解，可參看。

傳》蘊涵的倫理—政治問題，進行展示和分析。

不能不指出，殘忍之惡（vice）並不是道德主義的判詞。我並不認為，阿Q的「本質」是邪惡的（evil），或阿Q在犯罪（criminal）。一百年來，在「精神勝利法」的提示下，學界已經揭示出阿Q的自欺、麻木、卑怯、投機、報復……等極為負面的特徵。[25] 但令我吃驚的是，殘忍卻**從來不是**討論的對象，甚至沒有學者涉筆於此。似乎一向被作為愚弱的國人靈魂密碼的阿Q主義，只是在精神—幻想的領域中發生的挫折。這一發現，也當然可與上文指出的阿Q**看不見的鋼鞭**相互印證，從而檢討魯迅研究傳統的根本缺失。

但對本文而言，殘忍，毋寧是超乎單純的精神勝利法分析之上的問題。儘管從人道主義出發的對殘忍的譴責從來都不缺，但在革命階段性、暴力必要性的理解中，殘忍如果不是被視而不見，就是被有意識地合法化了。因此，在對阿Q的批判中出現了一種奇特的、**對更殘忍的**阿Q的期待：[26] 迄今為止，絕大多數研究者仍在強調——阿Q也是人；作為未莊社會不幸的犧牲品，他也有生活的權利……簡言之，阿Q的殘忍，是正義的。

毋庸置疑，作為人類的一員，阿Q擁有生命的權利、反抗的權利、幸福的權利等任何人所應有的、完整的權利。色欲不是錯誤，而桎梏這一平等要求的權力和秩序，卻可能是邪惡的。但前面的分

---

25 阿Q精神的負面特徵，與魯迅本人所指出的「國民性」弱點相關，如「上詐下愚」，「始於作偽，終於無恥」（許壽裳《魯迅傳》）等。但將阿Q視為國民性的載體，從而無視其作為行動者的性格特徵和性格發展，是本文不能接受的。

26 大多數魯迅研究者以「哀其不幸，怒其不爭」來概括他們對阿Q的批評，但正因為近乎無條件地對阿Q的哀憐，導致了對其鬥爭的無條件的期待與鼓勵：於其不爭，竟至於怒也，這無疑是一種危險的鼓勵。細緻的分析見第六節。

析表明，阿Q並非無辜；而那些至黯時刻，甚至使我們窺見：他不僅不是無辜的受害者，而可能正是惡的施行者。

阿Q的憐憫者仍會爭辯：阿Q才是真正的受害者。因為傷害的迴圈，施虐者也可能是曾經的受害者，「誰是真正的受害者，還是施虐者？」常常成為高度困難的哲學命題。但倫理—政治的根本關懷，要求我們終止這一朝向無辜（「純潔、天真……」）的邏輯退歸——這是哲學辯論的一般方式——而致力於回答一個在特定的、政治情境中的倫理問題：

受害者是否期待從受害者成為施虐者？或在未來取代施虐者的位置？[27] 如然，則其不僅並非單純的受害者，甚至是必以殘忍相報的加害者、施虐者。

很不幸，《正傳》中的阿Q，卻正是這樣懷有根深柢固的、施虐期待的受害者：他鞭笞世界的鋼鞭夢，更有其至今不人為所知的祕密。

二、鋼鞭夢的祕密起源：道教、歷史、戲劇

前面提及，阿Q走向革命的時刻，一反常態地展現出無比的自信，開口即是：「我要什麼就是什麼，我歡喜誰就是誰！」學界想當然地以為，這不過是《龍虎鬥》中原有的唱詞。但無論是1957年顧錫東整理、六齡童等演出的紹劇《龍虎鬥》（劇本、影像），還是現存《清車王府藏戲曲全編》中的京劇皮黃《龍虎鬥全串貫》等

27 受害者成為施虐者，並不符合正義的原則；即使是對原有的施虐者的復仇，也可能如此：因為它可能只是重複了原有的加害邏輯。

文獻中，都不見其蹤跡。[28]倒是在查考文獻的過程中，我意外地發現：阿Q所擷取的唱詞，在原戲中的情節位置，與他本人在革命中的位置——《正傳》中的情節位置——之間，有一種對位元性的結構關係。

阿Q將自己擬之於《龍虎鬥》中原本又聾又啞，卻在夢中獲授神鞭，一飛沖天的宋代英雄呼延三贊：未莊趙家相當於宋代趙家，老趙家為吳媽趕走了阿Q，自然相當於趙匡胤酒醉趕走了鄭子明；而趙家傳出他進城為盜的流言，令其中興夢破（詳下文），則相當於錯殺了乃父呼延壽。

如此一來，不僅三贊為父報仇、鞭打昏君時所唱「我手持鋼鞭將你打」，乃活脫畫出阿Q革命心態的點睛之筆；阿Q為此忍受的屈辱生涯，也都有了在此之前的解讀中，不可能想像得到的意義。

必須提及，呼延贊（三贊，？-1000）是宋代最具叛逆色彩的開國元勳。[29]趙宋帝室對其倚為干城，卻畏之若虎的二重心理，一向為民間津津樂道，演化出種種不可思議的傳奇。紹劇《龍虎鬥》正是其中之一。

略作對比。阿Q革命歌聲的第一句「悔不該，酒醉錯斬了鄭賢

28 本文推定應屬魯迅本人的創作。皮黃《龍虎鬥》中「我手持鋼鞭將你打」一節，參黃仕忠主編《清車王府藏戲曲全編》第7冊「宋代戲曲」（廣州：廣東人民出版社，2013），頁115-142。

29 呼延贊雖是真實的歷史人物，但生年不詳，據《宋史》卷八十五，「呼延贊，並州太原人……從王全斌討西川，身當前鋒，中數創，以功補副指揮使。」此戰在乾德二年（961年），其必已成年，故出生不當晚於945年。後來「神」話的素材，如性情怪誕、舉止異常，也見於此傳：「……絳帕首，乘騅馬，服飾詭異。性複鄙誕不近理，盛冬以水沃孩幼，冀其長能寒而勁健。其子嘗病，贊刲股為羹療之。」

弟……」，即源自《龍虎門》第十四場中趙匡胤的唱詞：「好悔！好悔！//悔不該酒醉誤斬了鄭賢弟……// 悔不該屈斬呼延在禦營。」[30]其時，匡胤因誤殺先鋒呼延壽廷，坐困河東七年，後悔不已；三贊卻已長大成人，即將趕來尋仇。而這也正是蟄伏多年的阿Q有了白盔白甲進城的消息，不可一世地走上街頭的意態。

據《正傳》，當阿Q歌唱著三贊的神鞭、快意遊行時，「趙府上的兩位男人和兩個真本家，也正站在大門口論革命。」但「阿Q沒有見，昂了頭直唱過去。」直到，「趙太爺怯怯的迎著低聲」地叫「老Q」，阿Q在興奮中也仍裝著與己無關，只是唱……[31]

第二句，即阿Q最喜歡的「我手持鋼鞭將你打」，則是三贊在九次拒絕，從殿前使到平分天下的名利勸誘，並三次鞭打趙家昏君之後所唱：其拒斥之決絕，嘲弄、發洩之酷烈，都異乎常度。

> 昏君！//哪個與你稱君臣，// 說什麼萬里江山平半分，// 手持鋼鞭將你打，// 取你紅頭見娘親！[32]

但兩相對照，阿Q對老趙家哀告求憐時的肆狂任性，可謂有過

30 紹劇《龍虎門》第十四場〈大門〉，見顧錫東整理《龍虎門》劇本，《中國傳統戲曲劇本選集》第1卷（北京：中國戲劇出版社，1957），頁203。第九場《屈斬》中有趙匡胤被欺騙的讒言，如「呼延壽廷屢誇汗馬功勞，除卻二人，餘子不足道也：文臣只限苗先生，武將惟輸鄭子明，這呼延壽廷謀反是實」等，見同書，頁186。

31 魯迅，《全集》卷1，頁514。

32 呼延贊唱詞之激烈，邁越常度，顯然是因紹劇的處理，受革命的影響所致。不過，為展示阿Q革命時分的意態，這裡仍然以後者為準。見《龍虎門》，同前書，頁209。皮黃中的唱詞，可參前引《清車王府藏戲曲全編》第7冊，頁115-142。

之而無不及——按《正傳》的記錄——直到秀才叫住他，趙太爺更熱情地討好他：「現在……發財麼？」，阿Q才勉強停下了他令趙家恐懼而後悔莫及的歌聲；但又隨即說道：

> 自然。要什麼就是什麼……（第七章《革命》）[33]

「要什麼就是什麼……」的內容，在上文中已有分析；但劇中使三贊快意恩仇的力量，卻緣自唐代開國英雄尉遲恭的親臨，這一被三贊母親歎為「蒼天有眼顯神通」的奇蹟：[34] 它完全不假手當事人環境的改變，而以純粹偶然的方式，直接訴諸對當事人先天生理的重塑，賦予其無可比擬的、顛覆現存秩序的能量，殆屬於道教神仙信仰無疑。[35]

而按前述阿Q的**自擬**，他所進行的未莊革命，亦將如三贊對昏君的造反，只要天機一到，即有不可測的天威前來相助，一洗舊恥，重造乾坤，不過瞬間事爾。這顯然是所有「可憐的阿Q」的憐憫者，從未料及的。故只有重新確定阿Q的形象，才能理解小說的意圖。

從小說本身看，阿Q長年寄居的**五穀祠**的空間背景，是和道教

---

33 魯迅，《全集》卷1，頁513。

34 鑒於其與阿Q白盔白甲光降之夢的關係，略引如下：「吾神乃大唐尉遲敬德是也……今見大宋呼延壽廷之子三贊，生來耳聾口啞，空有蠻力，難成人事，吾神憐其冤屈，不免大顯神通，助他成功也……欲使忠良報大仇，下神座把武藝授……尉遲恭指呼延贊口做手勢，呼延贊暴跳，尉遲恭慰之，為他去口中啞骨。」見紹劇《龍虎鬥》第十場〈夢神〉。

35 尉遲恭屬於民間諸神中的「門神」，他對呼延三贊的救助，即是所謂神仙相助。見張興發，《道教神仙信仰研究》（北京：中國社科出版社，2001），頁489。這也是相關研究中，最值得參考的。

相應的[36]——如果考慮到，其附近便是社戲的舞臺，「啞子開口龍虎鬥」[37]，便是他長年都可以親眼目睹的人間奇蹟。特別是，如《正傳》所述，每逢重大關頭，阿Q必高唱「我手持鋼鞭將你打」，更暗示它具有某種類似於符咒的功能。小說中，阿Q對白盔白甲的出現，有著分外的敏感與激情，白盔白甲與鋼鞭的同時現身的時刻，則意味著他期待的革命的到來——

是革命黨「個個白盔白甲」夜中進城的傳說，使阿Q感到天機已到，走上街頭；瘋狂的土穀祠之夢，更因「一陣白盔白甲的革命黨」前來相招，引發了他的狂喜而起；「不准革命」之後的阿Q，一度痛感再不會有白盔白甲的人來叫他，但不久後又有白盔白甲的「碎片浮起」，然後果然發現了趙家的被搶……[38]

不辭簡括，這一以集體暴力為核心的祕密信仰，絕不是滑稽心理一類風格美學的外部批評所能理解和消除的。人們經常舉出，阿Q對作為先天缺陷的癩頭瘡，也掩飾不住自卑地強辯「你還不配」；但白盔白甲是阿Q內心珍藏的祕密，[39] 遍查《正傳》，從未見他向任何人吐露。所以，如「我要什麼就是什麼，我歡喜誰就是誰」所

---

36 目前，在道教意義上，對土穀祠城隍信仰的討論，可見《百年道學精華集成》第2輯，神仙信仰卷3（上海：科學技術文獻出版社，2018），頁17。

37 據紹劇《龍虎鬥》的著名演員六齡童自述，此劇在整理前，俗稱「啞子開口龍虎鬥」。見六齡童口述，陶仁坤整理：《取經路上五十年》（上海文藝出版社，1988），頁172。

38 分別見《魯迅全集》卷1，頁513、515、520。

39 當然，白盔白甲不只是道教信仰的象徵，而仍有其確定的歷史內涵。詳下文分析。本文將道教作為阿Q祕密信仰的來源，並不在於批判道教，而在於指出：阿Q的問題不在於所謂思想的缺乏，反而有其宗教背景以及下文即將展開的世俗性整全學說。阿Q批判必須轉換到倫理—政治學的位置，才能真正開始。

表明的那樣，他祕密等待與經營的，並不止於對舊世界權勢者地位的取代，而是一切人和他們的優越性表現——權勢、財產、名號……都不能存在，或必須接受在他天命到來時刻，任意的處置。

置身於這樣的阿Q所在的未莊，我們是否仍能對他殘忍的惡德（ordinary vices），安之若素，習以為常？[40]

三、妄愚與愚蒙：兩種人格的根本區分

本文一開始即指出，阿Q跪地強求吳媽苟合被拒之後持久的怨恨。在吳媽準備一死以證清白時，阿Q卻彷彿紆尊降貴而反遭誤解似地，感到委屈：「哼，有趣！這小孤孀不知道鬧著什麼玩意兒了？」[41]他甚至要向那些圍觀者，打聽吳媽哭訴的內容！[42] 按阿Q的邏輯，吳媽的不識抬舉和矯揉造作，完全是可笑的，[43] 由此而使自己受窘、挨打……更是莫名其妙。

---

40 Judith N. Shklar, *Ordinary Vices*（Cambridge, MA., H U P, 1984）是討論「殘忍」最著名的學術著作，她固然不願意在一般的意義上將其稱為evil（邪惡），但視之為倫理心理上的惡習、惡德，是可以肯定的。故我將其理解為，「習見的惡德」或「習焉不察的惡德」。上海人民出版社將其譯為《平常的惡》，很明顯是在模仿阿倫特的著名說法「平庸的惡」（banality of evil）。但這兩個譯法，都破壞了其各自作者對「惡」——並不相同——的提撕與警惕。

41 魯迅《正傳》第四章〈戀愛的悲劇〉，《全集》卷1，頁502。

42 同上。

43 阿Q對女性的歧視，是十分深刻的。不僅吳媽的拒絕被視為可笑，在他被逐出趙家，未莊的女人們望風走避時，他的反應仍然是：「這些東西忽然都學起小姐模樣來了，這娼婦們……」詳見《正傳》第五章開頭。

而這也正是魯迅的作者（Maker of Lu Xun）[44]者們一向所暗示的：吳媽是比阿Q更為愚昧的存在——她的拒絕是禮教的束縛所致，並不符合本身的欲望利益——將阿Q迫入生活的絕境，更是國民性的愚昧造成的傷害；她竟然，有意無意地加害了自己的階級兄弟！

但愚昧本身並非惡。尤其是，當愚昧只是因為缺乏必要的能力去理解的時候，它甚至是必須同情的。二戰以後，一些思想家借希臘文agnoia與amathia的區分，給納粹德國治下惡之勃發的反思，以極大的啟發。[45]

agnoia，字面意為「不知」、「無知」：這是一種因為未經學習，或因先天缺陷，不能學習造成的愚昧，故譯為「愚蒙」；而amathia，字面意為「不學」、「無學」，卻不僅指沒有能力學習導致的無知，而尤指不願學習、不願習得任何新的知識／體驗，而執意按自己的無知行事的愚蠢，故只能暫譯為「妄愚」。[46]

必須說明，妄愚，不同於「愚妄」。儘管我非常看重中國思想傳統對妄人的一貫批判：那些無視常識，毫無根據，或憑一時興會

---

44 所有以魯迅後期（1927-1936）雜文爲準，扭曲《吶喊》、《彷徨》等小說敘事和意涵，將魯迅顛倒為反現代、反啓蒙、反中華民國的「政治反動派」（political reactionary），都可視爲魯迅的造作者，簡稱魯迅的作者。

45 這裡用希臘文進行辯正，並非語義學上的溯源，而是其區別在現代英文、德文中，同樣不存在。

46 休斯在對 amathia概念的分析中指出，這種愚「不是心理疾病」，「並非無法理解而是拒絕理解，無論通過理性論證，還是通過積累大量資料和知識，抑或體驗全新的不同感受，都無法治療或逆轉這一疾病」。引自Massimo Pigliucci,《哲學的指引：斯多葛哲學的生活之道》（北京：北京聯合出版公司，2018），頁102。

隨意猜測，捕風捉影，以求僥倖之輩，確也是啟發我用「妄愚」詮譯amathia的依據所在。但「妄愚」，是妄人之愚，而非愚人之妄——愚人因愚而有妄言、妄行，仍是愚蒙agnoia之表現。而妄愚，是以妄為常，以愚為智，所造成的愚蠢之惡。

事實上，愚妄，也出現在魯迅的〈燈下漫筆〉中，且體現出一種愚的兇悍冥頑之情：「吃人，被吃，以凶人的愚妄的歡呼，將悲慘的弱者的呼號遮掩」[47] 但我以為，那仍是不同於阿Q對愚的利用和自得之情的。在此，我願引用一個最接近於對妄愚者描繪的例子：

> （是鏡），詭譎誕妄人也，胸無點墨，好自矜飾，居之不疑。（因一二高官為其所惑，地方督學也到他家拜訪結交，此人竟可以）辟書院，招生徒，與當事守令往還，冠蓋絡繹。[48]

進而言之，妄愚的障礙，並不來自先天之愚所導致的缺陷，而是一種思想的痼疾：不願學習，不願接受任何可能影響到自己妄心所見的世界中，自我的任何改變，且不惜以最極端的方式加以回應。

由此以觀，阿Q之愚，雖與無知的愚蒙有關，卻更屬於妄愚——無知，只是加深了他彷彿置身事外、與己無關的麻木；為了保住子虛烏有的、未來的榮光，他更冷酷地打擊有損於其未來想像的任何不敬、質疑與冒犯：這種以未來的虛榮為賭注的妄愚，表現為一種徹底的僭越，一種在極度敏感、誇張的戲劇性心理中，對完全不應該、不必要挑戰的現實倫理秩序底線的敵視與厭恨。

---

47 魯迅，〈墳〉，《全集》卷1，頁217。

48 阮葵生，《茶餘客話》上卷九，《歷代筆記小說大觀》（上海：上海古籍出版社，2012），頁182-183。括弧中的文字，為筆者摘引之便，根據原文所擬。

魯迅的讀者都可以看出，在魯迅的世界裡，祥林嫂正是吳媽：她們有共同的原型——「**長媽媽**」——年輕守寡的阿長，粗樸無文，迷信鬼神，卻如「仁厚、黑暗的地母」，為她看護的羸弱「少年」買回《山海經》，接通了「我」與神話、藝術的世界。那是《朝花夕拾》中最令人動容的時刻。[49]

而思念被狼吃掉的幼子阿毛，以致性情大變的祥林嫂——由「不說話」，到向一切人嘮叨她不變的阿毛故事，終令所有人生厭的、抑鬱、瘋癲的祥林嫂——一向被視為麻木的、三綱五常的犧牲，然而直到臨終前夕，她仍在為靈魂的有無而苦惱。厭棄她不變的阿毛故事與鬼魂的**啟蒙者**，所持的理由當然值得重視：祥林嫂的鬼神只是偶像崇拜，並非信仰。但，既然真正的信仰也需要啟示而非理性，才可以完成；我們便不能以一種「啟蒙的敲詐」[50]的方式，首先將祥林嫂作為愚昧者，進行批判。

總之，她們溫馴軟弱，怯於對抗，卻非麻木的家畜；她們也許愚蒙，卻從未期待成為未來的加害者，無論他們是否清白無辜。而將吳媽**隨意**捲入自己情欲鬧劇[51] 的阿Q，卻只是因他的妄愚之見：「女人……吳媽……小孤孀」，「伊們全都要裝『假正經』。」[52] 直

49 根據竹內好的說法，《朝花夕拾》「不是相關聯的自傳，也許把它們看成小說更為妥當」；那麼〈阿長與山海經〉也並非紀實。但這也不過是說「我」，並非就是周樹人；而為病態的「我」買回《山海經》的阿長，同樣為敘述中的真實。見竹內好：《從「絕望開始」》（北京：三聯書店，2013），頁10。

50 對啟蒙的敲詐，見傅柯〈何為啟蒙？〉。

51 吳媽為阿Q的「鬧劇」所付出的代價，是隨後的退出未莊世界。本文分析見本節末尾。

52 魯迅，《全集》卷1，頁499-500。《阿Q正傳》第四章的標題「戀愛的悲劇」，本就是辛辣的嘲諷。所謂阿Q與吳媽的戀愛，不過就

到臨終去法場的路上，當他在路邊的人群中發現吳媽，也仍未放棄他對孤弱女性的偏見：

> 他的思想彷彿旋風似的在腦裡一迴旋：《小孤孀上墳》欠堂皇，《龍虎鬥》裡的「悔不該……」也太乏，還是「手執鋼鞭將你打」罷。（第九章《大團圓》）[53]

這是阿Q第三次，也是最後一次召喚他的鋼鞭。他仍企圖以未來的英雄形象示人。雖然被綁赴刑場的限制，使他無法完成戲劇的準備（「將手一揚」），但他喊出了更激烈的口號：「過了二十年又是一個（好漢）……」[54]但仍是神話，更加徹底的神話：轉世、好漢——只有等他發現，吳媽竟無視他的豪情，而那些喝采者只是看客……他才終於看見了自己的「靈魂」。

但這一從阿Q的精神內面寫出的場景，並未改變其對世人的敵視和怨恨——他們竟然和記憶中追逐自己的餓狼的眼睛幻化為一，在「咬」自己的靈魂：

> 他永遠記得那狼眼睛，又凶又怯……而這回他又看見從來沒有看見多的更可怕的眼睛了，又鈍又鋒利……這些眼睛們似乎連成一氣，已經在那裡咬他的靈魂。[55]

(續)

是因色虐小尼姑而引發的色欲：阿Q對女性的工具性偏見與需要，遠高於「斷子絕孫的阿Q」引起的倫理恐懼。

53 魯迅，《全集》卷1，頁525-526。

54 同上。

55 魯迅，《全集》卷1，頁526。

既然眾人不過是群狼，則用任何手段對付他們，都是應該的。在人類文明的浩劫中，我們一再目睹這樣的妄愚，由威脅其處身的世界，進而危及關聯的一切領域，正是導致最為殘忍的極權主義迫害的倫理政治根源。[56]但中文思想界，卻始終無法給予必要的分析，以至出現了對妄愚的集體膜拜。

五十年代以來，「吳媽與阿Q」，不斷成為魯迅的作者們肆意曲解、利用的主題。在他們看起來，阿Q是吳媽暗戀已久的英雄，以身相許才符合個人、階級的身體利益。著名紹劇作家顧錫東的《阿Q與吳媽》，以吳媽對阿Q的曲意迎合為前提推動劇情，但為了掩飾阿Q跪求與吳媽野合的無恥，卻無中生有地增加了趙老太爺支開阿Q後強姦吳媽的重大情節，以使吳媽在剛遭羞辱的背景下，拒絕阿Q的求愛，顯得自然。但既然吳媽對阿Q早已芳心暗許，這不正是傾訴衷腸、投懷送抱的最佳時刻嗎？無論如何，當她聽到阿Q「我和儂困覺」的癡情告白，絕無可能「嚇得魂靈出竅，站起來雙腿發抖，動彈不得……」[57]

汪暉的《阿Q生命的六個瞬間》，更將阿Q跪求吳媽交合的性衝動，崇高化為「新政治」——革命政治——的覺醒之舉，彷彿阿Q革命正在那一時刻發生。

他連趙家的用人也調戲起來，森嚴的等級秩序，以及阿Q對這

56 休斯對 amathia概念的分析，是與納粹心理聯繫在一起的：他們不是「像傻子那樣極度缺乏智慧，因為聰明之愚只是想要去達成無權達成之事」。參前引《哲學的指引》。

57 顧錫東，《阿Q與吳媽》第二場「戀愛悲劇」，《顧錫東文集》之《現代戲劇卷》，（北京：中國戲劇出版社，2005），頁585-593。

個秩序的尊崇，**被阿Q的性本能突破了**。[58]

但這只是1905年後不久的故事。而阿Q革命，並不是一場「性革命」：把佛洛依德意義上的性壓抑及其反抗，與來自於「大正時代的生命主義」[59] 進行嫁接，也就是將純粹的性滿足，作為「進化論的樂觀主義」的內容。這不僅是對魯迅及其理想革命突梯滑稽的誣妄陳辭；更暴露了汪氏所了解的人性，仍處於**動物性**的形態與階段。

按康德對「人的本性中向善的原初稟賦」的論述：動物性的稟賦，只是就人作為生命存在而言，討論阿Q的政治覺醒，無論如何也應該進入到人的社會性階段，討論其人情性（humanity）[60]的稟賦——即使汪暉要模仿「階級剝削把人變成了沒有性欲的鬼，階級鬥爭把鬼變成了有性要求的人」，[61] 重塑反道德的革命道德主義：但是，阿Q是人，阿Q非「鬼」。阿Q由嫉妒、厭恨鑄成的極端惡，

---

58 汪暉，《阿Q生命的六個瞬間》（上海：華東師大出版社，2014），頁45。

59 汪暉的《魯迅的生命主義與阿Q的革命》，完全來自伊藤虎丸的《大正時代的生命主義與魯迅》，比較伊藤《魯迅與終末論》（北京：三聯書店，2008），頁333-338，與汪《阿Q生命的六個瞬間》（同前書），頁67-72。

60 見康德，《純粹理性限度內的宗教》（1794年）第一篇第一章。「人情性」，是牟宗三對Humanity的譯語，見《圓善論》（台北：學生書局，1985），頁83。

61 「舊社會把人變成鬼，新社會把鬼變成人」，本是延安歌劇《白毛女》中的唱詞，後成為對一切階級鬥爭敘事主題的概括。八、九十年代「重評近代史」期間有所減弱，但新左派一直致力於恢復階級觀念的魅力，而首要的就是對「市場意識形態」——資本主義經濟、法律、權力、文化——的批評：資本全球化、市場壟斷、權貴私有化、新自由主義、個人神話……

也仍是人的理智算計、俗情計較的人性（humanity）表現。[62] 用動物學的方法，將阿Q逐出人的社會性領域，亦不過同化於妄愚而已。下文還要談到，將人性的動物性表現，視為人的本真性的錯誤。此處僅指出，阿Q的妄愚，究竟對吳媽造成了怎樣的威脅？

在阿Q進城為盜而致中興，「大名傳遍未莊的閨中」的時節，我們無論如何也找不到吳媽的蹤影（第六章），在未莊革命的高潮中也同樣如此：以至於連阿Q也不禁自問，「吳媽長久不見了，不知在哪裡……」而直到在阿Q即將為革命成仁的第九章，吳媽才突然出現——「很久違，伊原來在城裡做工了……」[63]——吳媽為什麼要離開未莊？她究竟在何時離開，使阿Q此時方覺？

《正傳》特別提到，阿Q被逐出趙家時罰沒的破布衫，大半做了趙家少奶奶八月間生的嬰兒的尿襯布，而小半邊便都做了吳媽的鞋底；足見最需吳媽幫忙的，是八月間嬰兒的出生：在此之前，趙家逐出吳媽的可能性並不存在。但阿Q重返未莊的時節，恰是「剛過了這年的中秋」——與「八月前後」，正好吻合——因而，在阿Q的中興，令整個未莊世界都感到悚然的時分，不敢再次領教阿Q妄愚的吳媽，逃往城裡做工，不正是最合理的選擇？

對魯迅的讀者而言，經營位置，情節留白，正是他一貫的敘事手法。只有那些期待吳媽在阿Q革命成功之際重續前緣的魯迅的作

62 牟宗三《純粹理性限度內的宗教》的譯者按，是他對康德的轉化，非常值得參看：「維持生存之資具之享用上之相爭勝，即你能有此，我亦要有此……這俗情雖屬於低級的，即屬於自利的，所謂幸運或不幸運，然原初亦並不算是壞，即這種相爭勝之競爭於文化或文明之促進是一種激勵。故康德把它列於人之人情性（即俗情性）中的向善之能。」見牟宗三，《圓善論》（台北：學生書局，1985），頁83。

63 魯迅，《全集》卷1，頁525-526。

者們，才會有引進落空之感，才會妄添情節，才會有遭諷「刺」之想，才會顛倒臆說。

但這樣的「刺」激，既不是唯一一處，也不是最後一擊。

四、不正義的絕對平等主義

魯迅的讀者都記得，阿Q自設的完人形象——「先前闊」、「見識高」、「真能做」——這一向被認為是阿Q為掩飾其自卑而虛構的產物。但與未莊世界中心人物同出一家，即使從趙太爺本人的反應也可見出，只會是家族史中的難言之隱。[64]更重要的是，「見識高」、「真能做」，並非基於歷史的判斷，而是來自未來的審視。在討論阿Q異乎尋常的「自尊」時，魯迅揭示了其中的祕密：那是一種完全矚目於未來的人格。

> 阿Q又很自尊，所有未莊的居民，全不在他眼睛裡，甚而對於兩位「文童」，也有以為不值一笑的神情。……他想：**我的兒子會闊多啦！**加以進了幾回城，阿Q自然更自負……（第二章〈優勝紀略〉）[65]

這不僅消解了那些通常被認為是包含在阿Q性格中的矛盾，如

---

64 「你怎會姓趙！——你那裡配姓趙！」等語，尤堪玩味：阿Q是「不配」姓趙，配不上未莊的首族大姓，才失掉了姓趙的資格，並不意味著事實上不姓趙。而在趙家做官的道路未曾斷絕之前，阿Q也是以趙家的附庸身分存在的。見《正傳》第一章〈序〉，《魯迅全集》，頁438。

65 魯迅，《全集》卷1，頁490。

自卑與自大、怯懦與殘忍、麻木與投機；而且迫使我們注意到，無論出現什麼樣不利於己的狀況，阿Q都相信自己未來的不凡：一切不過如戲劇中的磨難，終將隨著自己天命時刻的到來而乾坤倒轉。因而，在現實中，阿Q有一種特別的妄自尊大，從未與任何人有過觀念或感覺上的平等，對包括自己的不堪在內的、有礙於未來的一切，統統加以厭恨。

讓我們從阿Q對他處身世界的厭惡開始。在著名的未莊與城市的比較中，無論是蔥絲的粗細、條凳的叫法、未莊人的可笑、女人走路的扭法、被殺頭的革命黨……真正的邏輯都非二者本身的優劣，而是任性的、普遍的厭惡——儘管最初他也許借用過城市對鄉村的權威，但進城為盜之旅，使他對世風日下的城市不再以為然，重新回到了曾被人逐出的未莊世界。

《正傳》表明，錢大少爺是未莊阿Q最厭惡的一個人，不僅冠以「假洋鬼子」的惡號，每見也必在肚裡詛咒。究其原因，則不過在東洋進過學堂，及回來時所留下的一條假辮子：但對阿Q而言，「洋」已威脅了自己所代表的、久遠的正統；「辮子而至於假」，則又破壞了正統的純潔性，故尤其令他深惡而痛絕之，以為已經沒有了「做人的資格……」[66]所以不能不說，厭惡是複雜而危險的情感。其實，也正是這與日俱增的憎惡、歧視，而非敗於王胡的恥辱，才使阿Q無法自制地對他罵出了「禿驢」——假洋鬼子在阿Q心中，竟是一不守色戒的和尚形象，[67]除了留學、革命，不過是與和尚／

66 魯迅，《全集》卷1，頁496-497。

67 「阿Q歷來本只在肚子裡罵，沒有出過聲，這回因正氣忿，因為要報仇，便不由的輕輕的說了出來了：禿兒。驢……」見《正傳》第三章〈續優勝紀略〉，《魯迅全集》卷1，頁497。

尼姑一樣，人皆可辱的異端之外，再也不可能有合理的解釋。[68]

無疑，假洋鬼子並非中國革命世界觀中的先驅人物，更非能以自身的精神一新社會，並為革命合法性奠基的道德英雄。他留學東洋的經歷、與革命群體的交往——如非妄語的話——使之可能具有某種革命者的覺悟，但其回鄉之後的留假辮（背叛），革命靜修庵時的盜香爐（虛偽），入城買賣自由黨徽章（勢利），都令人不齒；其後的「不准（阿Q）革命」，更令魯迅的作者們充滿了至高的蔑視與憤怒。不過，本文以下將表明，阿Q革命權利的被剝奪，同樣是其根深柢固的厭惡所遭致的激烈反應。

阿Q去往錢府要求革命，發生在靜修庵革命失敗，進城找革命黨被誤，頭髮革命（盤辮）落後等，一連串令其革命優先性喪失殆盡的危機時刻。儘管滿腔憤懣[69]，阿Q也不能不意識到，只有承認假洋鬼子的革命，才能維持革命先覺身分的現實。但《正傳》顯明，即使在阿Q此刻的意識中，此行也不過前去與假洋鬼子「商量」[70]——彷彿生計無著時的借貸——所以，他雖極力擺出卑怯的姿態，設計出種種諛辭，但就在假洋鬼子對一干閒漢宣講其光榮革命逸史之際，阿Q還是打斷了他，

「唔，……這個……」阿Q他略停，終於用十二分的勇氣開口

---

68 不理解厭惡的深刻影響，由此而下阿Q對小尼姑的遷怒、對吳媽的跪求、尼姑庵偷菜、進城為盜……等愈來愈急促的、對未莊世界的持續挑戰，就只能用「過度諧謔」之類風格美學的外部批評，來加以曲解。

69 阿Q對自己革命之後，不曾立即劇變的世界，一再表示不平：「革命了，不應該只是這樣。」見《魯迅全集》卷1，頁515，517，518。

70 魯迅，《全集》卷1，頁519。

> 了，但不知道因為什麼，又並不叫他洋先生。聽著說話的四個人都吃驚地回顧他。洋先生也才看見：「什麼？」「我……」「出去！」「我要投……」（第八章《不准革命》）[71]

其後果是人所共知的：被激怒的洋先生，將阿Q逐出錢府，從此「不准革命」。但是，假如阿Q和閒人們一起，圍繞著假洋鬼子，聽完了他的革命逸史；假如有了「洋先生」的稱呼；假如「我要投……」後面的「革命黨」早些出口，哭喪棒是否仍將舉起？筆者卻持有不同的看法。

筆者注意到，從登門伊始，阿Q的眼光就圍繞著他「手裡……曾經領教過的棍子」遊走；就在他準備說出計畫的諛辭時，「洋先生卻沒有見他」——這是否令阿Q覺得，對方在有意無意地忽視他？繼而，在他以與湖北「洪哥」的革命友誼自吹自擂時，終於無法克制自己內心的厭惡，於是打斷了他？[72] 但在那樣的危急關頭，是什麼，令阿Q仍不肯屈居人下？

我以為，那只能是**以未莊革命元勳自居，卻從未得到承認的「不平」**。最初注意到，阿Q自居於未莊革命的元勳，是他革命靜修庵不成、廢然而返的時刻：他雖後悔自己來晚一步，「但也深怪他們不來招呼他。他又退一步想道：難道他們還沒有知道（，）我已經投降了革命黨麼？」[73]

很顯然，這是只有對自己革命首功深信不疑者，才能有的怨嗔。而當他終於克服失落，用竹筷盤起辮子，重新走上街頭時，卻感到

71 同上。

72 魯迅，《全集》卷1，頁519。

73 魯迅，《全集》卷1，頁517。

了更大的「不平」。

> 他在街上走，人也看他，然而不說什麼話，阿Q當初很不快，後來便很不平。他近來很容易鬧脾氣了；……總覺得自己太失意：既然革了命，不應該只是這樣的。[74]

不用說，阿Q本以為，他的復出，將如他剛喊出「造反了」的口號時一樣，聳動未莊。但為他拒絕參加革命的趙司晨，已先他盤起辮子；即使與他同在底層、輾轉溝壑的小D，也用竹筷盤起辮子並出現在他的面前。阿Q自然不快、不平，但他竟然憤怒到「氣破肚皮了」——

> 小D是什麼東西呢？他很想即刻揪住他，拗斷他的竹筷，放下他的辮子，並且批他幾個嘴巴，聊且懲罰他忘了生辰八字，也敢來做革命黨的罪。（第八章《不准革命》）[75]

這是遠遠早於假洋鬼子的不准阿Q革命的。沒有將革命私屬於己、獨自壟斷的心理前提，這樣的厭恨就無法解釋。實則，還在革命之初，為防任何人染指他的革命，阿Q即已拒絕了甚至是窮的標準的要求——當趙白眼惴惴不安地討好他：「阿……Q哥，像我們這樣窮朋友是不要緊的……」，阿Q嚴詞以絕，

74 魯迅，《全集》卷1，頁518。
75 同上。

「窮朋友？你總比我有錢。」[76]

對於以窮為標準，未莊世界裡還有誰，比阿Q更有革命／造反的資格？下文還將分析。但以未莊革命首功自居，卻不僅是他靜修庵革命遲到的主因，也是他投靠假洋鬼子失敗的主因——阿Q從來沒有因其參加革命，改變過對他的厭惡：事態的緊迫，使他轉而相求時，卻反而加劇了他的不平；所以，當他的盤算一遇意外的挑戰，即無法壓制新仇舊恨的脫口以出；而這卻適足觸發假洋鬼子的敵意，誤以為其登門挑釁。不許革命的悲劇再次發生，又豈能由一方負責？

但本文要挑戰的，絕不是阿Q時時的感到不平如何近於病態心理的一類說辭：所謂病態的自尊，源於病態的自卑，只是基於心理平衡的補償效應的平庸解釋。本文在質疑的恰恰是，那種將社會心理自然化的、盧梭式的、自然人性論假設：阿Q是不平等的造物，只要解除了社會的不公，他們將立即恢復本性的善良，未莊世界的黑暗將一去不返。

作為對不平等的強烈反應，《正傳》數次直接寫到阿Q的不平。但阿Q隨之而來的反應則表明：他不是在爭取平等，而只是在對不平進行報復。《正傳》中第一次寫到阿Q的不平，是他在一向看不上眼的王胡身邊坐下，賽捉蝨子，卻因沒有大個頭而激憤不已：「阿Q最初是失望，後來卻不平了：這是怎樣的大失體統的事呵！」「他癩瘡疤塊塊通紅了，將衣服摔在地上，吐一口唾沫，說：『這毛蟲！』」[77] 這是什麼樣的對平等的要求呢？

76 魯迅，《全集》卷1，頁514。

77 魯迅，《全集》卷1，頁495。為了避免將此視為阿Q的病態心理，很明顯，他要求的是在任何方面都完全一樣的、**絕對平等**。然而，阿Q的平等，是任性自為，唯我為是的（self- righteous）。他因自己作為趙家人，連蝨子也是應比別人大的。《正傳》中阿Q的不平，皆類似於此。

阿Q革命，直接源於他的不平——「阿Q近來用度窘，大約略略有些不平。」[78]——這是令人同情的，但他反抗這不平的真實心理，卻是：「革這夥媽媽的命，太可惡！太可恨！……」因而，未莊的「鳥男女」們的慌張，使他「快意」（「太好笑了」）；未莊人都成了他的俘虜，「令他得意」；「未莊人都用了可憐的目光對他看」，更使他「舒服得如六月裡喝了雪水」！[79]

對未莊裡比他更窮，似乎也比他更有資格造反—革命的小D，阿Q不但在相爭時，迎面就揮出過他的鋼鞭；勝利後要第一個處死；絕不給盤辮子革命的權利；在自己不許革命之際，對了解夜搶內情、或參與其事的小D，也大為「不平」，緊追不捨，直到被迫吐實方休。[80]

總之，阿Q的不平，都絕無公平（equity）可言。不得不一再令我想到，康德對**過度平等的要求**造成的挫折與扭曲——嫉妒、厭惡、仇恨——所下的嚴峻判詞：devil's evil（魔鬼之惡）。[81] 畢生思考現代中國失敗的新儒學領袖牟宗三，也正是在此的啟發下，將絕對平

(續)

請比較阿Q在尾隨小D，幾返幾復，偵知趙家被劫前，最後一次感到的「不平」（頁521）。

78 魯迅，《全集》卷1，頁513。

79 同上。

80 魯迅，《全集》卷1，頁520-521。這是阿Q與假洋鬼子二人鬥法的高潮事情，需到第六節分析。

81 參李秋零譯康德，《純粹理性界限內的宗教》，《康德全集》卷6（北京：人民大學出版社，2007），頁26。

等主義對現代中國無所不用其極的詆毀、破壞，視之為極端惡（radical evil）：

> 但不允許有任何人優過於我，這樣的均等便不正常；怕他人之由努力以得優越性，這種懼怕更不正常，這懼怕中就含有一種敵視、嫉妒與仇恨。由這種仇恨而發「我必優過你」之欲望，這欲望就是一不義的欲望，不正當的欲望。恥心轉為嫉妒仇恨心，遂至一切毀之而不惜。康德名此曰「文化上的惡」，蓋公平競爭是文化上的激勵，而此惡則足以毀滅文化而由餘。[82]

但，指出阿Q革命基於食色、怨恨、憤怒的殘酷心理，不意味著本文就贊同一種道德心理主義的論述。相反，阿倫特對法-俄革命災難的分析，使我對以社會不公之憐憫（pity）為動力的道德激情，抱有極高的警惕。實際上，中國現代共和同樣失敗於，將永無休止的社會解放、社會革命，而非政治權利的實現作為目標。[83]其間的關係正表現於，一個世紀以來對阿Q的社會遭遇的過於義正辭嚴的同情，以至於很少有人不是認同於阿Q的不平／厭恨，不是將其作為一種道德情感，而對阿Q在無法追求，與求之不得的妒恨中邪惡，有過起碼的反省。

---

82 牟宗三，《圓善論》，同上，頁83-84。有關「魔鬼之惡」如何形成他對現代中國失敗的分析，可參其晚年講演的文字與視頻，如《論中國文化、共產主義和現代化》。

83 阿倫特對美國革命與法國革命一成一敗之根源的論述，傳在人口，無需贅言。本文側重的是，她有關基於底層社會苦難的憐憫（pity），和基於共同體政治自由的激情（compassion），兩種倫理心理的比較分析。請見《論革命》第二章〈社會問題〉之第三節，尤其頁62-63，66-68（陳周旺譯，南京：譯林出版社，2007）。

《正傳》中，阿Q逃出錢府時，為了「報仇起見」，已然很想立刻放下辮子；[84] 而小D離開，親眼目睹白盔白甲夜搶趙家，卻仍無人來叫他同去時，阿Q決定告發革命！不，造反！

> 阿Q越想越生氣，終於禁不住滿心痛恨起來，毒毒的點一點頭：「不准我造反，只准你造反？媽媽的假洋鬼子——好，你造反！造反是殺頭的罪名呵，我總要告一狀，看你抓進縣裡去殺頭——滿門抄斬——嚓！嚓！」（第八章《不准革命》）[85]

我知道，人們會覺得，這仍不過是荒唐滑稽的酸辣笑料。但這是在第一次提堂時就實行了的——從捍衛自身的革命權利開始，阿Q控訴了假洋鬼子對革命的破壞——「假洋鬼子不准我！」

> 「我本來要……來投（降革命）……」/「那麼，為什麼不來（自首）的呢？」/「假洋鬼子不准我！」/「胡說！此刻說，也遲了……」（第九章〈大團圓〉）[86]

控訴完假洋鬼子阻礙革命的滿腔怨恨，接下來，就該是對假洋鬼子作為投機者（「造反」）面目的揭露了。只可惜，因不願講出自己因擔心辮子被剪，才未及時進城尋找革命黨的尷尬事實，他無法爬出他的信任困境；而審判者是和假洋鬼子一路的人物——詳第六節——使得其告密的計畫，也終於不能成功。

---

84 魯迅，《全集》卷1，頁521。

85 魯迅，《全集》卷1，頁521。為符合今日閱讀習慣，去掉三處雙重標點符號。

86 魯迅，《全集》卷1，頁523。

以自我加冕的革命元勳的僭妄，阿Q斷送了自己的革命前程；而現在又欲用翻天印——反噬——砸碎包含了**自己**心力的革命。

他雖然暫時失敗了。但他並無公正可言的「不平」，使革命成為殘忍的造反遊戲。

五、在「精神勝利法」的背後：邊緣人的崛起

長期以來，有關阿Q的研究，卻是在「精神勝利法」的指引之下進行的。阿Q的卑怯、自欺、麻木、虛偽，亦即對「真實」自我的蒙蔽、放棄、不覺，被視為最具負面性質的「國民性」、「阿Q精神」、「阿Q主義」；反過來，「真實」的阿Q，則被賦予了解放、尊嚴、崇高等價值。

然而，在精神勝利法的**反方向上**，建立阿Q的真實的努力，從來都是不成功的。

精神勝利法的研究者認為，既然阿Q的失敗，是一種內在的、精神的、自我挫敗，其反面也必然同樣是居於內在的「精神」：如承認自己在現實中處境的不利、遭遇的不堪，並在真實的羞愧與憤怒中，做出有利於自我肯定的回應……才是真正的精神的勝利。但在人類精神活動中，對真實的**反應**，是優先於對真實的反映的。壓抑自己的情感，扭曲自我的形象，以達到安慰自身，或準備未來生存的目的，並不意味著不真實，更不意味不了解自我的真實。

被視為精神勝利法確證的最著名的例子，莫過於阿Q自輕自賤的「兒子打老子」、「打蟲豸（畜生）」。不過，那只是阿Q在與「閒人」們口角衝突、**不敵**對手時分的滑稽自慰之辭。而且，魯迅在《正傳》中的用法，是饒有深意的「**精神上的**勝利法」，而非「精神勝利法」——換言之那僅指存在於阿Q「**精神上的**」、自我勝利

之法；而除此之外，阿Q尚另有勝利之法。

《正傳》早已指出，我們看到的阿Q，從來都是喜愛行動戰勝而策略精明的：「口訥的他便罵，氣力小的他便打」，近來「吃虧的時候多」，也只是漸漸改為「怒目而視」了。[87] 所以，阿Q並不只是失敗，更未備下魯迅的作者們用「精神勝利法」推定的、自我失敗的阿Q主義。

> 阿Q主義，那精義，不過是奴隸的自欺欺人主義，阿Q的有名的精神勝利法，就是奴隸的失敗主義的精華。是的，阿Q本人不過是奴隸的一分子，是中國的被剝削了幾千年的農民的代表……[88]

這是本文不能接受的。進而言之，《阿Q正傳》首先仍是小說，仍是一部用戲劇性敘述和心理分析完成的、《新青年》文體的、現代長篇小說（modern novel）。[89] 對阿Q精神的批判，無論有多麼偉大的意義，也應首先建立在這一前提之上。

---

87 魯迅，《正傳》第二章〈優勝紀略〉，《全集》卷1，頁491。

88 馮雪峰，〈魯迅與中國民族及文學上的魯迅主義——1937年10月19日在上海魯迅逝世週年紀念會上的講話〉，見《1913-1983魯迅研究學術論著資料彙編》之三（北京：中國文聯出版公司，1987），頁116。

89 將《阿Q正傳》作為長篇小說並非本文的創造，竹內好在已發先聲，但其理由不過是「在譯文中已近一百頁」。我則基於阿Q性格的成長與命運的完成，這也是盧卡奇（Gorge Lukacs）等將「教育小說」界定為現代長篇小說「範式」特徵的兩個指標。參*Theory of the novel*《長篇小說理論》，中譯可見《盧卡奇早期文選》（南京：南京大學出版社，2004）。

阿Q故事的發生，看似集中在1911年前後，但關鍵性的敘事時間節點卻有兩個：一是皇帝停考的1905年，一是辛亥革命爆發的1911年。阿Q的故事，正落在這六年之間。

而這六年，也是中國歷史古、今斷裂，方生、方死的極速時刻。1905年（光緒三十一年），科舉制度被清廷廢止，讀書人（「士」）出仕（為官）的傳統路徑從此中斷，官僚集團再無科舉新血的制度性補充：依賴東西洋留學生和新式學校出身者，緩不濟急；只有靠各種特科、特選。但這不啻於公開為夤緣求進者鋪路，吏治因以愈加糜爛。而迭經戊戌變法之敗，庚子拳亂、八國聯軍之辱，革命之聲日盛一日，天下之重心，已不在廟堂而在海外與租界。二十世紀之中國，從此將是「農村邊緣人集團」和「城市邊緣人集團」乘間抵隙、以求一逞的世界。[90]

《正傳》中的時空轉換，如兔起鶻落，卻同樣包納了趙家入仕之途斷絕，未莊邊緣人角色開始持重，並日漸展開權勢爭奪的風雲變幻。如果從這一視野，而不是從個別要素的化約，或自我創作出發，任何人都可以看到：阿Q故事，包含了兩個不同的敘事。

一是1905年後，原為趙家附庸的阿Q，出走冒險，短暫中興後歸於失敗：以陷入「戀愛悲劇」到被逐出未莊、進城為盜為線索，以重返未莊中興為高潮；一是1911年暴起革命，再經失敗的歷程：

90 余英時，〈中國知識分子的邊緣化〉，《二十一世紀》網絡版（香港：香港中文大學）2003年6月號，總第15期。余先生將1905年斷定為中國傳統士人沒落，與現代知識分子興起的關節點，可謂卓識；但將邊緣人集團的把持延後到1924年國民黨改組，則恐是對辛亥革命成功中的邊緣人，不便指實所致。本文以為，辛亥革命之新黨，大體皆城、鄉邊緣集團之人，故堅持1911年為其崛起時刻。余先生對中國近現代史的研究，以罕見的通才博識，慎思明辨而得，是十分珍貴的史學遺產，絕對不可以文人情懷視之。

以在白盔白甲進城的傳言下「投降」革命始，到貽誤靜修庵革命先機，終至「不准革命」為線索，以決意告發假洋鬼子謀反為高潮。

而這些，都屬於《正傳》第三章以後的內容：在未莊舊有權勢解紐之際，只能展開冒險與追求的阿Q，其性格的發展已無法再用此前兩章中，引領讀者觀看阿Q進入行動場域時所用的、國民性批判的旁白，[91] 來加以理解。確切地說，大戰王胡，才是作為行動者阿Q「自己行動」的開始。在挑釁失敗之後，他也如此暴露其第一次冒險出擊的心跡：

> 在阿Q的記憶上，這大約要算是生平第一件的屈辱，因為王胡以絡腮鬍子的缺點，向來只被他奚落，從沒有奚落他，更不必說動手了。而他現在竟動手，很意外，**難道真如市上所說，皇帝已經停了考，不要秀才和舉人了，因此趙家減了威風，因此他們也便小覷了他麼？**（第三章《續優勝紀略》）[92]

原來，在科考取消後，作為趙秀才的「本家長輩」，也隨之再無優勢，連一向看不上眼的閒人——邊緣人——王胡也跟著小覷，這才觸動了他異乎尋常的怒火。

接下來，他對假洋鬼子的不忍，同樣是對邊緣人物時來運轉的憤憤不平。《正傳》中假洋鬼子的出場，是以「阿Q最大的怨敵來了」開始的。上節已分析過兩人的怨懟。但只有在後1905時代的背景下，才能理解阿Q反應異乎尋常的原因——他「歷來本只在肚子

---

91 《正傳》中所諷刺的「精神上的勝利法」，可視為其「國民性批判」的延伸。但這是1905年前的阿Q，也就是第三章以前的阿Q性格。

92 魯迅，《全集》卷1，頁496。

裡罵，沒有出過聲，因為正氣忿，因為要報仇，便不由的輕輕的說出來了。」——這空前的大冒險，竟然是為了「報仇」。報什麼仇呢？不尊趙家勢力之仇也。但要理解，為什麼假洋鬼子是他「最大的怨敵」，卻須點出：與假洋鬼子一樣成為邊緣人集團的領袖，也正是阿Q此後冒險的目標。

本文一再從不同的維度證明，阿Q絕非吳媽一樣的底層民眾。實際上，一向被視為貧苦農民（雇農）化身的阿Q，在賭博、貪杯、好打、獵色、偷竊等一切方面，都與閒人無異。據《正傳》，為了在精神上戰勝暫時無法克服的怨敵，阿Q常「愉快的跑到酒店喝幾碗酒」，和別人「調笑」、「口角」[93]； 為了一露真容，阿Q也同樣需要借酒——走上街頭大喊造反，是因為空腹喝酒「醉的快」；發現趙家被搶，也是在酒醉之際[94]——這與他對賭博的癡迷[95]一樣，召喚出一個哪怕是對極度的偶然性，也信心百倍的自我。

還在以趙家人的身分獲得未莊最初的尊敬的歲月，阿Q主要的優勝事業，就是對那些「打慣了（他）的閒人們」和看不上的閒人們，進行報復。在進城為盜有獲、衣錦還鄉的時節，聆聽他的城市傳奇並給予他趙太爺一般地位的，仍是未莊的閒人們。這是《正傳》中聲色俱佳的特筆，但此僅能摘取他講述殺城裡革命黨起興時，叱吒聲中，朝王胡後頸窩的一劈：「嚓！」

> 王胡驚得一跳，同時電光火石似的趕快縮了頭，而聽的人有都悚然而且欣然了。從此王胡瘟頭瘟腦的許多日，並且再不敢走

93 魯迅，《全集》卷1，頁492。

94 魯迅，《全集》卷1，頁520-521。

95 阿Q對賭博的癡迷，值得專門討論，尤其是他對失敗時「孤注一擲」的偏好，是他公共性格偏好最明顯的傾向。

近阿Q的身邊；別的人也一樣。[96]

可以說，閒人，才是阿Q世界悲歡、苦樂、榮辱的贈與者；對閒人們的吸引與利用，更是阿Q在離開趙家之後最主要的努力。當然，我並不認為，阿Q就是閒人，或僅是閒人——正因不甘成為環繞在假洋鬼子身邊的閒人，才使他錯過了挽救自己革命地位的機會——但對閒人的倚重，與對白盔白甲前來相會的執信，是完全一致的。閒人，就是阿Q夢中白盔白甲的肉身，它們隨時都在尋找自己的靈魂，這對以落難英雄自命的阿Q，形成了無法抑制的誘惑——只要獲得他們的肯定，成為他們簇擁的「好漢」，就能亮出自己隱忍已久的鋼鞭。

近二十年「新文化史」對革命的研究，日益轉向對邊緣人（outsiders）功能的重視。亨特對法國大革命中的邊緣人，作為新的政治、文化經紀人（broker）角色，形成新的政治網路的作用，有深刻的研究。她用邊緣化（being marginal），而不是傳統的職業或專業，或社會地位，來界定這些新的政治力量：

> 邊緣化這一共同特點並沒有使新政治階級（political class）成為遊手好閒、惹是生非之徒——這是一種令人恐懼、但不常見的職業革命者。拉寇姆和菲力浦之流的非凡故事不能讓我們倉促下結論說，大革命只是「許多個人苦痛」的綜合。……不能將個人動機歸攏為新階級的整體意願，因為政治階級不是通過個人心理來界定，而是通過共同機遇和共同承擔的角色來界定。[97]

96 魯迅，《全集》卷1，頁509。

97 Lynn Hunt, *Politics, Culture, and Class in the French Revolution*（LA:

從邊緣人的共同的機遇和承擔的角色，來解釋其歷史性的崛起，當然是本文認同的。但就研究中國革命而言，更公允的看法或許恰恰是：不能只用「政治階級」的概念來進行討論，而必須顧及個人、集團的動機。目前有關底層社會的研究，雖然理論性不足，但其發現的大量文獻，正足以修正新文化史的邊緣人理論。

明清以來，浙江紹興府一些閒人（「少年無賴」）平日擾害地方，所到之處「人皆畏之，或雖被害，亦不敢言」，即因為他們人數眾多，相互結為死黨；其用以標榜的綽號，如「九尾狐」、「小羅成」、「賽秦瓊」等等，也都來自民間戲曲、說書。[98] 這當然無法直接用於理解《正傳》中的阿Q——作為無姓、無名、無籍、無家、無業……的莫須有nobody，阿Q已經抵禦了胡適之的考據癖一百年——我們不能說他出自紹興府。然而，一切莫須有之人，恰恰最深刻地依賴他自己時代的風習。游走於未莊與城市世界邊緣，混跡於各種灰色場所，自然也最易濡染他們的習性。

阿Q中興的事業，被趙老太爺毀於一旦，[99] 卻使他在極度的自辱與忍耐中，突然發洩，迅速完成從受害者到施虐者的角色轉換的閒人本領，更為嫻熟，具備了與革命時代的閒人領袖假洋鬼子一爭高下的資質。[100] 只不過由於《正傳》的「喜劇」性質，小說中的施

(續)

Uni. Of California Press, 2004).中譯本參考《法國大革命中的政治、文化和階級》（上海：華東師大出版社，2011），但譯者將outsider翻譯為「局外人」，見頁216。

98 盧文弨，《抱經堂文集》卷30《浙江紹興府知府朱公涵齋家傳》，轉引自陳寶良：《中國流氓史》（上海：上海人民出版社，2008），頁358。

99 趙太爺傳出阿Q做賊的流言，見《正傳》第六章〈從中興到末路〉。

100 《正傳》中，假洋鬼子的出場，是以「阿Q最大的怨敵來了」開始

虐，並非血腥的野蠻；而因為敘事節奏在八章末的突然加速，[101]假洋鬼子與阿Q二人各傾殘忍，為對方布設陷阱的領袖間人之戰，幾乎不為後世讀者所了解。下面將以兩人近乎心有靈犀的三場對決——不約而同地宣戰靜修庵，不約而同地想到進城尋找組織，並在最終的告密與陰謀之戰中，決出了各自命運的勝負——為線索，對那些被模糊的阿Q的投機、冒險、背叛，作細節的呈現。

六、眞土鬼子與假洋鬼子之戰：新君主的誕生

讓我們從阿Q登上革命舞臺次日的進軍靜修庵開始。根據《正傳》，他彷彿完全直覺似地想到了那裡。[102]然而，靜修庵是未莊世界最邊緣的存在，和小尼姑一樣，是任何人都可以侮弄的異端——即使在去春衣食無著時，阿Q也「直覺的知道」，靜修庵可以保證他求食的成功——在未莊世界的一派驚恐中，再次走向最微不足道的靜修庵，去拾取革命的首功，不是最迅速、穩靠的選擇麼？

只因晚起，靜修庵革命已被假洋鬼子占得先機，阿Q表演殘忍的戲碼，只及於他用磚頭在庵門上砸出的如雨斑痕，與庵門打開時

(續)

的。但，為什麼是「怨敵」？為什麼「最大的」的怨恨的敵人，不是趙家的兩代老爺？這是「無產階級的阿Q」的一類詮釋，無法理解的。

101 魯迅在〈阿Q正傳的成因〉中一再提及寫作過程的艱苦，兩個月後一直很想結束，但編輯不同意，好不容易等到他出差的機會，實現了這個目標。但魯迅的解釋，需要放到對敘事節奏的影響之上。

102 這是一段意味深長的文字：革命，只是阿Q解決食、色、性問題的手段。「（街上）樣樣都照舊。他也仍然肚餓，他想著，想不起什麼來；但他忽而似乎有了主意了，慢慢的跨開步，有意無意的走到靜修庵。」《魯迅全集》卷1，頁515。

「準備和黑狗來開戰」的馬步雄姿而止。[103]

但靜修庵之敗，實在**太過偶然**。完全可以合理假設，[104]如果阿Q先假洋鬼子一步趕到靜修庵，那句「革命了」的修辭就足以震懾老尼姑，而不會反被「革過一革了」所震，在銳氣挫傷之際被關在門外。進而言之，雖然無法斷定，進入了靜修庵的不識字的阿Q，會不會像秀才和假洋鬼子一樣，知道龍牌的反動；但進入了靜修庵的阿Q一定不會在砸毀龍牌之後，得勝而去——

沒有忘記阿Q對小尼姑凌虐的魯迅讀者都知道：按阿Q行動的邏輯，曾罵他「斷子絕孫」並在春天偷菜時放狗咬他的小尼姑，[105]更容易成為他此行征服的主要目標；而因為靜修庵的遠離中心，阿Q如果沒有對於吳媽的需要，將小尼姑牽回未莊遊街，以取得超過之前當眾凌虐更大的震撼效果，也是大概率事件。如果有了靜修庵革命的成功，阿Q的聲勢必將進一步大振，白盔白甲就會主動來找他，阿Q革命的提前成功，就是我們在《正傳》目睹的事實。[106]

與靜修庵革命遲到的偶然相似，阿Q的不進城找革命黨，不僅直接導致了其革命的失敗，個中原因更令人不可思議。但按《正傳》第八章〈不許革命〉，卻有異辭——

---

103 魯迅，《全集》卷1，頁516。

104 本文所指的合理假設，並不以「反事實史學」(counterfactual history)為預設，而只是揭示被掩蓋的歷史可能性的一種方法。

105 小尼姑罵阿Q，並在其偷菜放狗咬他，分別見《魯迅全集》卷1，頁499，頁507。

106 沒有忘記阿Q在挑戰王胡、假洋鬼子失敗之際對小尼姑施虐的讀者，可以合理推斷，其在革命之際前往靜修庵，是否會對小尼姑施加更殘忍的虐待？但他之所以不在老尼姑關門之後再加攻打，實在是他自以為，未莊革命首功已非他莫屬，不必計較。可惜他的妄愚，使之忽視了趙、錢兩家聯手，對邊緣人立場的影響。

一是阿Q被逼無奈，準備前去找假洋鬼子商量時所述：阿Q平生認識的革命黨只有兩個；「城裡的一個早已『嚓』的殺掉了」，現在只剩一個假洋鬼子。

但此章開始時所述，卻大為不同：城市革命剛起，幾個不好的革命黨，第二天便動手剪路人辮子：「阿Q本也想進城去尋他的老朋友，一得這消息，也只得作罷了。」換言之，似乎阿Q在城中認識的革命黨仍然活著，至少，前去結識革命黨的機會仍在。由此也就引出一個問題——

阿Q為什麼要放棄一個意義如此重大的自我拯救的機會？頭髮為什麼是如此重大的威脅？

因為如果有了進城聯絡革命黨的成功，靜修庵的失敗就無足輕重，阿Q此前遊行的合法性就有了「組織」的背書，阿Q就成了真正的未莊革命首義的元勳……「啞子開口龍虎鬥」就提前有了新的續篇——土、洋鬥，光榮歸癩瘡；新、舊戰，勝利屬鋼鞭。

所謂「土洋鬥」，當然是指阿Q與假洋鬼子之間的明爭暗鬥：相對於錢少爺那樣假（的）、（東）洋的鬼子，阿Q則是真（的）、（本）土(的)鬼子。如果說假洋鬼子（暫時）成功的原因，在於他的出過洋，與城裡的革命黨相識，有一條早已剪過，無需再剪的假辮子；而以未莊革命先行者的身分，阿Q為什麼會對一條辮子如此觀望、遲疑，以至於僅是將辮子盤起來，也落後趙秀才、趙白眼遠甚？

這不是明顯的矛盾麼？《正傳》這一如此明顯的矛盾安排，企圖使我們注意什麼？

難道，靜修庵革命的挫折，已經使阿Q失掉了對自己的信心？上文已指出，阿Q從靜修庵廢然而返悔恨交加時，曾懷疑「難道他們還沒有知道我已經投降了革命黨麼？」對自己的革命首功雖仍自信，但「投降革命黨」之說，卻已不免為其後親自到錢府要求招安預留了後步。因而，我們不能不對一向被視為定論的，阿Q對未莊革命的領導權問題，提出質疑。

《正傳》表明，「宣統三年九月十四日」阿Q走上街頭時亦聲稱：「便是我，也要投降革命黨！」這無異於說，在此之前革命的領導權另有所屬：其未莊的代表者，是否正是他所認識的、兩個革命黨之一的、假洋鬼子呢？

無論這將如何使魯迅的作者們憤怒，作為革命阿Q製作者的毛澤東，對此卻別有神會，在其一向被稱為最重要著作的《論十大關係》中，專章以論。

> 《阿Q正傳》是一篇好小說，我勸看過的同志再看一遍，沒看過的同志好好地看看。魯迅在這篇小說裡面，主要是寫一個落後的不覺悟的農民。他專門寫了「不准革命」一章，說假洋鬼子不准阿Q革命。其實，阿Q當時的所謂革命，不過是想跟別人一樣拿點東西而已。可是這樣的革命假洋鬼子也還是不准。我看在這點上，有些人很有點像假洋鬼子。他們不准犯錯誤的人革命，不分犯錯誤和反革命的界限，甚至把一些犯錯誤的人殺掉了。我們要記住這個教訓。無論在社會上不准人家革命，還是在黨內不准犯錯誤的同志改正錯誤，都是不好的。[107]

毛澤東一面將阿Q革命的動機降低到侮辱性的水準——「想跟

107 毛澤東，《論十大關係》九，〈論是非關係〉，《毛澤東選集》第五卷（北京：人民出版社，1977年第1版），頁283-284。《論十大關係》直到1978年12月26日，才在《人民日報》發表。

別人一樣拿點東西而已」（絕非事實）；一面卻提到「（革命的）是非關係」的駭人高度——警告他的最高層同僚：必須將阿Q留在革命陣營之內；絕不能像假洋鬼子那樣，不准阿Q革命。

《論十大關係》與赫魯雪夫1956年2月25日所作《關於個人迷信及其後果》報告（《史達林「祕密報告」》）的出籠，有直接關係：為了應對世界性的批判史達林個人崇拜、總結蘇聯革命教訓的浪潮，[108]毛對全體高層就十個問題，在4月25-28日作了長達四天的講話：幾經整理，除1967以《毛澤東思想萬歲》為題流傳，成為文革造反派的綱領而外，一直未曾正式出版，直到1977年收入《毛澤東選集》第五卷。[109]

很明顯，毛對假洋鬼子的嚴厲批評和對阿Q的無條件維護，亦即對中共「國際派」與「本土派」歷次路線鬥爭是非的大裁決。毛澤東屢斥王明為假洋鬼子，將史達林當做趙老太爺，[110]對自己長期被排斥在革命領導之外的不滿，毫不掩飾。但他也必定清楚：國際派，正由前面所論城市邊緣人集團轉化而來，今日雖再無史達林援手，但勢力更非農村革命時代可比；如不趁機強化農村邊緣人阿Q

---

108 有關赫魯雪夫「祕密報告」的衝擊在中、日兩國的情形，可見丸山升《史達林批判與中國》第一節；有關史達林批判與文革發動之間的關係，作為日共領袖和魯迅專家的丸山，也提供了一個難得的內部人的外部觀察。2006年我北大、東大合辦的《左翼文學的時代》的研討會上得到此文後，迅速改變了我對內部觀察者優越性的看法。

109 吳冷西，《吳冷西回憶錄》1，《新的探索和整風反右》第二章〈論十大關係〉，北京：中央文獻出版社，2016年，尤其頁17-19。

110 據薄一波記錄，毛澤東的講話為：「我看在這一點上，史達林有點像趙太爺，犯了錯誤就殺掉，錯誤與反革命的界限不分，錯殺可很多人。」薄一波，《若干重大決策與事件的回顧》第一卷（北京：中央黨校出版社，1991），頁490。

作為中國革命合法性代表的天然資格，確立他們的絕對領導，不許革命的悲劇將仍不可避免。

反右、文革等政治災難的發生，與這一為擺脫史達林批判困境而採用的**反客為主戰法**之間的關係，已引起越來越多當代中國研究者注意[111]，知識分子改造尤其知識青年的上山下鄉，更是確切無疑的證據。不過，尚未有人將其編織到中國現代政黨崛起的脈絡中而已。

而毛澤東的對《正傳》的讀法，使我覺得，仍有必要對阿Q作為「革命黨」的問題進行重審。坦率說，作為中國現代思想史的研究者，我幾乎不敢相信：1920年代，魯迅就可以形成有關城、鄉邊緣人集團即將交替主宰中國社會的確切看法。但現在看來卻正好如此。1926年，魯迅在〈阿Q正傳的成因〉中否認，阿Q似的革命黨只是辛亥革命期間——「現代的前身」——人所周知的**會黨**，它反而更可能出現在其後「二三十年之後」：

> 我相信還會有阿Q似的革命黨出現……我還恐怕我所看見的並非現代的前身，而是其後，或者竟是二三十年之後。[112]

換言之，阿Q式的革命黨，實即1930-1940之後的現代政黨。這一極其嚴峻的判斷，使我意識到前面對阿Q向假洋鬼子投降的解讀中，忽略了也許是最重要的要素——後者的**自由黨身分**：正是這，才使前清秀才趙太爺，在靜修庵革命之後，徹底轉向——

111 相關情況可參看程曉農〈毛澤東向斯大林學到了什麼？：中蘇「文化大革命」的比較及其啓示〉一文，收載《當代中國研究》2006年第3期，頁104-115。

112 魯迅，《全集》卷3，《華蓋集續集》，《全集》卷3，頁379。

> 趙秀才本也想靠著寄存箱子的淵源，親身去拜訪舉人老爺的，但因為有剪辮的危險，所以也就中止了。他寫了一封「黃傘格」的信，託假洋鬼子帶上城，而且託他給自己紹介紹介，去進自由黨。假洋鬼子回來時，向秀才討還了四塊洋錢，秀才便有一塊銀桃子掛在大襟上了；未莊人都驚服，說這是柿油黨的頂子，抵得一個翰林；趙太爺因此也驟然大闊，遠過於他兒子初雋秀才的時候，所以目空一切，見了阿Q，也就很有些不放在眼裡了。[113]

「銀桃子」黨徽，在未莊人眼中的「頂子」形象，精確寫照了新、舊權威在方生方死之際的混合狀況。但長期以來，「銀桃子」只是作為諷刺對象而存在的，即使有人注意到自由黨的真實存在，也無未正確估計過其對民初政治的影響：《正傳》中假洋鬼子在加入自由黨後，竟然將它作為祕密革命時期的黎元洪勢力加以吹噓，並以自我賦予的政黨—國家代表的權威，不許阿Q革命，至今使人誤以為——魯迅將辛亥革命的失敗，歸咎於它及類似政黨的篡奪——實則大謬不然。

作為1912年1月才成立的新黨，雖有黃興、孫中山等口頭支持，希望起到制衡袁世凱在臨時參議院實力的作用，[114]但勢單力薄，又在次年8月即被取締，只能算民初政治中曇花一現的小角色。[115]而

113 魯迅，《全集》卷1，頁518。

114 《中華民國自由黨》，見上海社科院歷史所編，《辛亥革命在上海史料選輯》（上海：上海人民出版社，2011），頁708-712。

115 李劍農，〈政黨的產生與演化〉，《中國近百年政治史》第十章（台北：臺灣商務印書館，1972），頁365。

一直由媒體、出版界人士負責的自由黨，吸收的也主要是中、小工商業主和下層社會人士，即使在地方社會的確起過某些活躍的作用，也仍是以民初政治中的反對黨身分取得的。[116]

《正傳》中的自由黨領袖，實即革命後「幫辦民政」的舉人老爺。在與警司——原來的老把總——就「追贓還是辦案」（殺頭）的爭執中，完全處在「很不」被「放在眼裡」[117]的位置：這正是自由黨在民初政治地位最恰切的寫照（詳下）。他與趙秀才，在後來成為遺老，不一定是視民國為敵國，但絕非其代表則是毋庸再論的。[118]

所以，假洋鬼子個人、政黨與國家三重身分的合一，並非真相。自由黨的身分，雖使他與趙秀才的聯手革命，獲得了國家—朝廷的承認；而阿Q革命不僅不能被組織追認，其後的不許革命，也可用組織決定和要求加以推諉。但其作用短暫，造成壟斷更不可能。

1912年政黨政治的一度勃興，實因革命首起南方，革命臨時政府亦成於南方。南北議和後，國府北遷，袁世凱仍是臨時大總統的身分，必須通過參議院選舉才能成為法定總統，是則必須依靠政黨。而在當時與主張民權、政黨組閣的國民黨對抗的，是以「國家主義」為政綱、主張權在總統的共和黨：他們標榜中國革命之功，「黎氏（元洪）創其始，袁氏（世凱）終之也。除此二君成功之外，國民不與焉」，[119]但不幸，兩黨議席均不過半，是以引動建黨熱潮。[120]

116 曾業英，〈民國初年的自由黨〉，《歷史教學》，1990年2期，頁55-56。

117 魯迅，《全集》卷1，頁524。「把總近來很不將舉人老爺放在眼裡了……」

118 有關細節，分見《魯迅全集》卷1，頁524，頁527。

119 此語轉引自來新夏《北洋軍閥史》卷1（天津：南開大學出版社，

只有在這樣的狀況下，作為城市邊緣人的假洋鬼子，才能以其在政黨政治網路中的資源，獲得政治代理人的資格。

但1913年初，在國際承認的背景下，袁世凱已開始傾力壓制反對黨活動，只留下作為選舉工具的進步黨和元氣大傷的國民黨；[121]一俟在10月6日正式當選，則解散一切反對黨——一年後竟連國會也加以取消——從此，民國已不再有合法的反對力量；國家遂成為滿足其個人作為新式君主或舊式君主私欲之工具：無論是他個人的復辟帝制，還是其武力繼承者的顯頂跋扈，[122]都不過以失敗之國家，為最後之孤注，冒險一擲，以博一逞。所謂民意基礎，所謂政黨支援，都在公開製造之列：史載，袁氏自導自演的勸進潮中，乞丐有黨，妓女有會，[123]阿Q如仍存活，又何患乎無人前來相召同去？

只可惜他未能得到這一歷史的契機，即在1912年被正法[124]。但

(續)

2000），頁240。

120 有關民初政黨的興衰，此處參考了謝彬，《民國政黨史》（北京：中華書局，2007）、張玉法，《民國初年的政黨》（長沙：嶽麓書社，2004）等書。

121 進步黨是在共和黨、民主黨的基礎上，為對抗在國會選舉中大獲全勝的國民黨，進一步組合而成的政黨。在其他各黨紛紛消退的背景下，其作為政府黨的特徵，比在共和黨時期更加顯著。

122 參侯宜傑，《袁世凱傳》（瀋陽：遼寧人民社，2019）、沈雲龍：《徐世昌評傳》（北京：中國大百科全書出版社，2013）。

123 此事雖荒唐，但當時報刊記載甚多，後世嚴肅史學家引用者甚多，如侯宜傑，《袁世凱評傳》（鄭州：河南教育出版社，1986），頁236；《北京史》（北京：北京出版社1999），頁402。

124 作於1925年5月的《忽然想到》（九）中，談到阿Q被捉，祠外架起的機關槍時，寫到：「阿Q的事件卻大得多了，他確曾上城偷過東西，未莊也確已出了搶案。那時又還是民國元年，那些官吏，辦事自然比現在更離奇。先生！你想：這是十三年前的事呵。」見《華蓋集》，收《魯迅全集》卷3，頁64。

即使如此，阿Q第一眼就看中老頭子（老把總）「一定有些來歷」，繼而「膝關節立刻自然而然的寬鬆，便跪了下去了。」——我們知道，這從來都被理解為，他的「奴隸性」發作——但，事實並不如此。

從阿Q的視角看上去，老頭子的光頭，最初只令他「疑心他是和尚」。是他兩旁站著的十幾個「長衫人物」，使他做出了這個判斷：他們「也有滿頭剃得精光像這老頭子的」，「也有將一尺長的頭髮披在背後像那假洋鬼子的」……[125] 我們不能不就此一問：他們是誰？

他們，只能是假洋鬼子一樣的自由黨人。所以，老頭子，也就並不只是前清的老把總，而是新時代的黨人。而這樣既有實力，又有來歷的權威，才是他傾心向慕，臭味相投的物件，也才是他判斷的依據。

《正傳》中阿Q的冒險相認，不幸因為對假洋鬼子的憤怒沒有成功。但在老把總式的袁世凱及其武力繼承者宰制的民國，這樣的成功一直是可以期待的。直到《正傳》發表寫作的1922年，徐世昌雖在任內末期，但是繼續留任，還是由黎元洪再次出任，或請張作霖進關，或直接讓滿清復辟，[126] 仍擾動全國。魯迅痛定思痛，決心說出他心中民國的失敗，在於新君主們阿Q式的人格。這還有什麼

125 魯迅，《全集》卷1，頁522。

126 為便閱讀，謹將民初北京政府時代各任總統及其任期，簡要列出：袁世凱（1912-1916、黎元洪（1916.6-1917.7）、馮國璋（1917.7-1918.10）、徐世昌（1918.10-1922.6）、黎元洪（1922.6-1923.6）、曹錕（1923.10-1924.11）。其後，段祺瑞臨時執政（1924.11-1926.4）已完全沒有民意選取的形式，張作霖的海陸大元帥（1927.6-1928.6）更是非法。

可疑的嗎？

故至此，我們也可以對前面所提出的疑問——阿Q以未莊革命先行者的身分，為何對辮子問題一再觀望——做一了結。在阿Q的意想中，即將來臨的革命是反清復明的：反清確乎不再需辮子；但為崇禎戴孝的白盔白甲們，要恢復的是大明，卻仍有皇帝，仍有辮子，不同的只是朝上加以盤起而已。這樣出於萬全的忍耐，與他深惡痛絕的、徑直剪掉了辮子的假洋鬼子，形成了直接的對照，並成為他們各自革命的象徵——

性急的、模仿東洋人的錢大少爺，其革命當然不過是假的、東洋鬼子的革命；但真的、土的鬼子阿Q，其革命則是**向後的、正統的、復舊的**。這在二人各傾殘忍，為對方布設陷阱的領袖鬧人之戰中，達到了敘事的頂點。

第八章結尾，阿Q在尾隨小D，幾返幾復，偵知搶劫正在發生之時，他竟又看到消失的白盔白甲重現目前，並上演著他的土穀祠之夢：

> 似乎許多白盔白甲的人，絡繹的將箱子抬出了，器具抬出了，秀才娘子的寧式床也抬出了……[127]

不過即使等到天荒地老，也不見有白盔白甲來叫他同去；他終於認定，是他們的領袖假洋鬼子不許他參加；於是終於回到祠裡，定下了最後的反敗為勝之計。

> 媽媽的假洋鬼子——好，你造反！造反是殺頭的罪名呵，我總

127 魯迅，《全集》卷1，頁521。

> 要告一狀，看你抓進縣裡去殺頭——滿門抄斬——嚓！嚓！（第八章〈不準革命〉）[128]

只可惜，白盔白甲夜搶趙家，本出於此時的假洋鬼子的操縱。阿Q的計畫未及實施，與城裡舉人老爺同在一黨的假洋鬼子已先下手為強，將一再聲稱造反的阿Q，作為替罪羔羊抓入牢中。[129]

當然，在此，我也可為對阿Q未來的成功仍有疑心的讀者，提供一個外部證據。1930年，魯迅接受仍在北平的斯諾（Edgar Snow）有關阿Q現狀的採訪時，笑說：

> 更糟了，他們現在還在管理國家哩。[130]

我當然了解，斯諾本人所欲借魯迅發揮的對三十年代南京政權的譏彈。但新的阿Q的成功，卻無疑是魯迅一直所肯定的。這是斯諾一類人無法理解也無法偽造的。

所以，當我在慢放後變得清晰的敘事鏡像中，看到阿Q「似笑非笑」的表情下這樣「毒毒的」點頭和謀劃時（參注88），我也每每都不願稍作停駐；直到我察覺到，這也許正是魯迅早已「很想收束」[131]、讓阿Q快點死去的原因，我突然認識到——那正是「憐憫」，在利用我們。

---

128 同上。

129 這一解讀的依據，是假洋鬼子在敘事中消失，後來才間接出現在阿Q提堂的情景中——我以為，那是他與舉人老爺聯手影響老把總的結果。

130 斯諾，《斯諾文集》卷一（北京：新華出版社，1984），頁158。

131 魯迅，《〈阿Q正傳〉的成因》，《全集》卷3，頁380。

七、憐憫引導的閱讀：「『我』是阿Q」

《正傳》連載甫一結束，周作人即撰文指出：過度的憐憫，對阿Q形象的塑造，造成了出人意料的影響。

> ……著者本意似乎想把阿Q痛罵一頓，做到臨了卻覺得在未莊裡阿Q卻是唯一可愛的人物，比別人還要正直些，所以終予被「正法」了。正如托爾斯太批評契珂夫所說。他想撞倒阿Q，將注意力集中於他，卻反倒將他扶起了。[132]

這實已牽涉到對亞里斯多德悲劇理論的核心原則「憐憫與恐懼」的理解——憐憫，在周作人文中的用詞，是「哀憐」——

> 摘發一種惡，即是扶植相當的一種善，在心正燒的最熱，反對最明顯的邪曲的時候，那時就最近於融化在那**哀憐與恐懼**裡了，——據亞里斯多德說，這兩者正是悲劇的有淨化力的情緒。[133]

以周作人的希臘語文能力和對希臘文獻的熟悉程度，這顯然是在說：對阿Q這樣集「眾惡」於一身的惡人，不應該有使之獲得憐憫的機會。而魯迅在大團圓結局（「臨了」）中對諷刺的過度使用，

---

132 仲密（周作人），《阿Q正傳》，初刊於1923年3 月19日《晨報副刊》《自己的園地》專欄，原擬收入文集《自己的園地》而臨時抽出。轉引自李宗英、張夢陽編，《六十年來魯迅研究論文選》上（北京：中國社科出版社，1981），頁10。

133 同上，頁8。

不僅使阿Q混同於一般的未莊人物，其似乎敢作敢當的悍直，反而讓人產生了對阿Q不應該有的憐憫。[134]

三十年代初朱光潛在其博士論文《悲劇心理學》中，批評萊辛對亞里斯多德的誤解，更已注意到了憐憫與共情的區別。[135] 實則，在希臘文中，sympátheia指同情，但是普遍的共情：共同分享他人的感覺、情緒或感情，無論其為愉悅還是痛苦；而Eleos指憐憫，則注目於他人的憂愁、悲苦、慘痛：是唯有對病態的情感，才能起興的偏好。柏拉圖所以持與亞氏不同的態度，反對憐憫，即因其放縱和加劇靈魂之惡——不正義、無節制、懦弱、無知——最終敗壞了城邦。[136] 只不過，對本文而言，sympátheia 和 Eleos的古典學的區分，並不足以理解現代革命（Revolution）對人類倫理—政治心理的改變：Eleos所包含的compassion和pity，不僅必須被理解為兩種方式不同的情感，而且決定了美國革命和法國革命的成敗。按阿倫特的分析，compassion是在需要幫助並願意提供幫助的人們，偶然相遇時，當即升起的一種情感；而相反，pity不是在邂逅時當即產生的，而是由諸如不幸的人民，如何受到非人對待的公共演説、圖像引發的

134 亞氏認為：不應使壞人比一般人好，且與一般人相似，因為那樣他遭受不應遭受的厄運，就能引起我們的恐懼，並產生憐憫。參《詩學》第二章、第五章。周作人對亞里斯多德的理解，受福勒忒《近代小說史論》中有關「諷刺」論述的限制。這裡按《詩學》的內容，稍作展開。

135 朱光潛對憐憫與同情的區別，引自柏拉圖，但只是在批評了萊辛的混淆時，他才站在這一立場上；對能否通過詞源學的對兩個概念進行區分，他也持否定的看法，故並未參考sympátheia的希臘釋義。參朱光潛，《悲劇心理學》第五章〈憐憫與恐懼：悲劇和崇高感〉，張隆溪譯（北京：人民文學出版社，1983年），頁72。

136 柏拉圖有關論述見《理想國》第十卷，尤其606B；參郭斌和譯本（北京：商務印書館，1996）頁406。

情緒狂熱。所以，將「憐憫」作為pity的專名，而將compassion譯為「同情」是恰當的。讓我引用她從它們的政治後果進行討論的一個段落。

憐憫也許是同情的扭曲，但它的替代選擇卻是團結。出於憐憫人們會被「弱者吸引」，但出於團結他們卻深思熟慮，可以說是平心靜氣地與被壓迫者、被剝削者一道，成立一個利益共同體。這樣一來，共同利益將是「人的偉大」、「人類的光榮」或人的尊嚴。團結，因具有理性成分而具有了普遍性，在概念上能涵蓋群眾，這不僅是一個階級、一個民族或一國人民，而且最終是全人類。不過這種團結，儘管生於痛苦，卻不受痛苦指引，而是一視同仁地涵蓋貧弱者和富強者；與憐憫之情相比，團結會顯得冷漠而抽象，因為它始終致力於一些「理念」——偉大、光榮或者尊嚴——而不是人的某種「愛」。憐憫，因其缺乏切膚之痛並保持著產生感情的距離，它可以在同情經常一敗塗地之處大獲成功；它可以深入群眾，因而像團結一樣進入集市。但是，相對於團結，憐憫並不能對幸與不幸、強者和弱者一視同仁；不幸不在場，憐憫就無法存在，故憐憫從不快樂者的存在中所得的，與權力欲從弱者的存在中所得的相比，是在伯仲之間。而且，由於是一種感情，憐憫可以自娛自樂，這將近乎自發地導致對其起因的尊崇，那就是他人的痛苦。從術語學上講，團結是一種激發和指導行動的原則，同情是激情之一，憐憫則是一種感情。無論如何，羅伯斯庇爾對窮人的尊崇，把痛苦作為美德的源泉，在嚴格的意義上都是濫情，本身也是十分危險的，哪怕它們並非權力欲的託辭，就像我們不免懷疑的那樣。

> 憐憫，被奉為美德之源，業已證明比殘酷本身更殘酷。[137]

這顯然是足令所有試圖質疑對憐憫阿Q，尤其是憐憫阿Q的殘忍心理進行分析，顯得過於誇張的讀者，要驚心動魄的。但更人驚心動魄的是，三十年代以降，除蘇雪林外，再也無人將對阿Q的憐憫，視爲魯迅寫作的失敗；更不用說有誰認識到，對阿Q憐憫政治後果上的危險。

> 他寫《阿Q正傳》，本來是為了痛惡阿Q這類人，想淋漓盡致地將他的醜態形容一下，然而寫到阿Q被槍斃時，我們覺得真正可惡的還是那些趙太爺，錢舉人，把總老爺這一流土豪劣紳，阿Q不過做了他們的犧牲品罷了。周作人說作者原意是想打倒阿Q的，誰知後來反倒將他扶起了。他認為這是魯迅的失敗。我覺得很有道理。魯迅之所以失敗，就因他恨那些「上流人」太深的緣故。[138]

李長之卻幾乎在同時，完全肯定魯迅對阿Q的憐憫：「別人給阿Q以棄逐，可是魯迅是要阿Q逃在自己的懷裡的；阿Q自己也莫名其妙，荒涼而且悲哀，可是魯迅是為他找著了安慰，找著了歸宿⋯⋯」這完全是一個二十五歲的文藝青年的主觀閱讀：在阿Q式的自我憐憫中，對魯迅進行投射，以至於將魯迅當作阿Q的代言，因而必然

137 阿倫特，《論革命》第二章〈社會問題〉第四節，陳周旺譯（南京：譯林出版社，2007），頁75。

138 蘇雪林，〈《阿Q正傳》及魯迅創作的藝術〉，1934年11月5日《國聞週報》；轉引自李宗英、張夢陽編，《六十年來魯迅研究論文選》上（北京：中國社科出版社，1981），頁137。

站在阿Q的立場上，對阿Q的一切預先留下辯解空間和維護的特殊權利——

> 阿Q的聰明、才智、意志、情感、人格……是被壓迫得一無所有了，有為之過問、關懷，而可憐見的麼？沒有的，除了魯迅。阿Q還不安分，也有他生活上糊塗的幻想，有人了解，而且垂聽，又加以斟酌的麼？也沒有的，除了魯迅。[139]

但舉世聞名的「竹內魯迅」的根本判斷——「阿Q是『我』」[140]——正來此於此。竹內好無視魯迅在《正傳》一開始所說——「我又並非就是阿Q」[141]——反其道而為之，直接使阿Q成為隱含的真正作者，這不僅使未莊世界及為之映射的現實世界成為被譴責的對象，所有讀者也都莫不必須為阿Q懺悔。[142]這是竹內自誇的走向魯迅的獨特道路，但對憐憫與同情的混淆，及將憐憫奉為自我的美德的雙重誤讀，終至於發展出一種無條件的對阿Q的逢迎與放縱——這與他將日本作為世界的阿Q，以阿Q的反抗為辭，終身拒絕為侵華戰爭、太平洋戰爭而懺悔，[143]雖尚有內外之別，其邏輯是一脈相承的。

---

139 李長之，《魯迅批判》，見《李長之評論文集》（珠海：珠海出版社，1998），頁56-57。

140 竹內好有關「阿Q是『我』」的論述，見靳叢林編，竹內好：《從「絕望」開始》（北京：三聯書店，2013）之〈魯迅入門〉、〈《阿Q正傳》的世界性〉，尤其頁125，216。

141 「『自傳』麼，我又並非就是阿Q。」魯迅在《正傳》一開始就否定了「我是阿Q」的讀法的可能性。見《魯迅全集》卷1，頁487。

142 以作者魯迅自居，將《阿Q正傳》讀作魯迅的精神自傳，不僅是對魯迅批判阿Q精神的無視，而且將阿Q精神逆轉為膜拜的對象。

143 竹內好拒絕懺悔的自我說明，可見孫歌編，竹內好，《近代的超克》

不過，將無邊的憐憫傾注到勞工之群，仍是三十年代革命阿Q誕生之前的情形。自「階級意識」概念被引入中國以來，五四人文主義對理性精神和道德政治優越性的信心——民主與科學——被識為資產階級意識形態；無產階級不特是人類歷史苦難最後的承受者，人類解放的希望、歷史正義的實現，都寄託於他們樸素的直覺與本能的覺醒。[144] 毋庸諱言，那些基於純粹的本能的、「真實的」的仇恨與反抗，正是在這樣的理解中，才被賦予中國革命的首創精神與無產階級階級覺醒的本質的。連長期強調只有將阿Q主義看作「魯迅所作奴隸——中國大眾的血戰（失敗）的鮮明的史圖」的魯門高弟馮雪峰，都開始否定對奴隸主義的精神批判，竟轉而臆想魯迅「慫恿」阿Q去反抗：「魯迅那麼憎恨阿Q的阿Q主義……可是他對那些阿Q的壓迫者的憎恨還要加倍；魯迅又知道阿Q是會反抗的，同時他自己就時時在慫恿著阿Q去反抗！」[145]

而後來長期宰制魯迅小說詮釋的陳湧〈論魯迅小說的現實主義〉，赫然即是從阿Q勾引吳媽失敗，開始其阿Q革命覺醒的：勾引吳媽的失敗，竟然造成了一個「對於人生問題陷入深思」的新阿Q。

(續)

（北京：三聯書店，2005）；對此最出色的研究，是子安宣邦的《何謂現代的超克》，中譯本由三聯書店2018年出版。

144 我在2005年北京大學博士學位論文〈文學與階級意識〉中已指出，通過福本和夫轉手而來的盧卡奇的「無產階級階級意識」，祕密重構了此後馬克思主義主義的批判的路徑：那是一種「西方馬克思主義」式的批判，一種對「資本主義意識形態」的批判，從一開始就是乖離中國現實的。請參見我在《中國現代文學研究叢刊》2005年第1期，2006年第2期、《魯迅研究月刊》2007年第5期、第6期諸文。

145 馮雪峰，〈魯迅與俄羅斯文學的關係及魯迅創作的獨立特色〉(1949年），見李宗英、張夢陽編，《六十年來魯迅研究論文選》上（北京：中國社會科學出版社，1981），頁677。

> 阿Q是因為向吳媽求愛，發生了「戀愛悲劇」之後生活便開始了一個大的變化。從那時候起，阿Q不但受了趙太爺一次殘酷無理的訛詐，以至馬上陷入赤貧的地位……阿Q所處的這種從未有過的困苦地位（，）迫使他找尋到底是什麼促成他這困苦地位這個問題的解答。

這也就達到了憐憫的極致：嗜痂之癖。但阿Q「深思」的結果，按《正傳》的原文，是「直覺地向靜修庵」「求食」（偷菜）。雖然對此，陳湧也產生了「嚴肅親切的情感」，以為那不過表現了「他不甘於馴順地忍受那種無衣無食的生活，表現了他要想突破他那種困苦的生活地位的嘗試。」[146] 但任何有正常情感和邏輯的人，讀過阿Q偷菜被發現後狡辯的，都可以肯定：那是反邏輯的詭諧修辭，明擺著的無賴口吻。

> 「阿彌陀佛，阿Q，你怎麼跳進園子裡來偷蘿蔔？……」/「我什麼時侯跳進你的園裡來偷蘿蔔？」阿Q且看且走的說。/「現在……這不是？」老尼姑指著阿Q的衣兜。/「這是你的？你能叫得它答應你麼？你……」（第五章〈生計問題〉）[147]

---

146 李宗英、張夢陽編，《六十年來魯迅研究論文選》下（北京：智慧財產權出版社，2010），頁673-674。

147 魯迅，《全集》卷1，頁506-507。將阿Q與老尼對話，視為反邏輯的、「詭諧修辭」與無賴言行的，廣泛見於修辭學、邏輯學研究的名著，如成偉鈞，《修辭學通鑒》（北京：中過青年出版社，1991），頁545；譚永祥，《修辭新格》（廣州：暨南大學，1996），頁103-104。

而且，陳湧看似細緻的討論，實則是極其粗率隨意的：僅從勾引吳媽失敗，到察覺革命對趙老太爺更恐怖，這一「覺醒過程」看，就遺漏了阿Q進城為盜、重返未莊、中興失敗……等重大情節。所以，他既無法看到，《正傳》中與革命同樣重要的中興敘事；他更無法面對，革命之於阿Q，不過是中興失敗之後的又一次投機。他發現的阿Q的無產階級意識覺醒，仍不過是本能的偶然衝動與發洩——革命**之後**的阿Q仍會「直覺的走到靜修庵」（詳上節）。

八十年代以來，陳湧式詮釋因為政治氣候的不合時宜，被存在主義情調的《野草》詩學取代。但對殖民的、封建的、農民革命者阿Q的憐憫，從未被有意識地清除，反而借重裝返場的「竹內魯迅」，不斷為之注入活力。比較汪暉與陳湧的對阿Q勾引吳媽一節同樣地一往情深，著意經營，同樣地奉為政治覺醒，已經可概其餘。

我更感突兀的是，汪暉在竹內好「現代性超克」的啟發下，對勝利者的**國家哲學**的臆想：像竹內好一樣，汪將革命成功的中國，作為對抗世界的阿Q ，從而不僅拒絕對阿Q革命的殘忍進行反省，反而將其用直覺、潛意識、性本能、死亡恐懼進行的冒險，稱為革命者的**成功的哲學**。[148]不管這有多少近三十年「**青年保守主義**」[149]思想氛圍的影響，但以**自然人**的觀念，對人的善、惡意識進行泯除，即使可以像尼采指向「動物—超人」的高級本能的「權力意志」一樣，強化弱肉強食的政治信念，形塑出勝利者的形象，但將政治暴

148 汪暉，《革命者人格與勝利的哲學》，《文化縱橫》雜誌，2020年4月號。

149 語出哈伯瑪斯《現代性：一個未完成的目標》（*Modernity: An Unfinished Project*，1988）。錢永祥〈現代性業已耗盡了批判意義嗎？〉（2000）一文，以此首次揭出中國當代保守主義與後現代主義思潮的關係，啟發了此後我對中國當代思想狀況的重新認識。

力性欲化、身體化、日常化，將其置於常態化的「例外政治」——「反政治」——的位置，[150] 無論如何都只是渴望對赤裸生命進行殘忍統治的卑劣激情。

國家主義之蠱，惑人如斯之深乎？

結語：倫理政治視野中的革命國家

自阿Q誕生以來，一個世紀的流逝，不僅沒有讓「阿Q的時代」死去，反而讓我們，不時陷入到他所思想的世界規劃的夢魘之中。故我一再想用赫爾岑對其俄國革命同道的批判，來結束本文——「他們不改變（監獄的）圍牆，只想給它們一個新功能，以為牢獄的藍圖，可作自由生活的藍圖。」但「自由人居住的房子，不能由監獄建築家來造。」[151] ——不過對他之後那些日漸迷戀馬基維利的左派來說，這已沒有說服力。

想做新的統治者而要避免殘忍的惡名，已經不可能了，因為新

150 傅柯的「生命政治學」及其後繼者阿甘本（G. Agamben）的「例外政治」，不僅不可能為汪暉的「向下超越」的「生命主義」辯護，而且恰好構成了批判。

151 「他們不改變（監獄的）……」一語，出自赫爾岑《彼岸書》卷六；「自由人居住的……」是伯林對此語的評論，出自〈輝煌的十年〉。均引自伯林，《俄羅斯思想家》（南京：譯林出版社，2001），頁239。在與Ramin Jahanbegloo的談話中，伯林對此有更進一步的解釋：「在民眾做好準備以及懂得如何過自由生活之前就舉行革命，其結果是民眾仍然保持著過去囚犯般的舊習慣，毫無改觀。」見賈漢貝格魯《伯林談話錄》（南京：譯林出版社，2002），頁163。我將此視為自由主義者，與抽象的、觀念主義論者的根本分歧。

的國家充滿了危險。[152]

他們不僅知道，new prince並非什麼王子，而只是一心想在現代進行統治的人和集團；對為什麼**必須殘忍**，也有了專業的理由：「政治是一門獨立的科學」[153]。所以，你即使可以成功論證——馬基維利從未把政治和倫理分開，從未否定過政治公共道德，從未把殘忍定義為一種新道德——你也不可能減弱他們對「new states」的信念國家的理由（Raison d'état）。這是來自於一種新國家，nation-state的要求！每個人，現在，都必須擁有這個新身分！

事實上，對這些一向被誤認為是**國際主義**者的左翼，他們似乎比右翼的國家主義者，都更膜拜其靈魅，更需要一個他們**自己的**國家。三十年代，與瞿秋白同為共產國際執事的義大利人葛蘭西，在繫獄筆記開頭談到「現代君主」的天命（virtue）：赫然是以**雅各賓專政**的方式，也**必須成功**建立一個國家；而推崇馬基維利更勝於馬克思的阿爾都塞，在生命的最後歲月也不忘要指出：「考慮到為了創制義大利民族的統一體，必須有一個**無賴之徒**（un homme de rein）從無起步，在任何已經創制的國家之外，從無論什麼地方開始……」

152 斯金納在其最新編輯的*The New Prince*第二版中，將傳統的new prince翻譯成 new ruler: “And a new ruler, in particular, cannot avoid being considered harsh, since new states are full of changes.” See *The Prince*, ed. by Quentin Skinner and Russel Price（London: Cambridge University Press, 2019）, p. 56. 常見的英文版本是 N. Machiavelli, *The Prince*, trans. W. K. Marriot （Woodstock, 2016）, p. 40.中譯請參考潘漢典譯《君主論》（北京：商務印書館，1996），頁79。

153 本節有關葛蘭西的內容，引自其《繫獄筆記》（*Prison Notebooks*）及《現代君主論》（*The Modern Prince*）。

[154]對他們來說，無論什麼人，以什麼樣的殘忍，付出什麼樣的代價，為了建立一個自己的國家，都是必須肯定的——他們早已打碎了所謂「馬基維利問題」，[155]而且堅持：唯有殘忍，只有殘忍。

因而，作為《阿Q正傳》的作者——魯迅——是否意識到了中國的國家問題？他如何回答馬基維利之問？也就不能是「毫無疑問」而必須重新提出，並加以論證的問題。

作為思想史的研究者，我當然清楚，魯迅與新文化運動同盟兩代人之間「不談政治」與「倫理革命」的高度共識，意味著對辛亥革命前後二十年間不成功便成仁的國家神話，已經完全失去了信心。在《阿Q正傳》之前發表的九篇小說裡，魯迅更將那些想做新的君主的人物，放入了譴責的位置。[156]最先出現在《新青年》上的《狂人日記》（1918），控訴的就是「大哥」既用人的方法，也用獸的方法，既公開施展暴力，又祕密地使用狡計，「吃人」也要繼續統治的殘忍信念。

> 獅子似的凶心，兔子的膽怯，狐狸的狡猾，……[157]

他在馬氏最不可一世的修辭中間，加上了可笑的、膽怯的兔子。但我始終意識到，本文使用的，是作為小說文本中的虛擬人物，在

---

154 阿爾都塞，《來日方長》（上海：上海人民出版社，2013），頁236。

155 「論仁慈與殘酷，被人愛戴還是比被人恐懼來的好些？」本是《新君主》第十七章的標題，後被克羅齊處理成永恆的政治哲學問題。參伯林，〈馬基維利的原創性〉，《反潮流》（南京：譯林出版社，1997），頁29-98。

156 再比如，一再殘忍折磨淪落邊緣的讀書人的「丁舉人」(《孔乙己》)；將人血作成治癌藥物，賣給民眾的酷吏「阿義」（《藥》）等等。

157 魯迅，《全集》卷1，頁427。

文本世界裡展演的善、惡——它們沒有我們熟悉的那種可從雜文、書信……隨意抓取的直接性——但小說中的世界才是自由的（automatic），普遍的，屬於歷史的未來的。[158]

實際上，正是對1905年傳統官僚制度崩解之際，未莊社會邊緣人物競相突起的**冒險敘事**的分析，才使筆者發現了，長期被淹沒在1911年革命敘事之下的中興敘事；並由此發現，阿Q作為農村邊緣人與底層平民的**有意混淆**——更不用說他與城市邊緣人假洋鬼子的爭鋒，尤其是政黨問題的出現——是這些，徹底改變了社會邊緣人物的組織方式和行動倫理。

所以，坦率說，筆者在本文提出的「《阿Q正傳》作為魯迅與革命國家的仲介」的假說，與「魯迅與中國革命的關係」的論述，已經是完全不同的問題；更不是對「瞿秋白、毛澤東與魯迅」的「知己」故事和「通心」神話的恢復。[159]它們即使有所重疊，那些在回憶者**自我親證下所謂魯迅本人**留下的看法，也都不具有高於文學家魯迅的**直接**裁斷力。在我看來，恰恰是文學家，首先是小說家魯迅，創造了他——周豫才——真正的本人；簡言之，只有首先以魯迅小說為仲介，對他所經歷、記憶、觀想的革命，加以鋪陳、整理，並通過必要的質疑和證明，這一問題才有起碼的意義。

---

158 魯迅對明清以來以小說為人身攻擊之具，一向不滿，最明顯的是在《孔乙己》發表時，特在篇末〈附記〉加以聲明，而阿Q是誰？更是從小說連載以來就引起恐懼的問題。坦率地說，那種還原式的考據學，是無法理解以虛構取得普遍性的現代歷史小說的。

159 瞿秋白、毛澤東與魯迅，是本文續篇〈革命阿Q的製作〉要處理的內容。「知己」說出自魯書贈瞿：「人生得一知己足矣」聯；「通心」說出自毛澤東的說法：「我跟魯迅的心是相通的」，「魯迅的心和我們是相通的」等。見陳晉《毛澤東閱讀史》（北京：三聯書店，2014），頁286-298。

當然，也是對《正傳》的「精神勝利法」的讀法來歷的追溯，使我發現了「『我』是阿Q」的憐憫和放縱，發現了**反倫理的、魯迅的讀者式的政治閱讀**，尤其是使我發現了無人問津阿Q的殘忍。所以，我也要就殘忍與國家倫理的問題進行總結，以結束本文。

現在已很容易看出，「反對殘忍」與馬基維利的國家倫理的關係。但反對的目的，不是因為其不仁，更不是要就此建立一個道德主義（moralism）的仁愛國家。反對的理由在於：殘忍帶來的恐懼，是對恐懼本身的恐懼，它所造成的創傷與扭曲，持久難以恢復，因而是對人類自由的最大威脅；而反對殘酷則意味著，對每一個人不可剝奪的自由權利的捍衛與落實。所以，反對殘忍，其本身既是**前提**，也是**目的**。簡言之，反對殘忍的政治哲學，既不需要一種宗教作為背景，或一種完備性學說的支援，它也不提供一種道德完善的新人的承諾，而旨在對自由權利的達成與保障。

很顯然，反對殘忍者也需要一個國家——一種法的統治，而非教育性的政治機構——但它是將國家放在山麓，用以支撐社會和人的自由的建構，而非放在山頂，供人膜拜的神祇。這是在馬基維利的國家手冊出版之後，為其殘忍震驚的蒙田、孟德斯鳩和他們最偉大的繼承者阿倫特、斯克拉爾，五百多年以來形成的思考。我曾在〈余英時留給中國的大哉問〉[160]中，以斯克拉爾的道德心理學研究，揭示中國現代思想研究中的這一取向。自以為那仍是一個值得一讀的分析，故這裡完全沒有重複。但〈大哉問〉在討論現代中國失敗的痛史時，未加聲明的使用了本文對邊緣人集團人格的概括——「惡莫大乎不平等、善莫高過反道德、勇莫過於真小人」——需要結合本文，再加說明。

160 趙尋，〈余英時留給中國的大哉問〉，FT中文網，2021年8月31日。

魯迅對國家主義神靈誘惑的反省，也許沒有後來者所見的明澈——想想他辭世後八十多年中，發生了什麼——但目睹民國的被攘奪、分裂、不絕如縷的復辟、五代式的引敵自重、相互侵凌，他即使在憤怒中易於回向「國民性批判」的思路，揭露使欺騙得以成功的**社會心理機制**。但他豈能不洞察，那將殘忍和恐懼合法化的「國家的理由」？不警醒那些變換如翻書的「新君主們」的人格？

痛定思痛，他決意要說出民國失敗的真相：「我覺得革命以前，我是奴隸；革命以後不久，就受了奴隸的騙，變成他們的奴隸了。」[161] 這些以奴隸的騙術成功了的，他們是誰？這對本文的讀者已不是問題。但奴隸用什麼樣的騙術，如何欺騙，才能成功？這也就是，本文一再追問的那個問題——

阿Q式的妄愚、唯我為是、不公正的復仇、鋌而走險，雖在未莊功虧一簣，卻在一個世紀中，成功地使我們無人看見他的鋼鞭，他的祕密是什麼？

利用憐憫。利用自己的失敗、卑怯、脆弱、可憐……所造成的自我保護。那是一種將獅子的凶心、狐狸的狡猾，藏在兔子的膽怯中的、**自我為奴**傾向，但卻可以使一試新君主的冒險，即使失敗，也能有繼續作奴隸的機會。[162]

這是魯迅為民元以來的新君主們，完成的人格寫照所設的基調。這也使他，對他們產生了不寬恕的「對殘忍的殘忍厭惡」。[163]

---

161 魯迅，《全集》卷3（北京：人民文學出版社，1981），頁16。

162 完全可以把「自奴奴人」視為魯迅對新君主人格的寫照的底色，但這是我在討論新文化運動的核心述求「倫理革命」時才會專門處理的問題。

163 但蒙田以為，對道德殘忍的激情將引發革命，他厭惡的首先仍是肉體的殘忍：一個人「絞盡腦汁去發明新的酷刑、新的死法，既不出我知道，那些魯迅的作者們，仍會以「『我』是阿Q」的激情，繼續為名義上的魯迅辯護。但那種無邊野草式的憐憫，已不能淹沒魯迅對阿Q的殘忍倫理的批判，因而只能在阿Q式的自我褻瀆中，再次陷入對殘忍的膜拜。不過，一個世紀的教訓，也應已印證了倫理—政治學的如下之義——

為什麼辯護，就是為了在異日實現它。我們已不會忘記，在新的阿Q們盤街馳逐的時刻，他們殘忍的歡呼。

2020.1-2021.10

於新冠瘟疫大憂患中

趙尋，北京大學博士，主要研究興趣為思想史、文明史與藝術哲學，著有《階級的誕生》、《保守主義之誤》等；先後任職於香港大學、中央美術學院。

（續）

於仇恨，也不出於利害，只是出於取樂的目的，要看一看一個人臨死前的焦慮，他可憐巴巴的動作，他使人聞之淚下的呻吟和叫喊。這真是到了殘忍的最大限度。」因而，蒙田重新思考的也首先是文明中國家的位置。蒙田，〈論殘忍〉，馬振騁譯，《蒙田隨筆全集》卷2（上海：上海書店出版社，2009），頁93。

美國的左派文革和右派文革

郭建

飛機凌空。透過對準窗外的攝像鏡頭，可以看到地面上機身的巨影在移動，人群在聚集，公路上車水馬龍，街道旁眾人喝彩。飛機逐漸低飛，人們仰望，等待……飛機著陸，他走下了專機，陪同人員隨後……他站到了一個高高的演講臺上，下面和周圍都是群眾……舉手行禮。

對這幾個鏡頭不少讀者會有似曾相識之感，好像是萊尼·健康與社會雷芬斯塔爾（Leni Riefenstahl）拍攝的、記錄納粹1934年紐倫堡黨代會的影片《意志的勝利》（*Triumph des Willens*）的開頭。的確很像，但實際上這是為川普2020年連任競選而製作的視頻廣告，頗有抄襲之嫌。這個題為《一個人的革命：震撼世界的川普浪潮》的視頻廣告，長約兩分鐘，大選之年曾在漢語社交平臺「微信」上廣為流傳。[1]而且，那些被稱作「彈幕」的評論在視頻中仍舊歷歷在目，如「天選之子」、「蒲蒲加油」、「未來被寫入歷史課本，稱為：紅帽子運動」、「淚目川皇」等等。

「紅帽子」是指許多川普支持者喜歡戴的印有MAGA（Make

1 現在在互聯網上依然可以見到：https://www.bilibili.com/s/video/BV1oi4y1L7zk 。

America Great Again，即川普的競選口號：讓美國再次偉大）字樣的棒球帽，但在這個具體的場合說「紅帽子運動」，顯然是為對應中國文革初期席捲全國的紅衛兵運動。實際上，還真有不少當年的紅衛兵，成為熱情的川普支持者。他們早就扔掉了紅衛兵袖章，而且，他們中的大部分人對當年造反，「誓死保衛毛主席，保衛無產階級的紅色江山」（此即「紅衛兵」的原義）的經歷，早已有過深切的懊悔和批判性的反思。然而，在摒棄毛時代的極左意識形態之後，以類似當年的執著與熱忱來擁戴太平洋彼岸的右翼領袖，而且伴有「天選」、「川皇」之類近似「萬歲」的回聲，還是很耐人尋味的。進一步說，被稱作「川普革命」的右翼群眾運動中，的確有諸多因素可以被看作當代超越國度的文革現象，如號召群眾顛覆現存體制、以陰謀論攻擊政敵、反智反文化、個人崇拜等等。

與此相對的是當下美國政治的另一個極端，即來自左翼的激進思潮，如左派褒揚的「覺醒意識」（woke, wokeness, wokeism）、由右派貶斥而得名的「取消文化」（cancel culture）以及走過了頭的「政治正確」（political correctness）。雖然這些都是以上說的右翼群眾運動的反面，左翼的激進行為卻從另一個角度讓文革親歷者感到舊景重現，觸目驚心。比如不久前紐約市政廳做出的去除廳內傑佛遜總統塑像的決定似乎預示著「破四舊」運動的重演。又如密西根大學學生對音樂系教授盛宗亮的種族主義指控讓人想起了文革初期學生對老師的大批判。而且，身分政治以膚色為標誌，將白人與有色族裔的關係定為壓迫與被壓迫的關係，也使人想到當年以經濟地位和社會階層劃線的階級區分和階級鬥爭。

本文試圖將美國當下左右兩極的激進政治與二十世紀六、七十年代中國文化大革命的某些特徵做一比較，希望歷史經驗能對我們認識眼前的政治現實和兩極政治的本質有所啟示。在進入具體分析之前，有兩點需要說明。一是美國現行的民主政體和毛澤東時代中國的極權制度有根本的不同，做這樣的比較必定有一個錯位的問題。所以，我這裡說的美國文革，無論是左派文革還是右派文革，都是打引號的文革。一方面關注某些具體的相似性，而不是整體上的等同；另一方面強調某些人類所共有的心理特徵和普遍現象，比如群眾心理和民粹主義。二是「左」和「右」常用來泛指美國政治中自由派和保守派各自代表的傾向，而本文討論的左派文革和右派文革特指這兩派激進的兩極：極左和極右。

一、美國的右派文革：川普革命

在《紐約人》雜誌上的一篇關於楊繼繩近作《天地翻覆：中國文化大革命史》書評中，評論家潘卡·米什拉提出了這樣一個問題：中國的文革對美國眼下的這個歷史時刻提供了什麼樣的經驗教訓？他寫道：「川普畢竟沒能清洗所有的精英，那是因為他不得不依靠他們。驕傲的男孩（Proud Boys）的強暴程度和勢力範圍也遠不及當年的紅衛兵。儘管如此，川普最忠實的追隨者們還是不僅對川普的政敵施暴，還炮打首都華盛頓的司令部，把美國社會推到內戰的邊緣，而他們的統帥面對天下大亂的局面，毫不掩飾喜悅的心情……創傷不斷的川普四年終於成為歷史，但是，美國似乎剛剛走完了自身文革的第一階段。」[2]

儘管關於川普革命只是美國文革第一階段的說法不過是一種推測，表達的是評論家的憂慮和悲觀，但是，米什拉從文革的角度、

2 Pankaj Mishra, "What Are the Cultural Revolution's Lessons for Our Current Moment?" *The New Yorker*, 1 February 2021 Issue.

比較歷史學的角度，對美國現實狀況的觀察卻是敏銳的。而且，文革的經驗教訓，不僅是中國的，也應該是美國的，以至於全世界的經驗教訓，尤其是看到近年來諸多國家出現的右翼民粹運動中的「文革」現象，研究這些現象，將有助於亡羊補牢。這也是本文的意圖。

其實，我說川普革命是美國的右派文革，這個說法並不十分準確，因為川普本人是一個沒有任何政治立場和意識形態的、自我膨脹到不斷有妄想溢出的商人，以至於政治上的「左」與「右」對他來說並沒有任何意義。他靠右翼勢力當選和執政，不過是一種偶然。而他搞民粹、蠱惑群眾的本領卻是地道的右翼政客望塵莫及的，以至於共和黨為得到選票而被川普綁架至今。

就同文革的相似性來看，川普革命有以下幾個特點：

一、挑戰民主政體的造反運動

川普發動群眾運動，首先是要造民主體制的反。他也有類似「炮打司令部」的口號，稱 Drain the swamp（排乾沼澤），也就是將聯邦政府視為滋養蚊蟲、傳播病毒的沼澤地，要把水抽幹。

如前所述，川普並不是一個堅持某種政治立場，執著於某種政治理念的人。他挑戰美國現存的政體，並非意圖以無產階級專政或國家社會主義之類的意識形態取代自由民主，而是以資本大亨的習慣將國家想像成可以任總裁獨斷專行的公司，將政府工作人員看作他招之即來、揮之即去、惟命是從的下屬和雇員。這就是為什麼他當政期間不斷撤換他的內閣和政府的專職人員，並大量啟用他的親信，甚至女兒和女婿。不聽話的立即撤換，如走馬燈。而且，為鞏固自己的地位，還用不正當的手段搜集政敵的「黑材料」，甚至通過非法的外交手段來達到自己的目的。

第二任競選失敗，川普便一方面逼迫副總統駁回國會對大選結果的認證，一方面煽動他的紅衛兵（如Proud Boys和Oath Keepers那樣的組織，以及無組織但又同樣狂熱的革命群眾）衝擊一向被視為美國民主象徵的國會山，造成暴力流血事件。將要卸任的總統公開挑戰選舉結果，顛覆權力和平過渡的傳統，在美國歷史上，這還是第一次！川普至今仍在說，2020年的大選結果是舞弊的結果，當今的美國政府是非法政府。堅持這一毫無根據的指控，或許是川普煽動群眾的策略，或許是如諸多心理學家所分析的那樣：他真的把自己的臆想當成現實。手段也好，妄想也罷，川普的確成功地動搖了美國公眾對民主體制的信心：大約三分之一的選民，三分之二的共和黨人，在多處地區選票重計，確認選舉結果之後，仍然相信前總統的指控。他們中間的相當一部分人甚至認為，用武力推翻現政權，「恢復川普的總統地位」是合法的。[3]「毛說得對，」一位衝擊國會事件的參與者告訴記者：「槍桿子裡面出政權。」[4]

川普不僅挑戰美國的民主體制和民主程序，而且對一向以使民

3 見2021年6月和8月的兩次民意調查結果：https://www.cnn.com/2021/06/21/politics/biden-voter-fraud-big-lie-monmouth-poll/index.html；https://news.yahoo.com/poll-two-thirds-of-republicans-still-think-the-2020-election-was-rigged-165934695.html。根據芝加哥大學安全和威脅研究專案（University of Chicago Project of Security and Threats）2021年6月的調查，有兩千一百萬美國公民支持用暴力恢復川普的總統地位：https://theconversation.com/21-million-americans-say-biden-is-illegitimate-and-trump-should-be-restored-by-violence-survey-finds-168359。根據2022年1月1日公布的《華盛頓郵報》與馬里蘭大學的聯合民意調查結果，百分之四十的共和黨人認為，在一定的時候，用暴力推翻政府是合理（justified）的：https://www.washingtonpost.com/politics/2022/01/01/post-poll-january-6/。

4 Barton Gellman, "January 6 Was Practice: Donald Trump Is Better Positioned to Subvert an Election Now than He Was in 2020," *The Atlantic*, January/February 2022 Issue, pp. 24-44. p. 32.

眾知情、監督政府為己任的新聞媒體宣戰。對於美國的制憲先賢們來說，新聞媒體對於民主體制如此重要，以至於湯瑪斯・傑佛遜說：「如果我們必須在報紙和政府之間做選擇的話，我寧願捨棄政府而選擇報紙。」[5] 也就是基於這一認識和這一傳統，新聞媒體必須是民間的，美國始終不允許有宣傳之嫌的官方媒體存在（美國之音一類的新聞媒體是對外的，而政府部門的網站是互聯網產生以後為提供資訊而產生的，並非新聞媒體）。而川普因反感於大部分媒體對真相的執著和對總統的批評，在當選後的第二年就開始對主流新聞媒體大肆攻擊，說它們傳播的都是「假新聞」，稱新聞媒體為「美國人民的公敵」。[6]

當然，川普領導群眾造反和毛澤東領導群眾造反有本質的區別：前者的挑戰目標是使川普得以合法當選的現代民主體制，後者的顛覆目標是毛澤東一手建立的一黨專制的國家機器。但是，兩位已經是大權在握的領導人仍然不遺餘力地擴張個人權力，於是，限制個人權力的體制便成為他們的敵人。民主體制限制官員個人權力，防範獨裁，這是自不待言的。而文革前的中共政權，雖是一黨制專政，畢竟至少在名義上還是集體領導，最終是文革將極權統治推向極致。也就是說，儘管兩種社會體制千差萬別，但川普和毛的獨裁傾向是共同的，通過群眾運動擴張權力的手段也是共同的。在

5 Thomas Jefferson, January 16, 1787, letter to Edward Carrington, *The Works of Thomas Jefferson*, edited by Paul Leicester Ford, vol. 5, New York: C. P. Putnam & Sons, 1904, pp. 251-254.

6 川普2017年2月17日的推特，見Michael Grynbaum, “Trump Calls the News Media the ‘Enemy of the American People’,” *The New York Times*, 17 February 2017: https://www.nytimes.com/2017/02/17/business/trump-calls-the-news-media-the-enemy-of-the-people.html。

當今世界上，川普羨慕不已，願意與其稱兄道弟的國家領導人也都是些獨裁者或政治強人，如北朝鮮的金正恩、俄國的普京、匈牙利的奧爾班等。2022年2月，在俄羅斯軍隊全線進犯烏克蘭之際，川普竟對普京的侵略行徑以「天才」贊之。

二、反知、反智、反科學

中國的文革是革文化之命，是對文明的挑戰。實際上，從戰爭年代的農村包圍城市，到土改時期提拔文化水準普遍低下的貧下中農，摧毀使中華文化得以傳承的紳士階層，到五十年代毛澤東斷言「卑賤者最聰明，高貴者最愚蠢，」並發動整治知識階層的反右運動，到文革時代掃蕩整個文教領域，否定知識和教育的價值，稱知識分子為「臭老九」，發配「知識青年」去農村接受「再教育」……這個過程，從某一個角度看，是一個反知反智、反文化、反科學、反文明逐步升級，在文革時代登峰造極的過程。

川普革命也極富反智、反科學的特色。一方面他本人的無知無修養使他心虛，知道那些有知識、有文化的人與他話不投機，而且看不起他，所以他儘量避免在政府中錄用有學識者（例如，有人提名 H. R. McMaster 當他的國家安全事務助理，他很遲疑：我聽說他可是寫過一本書啊，能行嗎？）。[7] 這種對有識之士的戒心，以及似乎與此相對的誇張的、挑戰式的傲慢，是典型的自卑情結的兩面。對於一向逃避自省的川普來說，理解這一點似乎很困難。另一方面，他很清楚他的群眾基礎在哪裡：在他的支持者中，文化程度較低、經濟地位較低的工人和農民占了相當大的比重，他們的居住區多半

7 Bob Woodward, *Fear: Trump in the White House*. Simon & Schuster, 2018.

在幅員廣闊的郊外，以至於美國以紅（共和黨）藍（民主黨）為標誌的政治版圖顯示出，在地域面積上相差懸殊的大片農村紅色根據地包圍城市藍區的景象。現實如此，川普也就知道如何討好他的支持者：「我就愛那些教育程度低下的人。」[8]

出身富商、身為富商的川普何曾接觸過「教育程度低下」的藍領階層？更不用說「愛」。但是，他知道他的語言和作態中自然流露的反智傾向會與這個階層共鳴，而且，這也和美國本身的反智土壤有關：資本主義時代歐洲大陸的新富，附庸風雅也好，傾心仰慕也罷，多半要用舊貴族所擁有的文化裝點自己。美洲「新大陸」的文化環境則不同：在這裡，文化上的欠缺給暴發戶的壓力遠遜於大西洋彼岸的「舊世界」，他們甚至可以自比西部牛仔，並為大眾所接受，甚至讚揚。

川普以反智主義惑眾的成功還有一個歷史的契機。一方面隨著現代社會科學技術的高度發展，文化教育水準越來越成為競爭的重要資本。如阿爾文·古德納所分析的那樣，由技術精英、管理人員、教師、醫生、律師等組成的知識階層迅速崛起，挑戰擁有金錢和產業的資產者在資本主義社會的統治地位，教育資本與物質資本的抗衡改變了以勞資矛盾為主要衝突的社會格局。[9]另一方面，在這個以知識為本的新階級隨著資訊革命的浪潮取得重大成功的時候，教育程度較低的藍領階層的生計和地位正受到全球化的嚴重衝擊；而且，新階級普遍的、顯然同教育程度有關的自由主義傾向，也使在文化上趨於保守的藍領階層感到不適。川普於是看到了他在政治上

8 見川普2016年2月24日在內華達州發表的競選演說：https://www.youtube.com/watch?v=Vpdt7omPoa0。

9 Alvin Gouldner, *The Future of Intellectuals and the Rise of the New Class*, MacMillan, 1979.

的「商機」。

這也就是川普敢於公開貶低文化教育價值，甚至宣揚暴力的原因。他甚至公開在競選集會上說：「就算我站在第五大道上開槍打人，我仍然不會失去任何選票，信不信？」[10]而由總統領導的反智運動自然會將美國社會引向愚昧、粗俗、仇恨和暴力，正如川普競選集會上頻繁出現的憤怒與喧囂，以及2021年1月6日川普支持者衝擊國會山時的暴行所顯示的那樣。

新冠病毒疫情在川普當政期間爆發，總統為自己的顏面而掩蓋事實，又因自己的無知而規避科學，以致美國疫情氾濫至今竟有接近一百萬人因新冠和併發症死亡，責任不可推卸。在2020年年初得到疫情發生的情報後，川普先是對公眾說疫情是假的，騙人的；後來又說往血管裡注射消毒液就可以殺死病毒（說這話的時候，總統不時地向在白宮主持防疫抗疫協調工作的博克斯醫生投以祈求確認的目光。醫生一直低頭無語，總統從未如此謙卑）；在美國每天有四萬新增感染人數的2020年夏天，川普又說我們已經基本上戰勝了病毒……這種以愚昧和謊言對抗科學與真實的現象，在現代西方社會的國家領導人中恐怕是絕無僅有的。

三、有「偉大領袖」指揮的群眾運動

毛澤東的最後一次革命和川普的第一次（但願也是最後一次）革命都是群眾運動，其突出特點之一就是領袖對群眾的巨大影響力和群眾對領袖個人的崇拜。漢娜・阿倫特稱其為「領袖原則」。[11]

---

10 見川普2016年1月24日在愛荷華州發表的競選演說：https://www.cnn.com/2016/01/23/politics/donald-trump-shoot-somebody-support/index.html。

11 Hannah Arendt, *The Origins of Totalitarianism*, Harcourt, 1966, p.

從某一個角度看，文革的前奏曲就是為領袖歌功頌德的造神運動。以1964年為例，空前宏大的、有3,500人同台獻藝的音樂舞蹈史詩《東方紅》於這一年在人民大會堂公演（當時也就只有人民大會堂有這樣大的舞臺），解放軍總政治部編印的《毛主席語錄》也在這一年出版。前者，顧名思義，頌揚偉大領袖為「人民的大救星，」如旭日東昇；後者將成為文革中的「紅寶書」，推崇毛澤東思想為放之四海而皆準的真理，「武裝全國人民頭腦」的「精神原子彈」。[12] 到了文革開始的1966年，諸如天才論、頂峰論、「四個偉大」之類的宣傳，將個人崇拜推向極致，毛澤東思想成為全民的思想，毛澤東主席成為萬眾「心中的紅太陽」。

在民主體制下，川普總統不可能像毛時代中國那樣有黨和國家機器為他建造神壇，但他畢竟是一位無師自通的民粹領袖，懂得如何與群眾互動，如何為自己造勢。他自稱是一個「非常穩定的天才」，可以在電視臺、交易所及政壇稱雄。在全球化造成美國工人失業或地位下降的情況下，他以救世主自居，打出「讓美國再次偉大」的民族主義旗號，說只有他能拯救美國。他的支持者不僅相信了這一點，而且很多信仰基督教的群眾，寧肯忽略川普的諸多失檢瀆神行為，認定他是上帝特選特派的領袖，負有領導他們對抗現代社會道德淪喪的神聖使命。

在文革時代的中國，毛澤東對國家的宣傳機器有絕對的控制權，他的隻言片語由黨媒播出，便是指導群眾運動的「最高指示」。作為民選的總統，川普當然沒有這樣的霸權。但是，作為一個曾經的「電視人」，他懂得怎樣讓媒體為他服務：一方面有同福斯新聞

(續)

xxxii.

12 見林彪的《毛主席語錄》再版〈前言〉，1966。

（Fox News）等右翼媒體的互動（這些媒體也是他所信任和依賴的資訊來源），一方面又有資訊時代新興的社交媒體可資利用。後者，尤其是為杜絕長段敘事和論述而限制字數的推特，便成為總統如魚得水發布最高指示的平臺。許多來自總統指端取悅支持者、侮辱反對者的推特短信，都難免挑動群眾鬥群眾之嫌。這也是當下美國民意分裂到如水火不相容，派性當道，甚至於父母與子女反目的重要原因之一。

川普革命的一個最具有諷刺意味的悖論是：它是一場由一個資本雄厚的地產商領導，有許多窮困的工人、農民參加的革命。如前所述，全球化對美國工人生計和地位的負面影響的確給川普造成了機會，使他的「讓美國再次偉大」的口號對下層群眾有很強的號召力。與此同時，富於文化教育資本的白領階級的興起、壯大和成功也使藍領階層感到不平和無奈，前者的自是自滿和傾向於世俗化的自由主義觀念也使在文化上趨於保守、虔誠的藍領階層感到不適，以至於本是民主黨基礎的許多工農大眾倒向共和黨，成為川普的支持者。當然，這也可能是馬克思在一百多年以前就指出的遮蔽現象（mystifikation），[13] 據此，我們可以想像資本主義社會主導意識形態的強大影響力，它可以使一個窮人堅定地相信，只要勤奮努力，一定能實現夢想，甚至成為川普。類似的意思，英國詩人威廉・布雷克通過〈地獄箴言〉表達出來，就難免惡毒：「受創之蚯，原諒犁頭」。[14]

我們有自己的文革經歷，還可能讀過勒龐和佛洛伊德等心理學

---

13 Karl Marx, *Das Kapital. Kritik der politischen Ökonomie* Erster Band.（Capital. A Critique of Political Economy. Volume I）, 1867.

14 William Blake, *The Marriage of Heaven and Hell*, 1793.

家對大眾心理的研究，便不難理解川普和群眾的關係：這些群眾作為個人，多半都是很好的人，甚至是很可愛的鄰居。但是一旦捲入有領袖領導的群眾運動，感情就會膨脹到不讓理性有任何空間，集體的非理性就會驅逐個人的清醒判斷，群眾的頭腦就會變得異常輕信，甚至成為領袖本人的頭腦。[15] 這就是為什麼當下美國至少有三分之一的人罔顧事實，相信川普所說的大選舞弊，從而視拜登政權為非法。如此眾多的選民失去了對真假的判斷能力，失去了對民主的信心，這是川普的右派文革對美國民主體制的最大威脅。

二、美國的左派文革：以膚色為標誌的壓迫者/受害者兩分法及其它

這裡說的左派文革同上面討論的右派文革的最明顯的區別在於：它不是一場有領袖的民粹運動，而是在教育界、知識界、文化界以及教育程度較高的技術精英和專業人士階層頗有影響的一種激進思潮。它與傳統知識界普遍認同的人道主義、自由主義和多元化劃清界線，認為後者尊重的個性、客觀、以才取人／任人唯賢（meritocracy）和去種族化意義上的「色盲」（colorblindness）掩蓋了白人至上的種族主義現實：「一個色盲的憲法所維護的就是白

15 Gustave Le Bon, *La Psychologie des Foules*（Psychology of Crowds）, 1895. Sigmund Freud, *Massenpsychologie und Ich-Analyse*（The *Psychology of Crowds and the Analysis of the Ego*）, 1921. 又見Robert Zaretsky, "Donald Trump and the Myth of Mobocracy," *The Atlantic*, 27 July 27 2016: https://www.theatlantic.com/international/archive/2016/07/trump-le-bon-mob/493118/。

人至上的美國。」[16] 作為左翼思潮，它也有別於以經濟地位和生產關係定義人類階級屬性的傳統馬克思主義，因為它強調所有的有色人（people of color）作為受壓迫者的身分認同，稱其對立面為白人特權（white privilege）。這一思潮的開創者和信仰者以進步派（progressives）自詡。

美國的左派文革有以下幾個現象／問題：

一、奴隸制原罪論和種族主義歷史宿命論

2019年8月14日，《紐約時報雜誌》刊出「1619課題」（1619 Project）專輯，紀念四百年前一艘載有「二十多個黑人奴隸」的海船抵達當時的英國殖民地維吉尼亞。[17] 這個百頁專輯包括十篇文章和一些詩歌、小說和圖像。儘管「奴隸制」這一說法當時在殖民地的法律上尚未成立，這些從非洲搶來的、完全失去人身自由的黑人被當作「契約傭工」（indentured servants）買賣，實際上與奴隸無異。所以，「1619課題」的編輯和作者將1619年定為北美奴隸制的開端。這一課題的提出很自然地使我們想到美國知識界、思想界不斷以批判的眼光重審和反思自身社會歷史的優秀傳統。

但是「1619課題」的具體內容和主題、結論，卻令熟悉美國歷史的讀者震驚。專輯的領軍人物和首篇文章作者妮克爾．漢娜—鐘斯寫道：一直排除在美國「建國神話」之外的事實是那時的「殖民者之所以要從英國獨立的基本原因之一是他們想要維護奴隸制。」[18]

---

16 Ibram X. Kendi, *How to Be an Antiracist*, One World, 2019. p. 10.

17 "The 1619 Project," *The New York Times Magazine*, 14 August 2019：https://www.nytimes.com/interactive/2019/08/14/magazine/1619-america-slavery.html.

18 Nikole Hannah-Jones, "Our democracy's founding ideals were false

雜誌編輯亞克・西爾弗斯坦為強化這一主題，後來又補充道：奴隸制「時常被稱作美國的原罪。但實際上不僅如此，它還是這個國家的起源。」[19]也就是說，「1619課題」的主旨是要顛覆美國大革命建立世界上第一個現代民主共和國這一歷史認知，重新建構（reframe）美國歷史，以1619年取代1776年作為美國建國的開端，即奴隸制才是美國真正的建國基礎。

再者，與其文章標題「我們的建國民主理想在其付諸文字時是虛假的。美國黑人一直在為實現它而奮鬥」相呼應，漢娜—鐘斯在文章中寫道，為實現自由平等，「在大多數情況下，美國黑人一直是在孤軍奮戰」；他們是「這個國家真正的『國父』（founding fathers），比任何一個民族都更是國旗的主人。」[20]

問題是以上這兩個雙重主題並非對歷史事實的重新闡釋，而是明顯地違背歷史事實本身。「1619課題」發表以後，有五位歷史學家聯名致信《紐約時報雜誌》，明確指出以上的兩處重大事實錯誤，並駁斥「課題」作者對林肯總統在種族和人權問題上的片面指責。他們還批評「課題」站在種族立場上「以意識形態取代歷史認知，」並要求《紐約時報雜誌》對「課題」中的事實錯誤予以更正。[21]

（續）

when they were written. Black Americans have fought to make them true." *The New York Times Magazine*, 14 August 2019：https://www.nytimes.com/interactive/2019/08/14/magazine/black-history-american-democracy.html.

19 Jake Silverstein, "Why We Published the 1619 Project," *The New York Times Magazine*, 20 December 2020: https://www.nytimes.com/interactive/2019/12/20/magazine/1619-intro.html.

20 同注18。

21 Victoria Bynum, et. al., Letter to the Editor, *New York Times*, 20 December 2020: https://www.nytimes.com/2019/12/20/magazine/we-

但是「課題」的編輯和作者都沒有做任何更正。編輯西爾弗斯坦寫了一篇很長的回覆為「課題」辯護。作者漢娜—鐘斯隨後還擴充了「課題」內容，主編了將近六百頁的作品集《1619課題：新起源記》，在序言中對歷史學家的批評含糊其辭，仍舊堅持「課題」原作的觀點。在她的以「民主」為標題的文章中，漢娜—鐘斯重複了雜誌版中的美國黑人「孤軍奮戰」那句話以後，加上稍作補充修正但仍舊不符合事實的半句話：「從未能使大多數美國白人參與和支持他們爭自由的鬥爭。」[22]

「1619課題」的傳播甚為廣泛，除了《紐約時報雜誌》的印刷版、網路版、廣播片、播客和以上提到的論文作品集外，還有各家報紙的評論、解釋和爭論文章、有圖解的兒童讀物、為中小學教育設計的歷史課程等等。漢娜—鐘斯還因為她的那篇紐時雜誌版文章獲得2020年的普利茲評論獎。

儘管如此，也許「1619課題」仍舊並不那麼廣為人知，但是對於我要討論的美國左派文革思潮來說，這個課題對事實的態度，它的基本觀點、論證方式，以及它所反映的左翼知識界的思想狀況，卻都很有代表性。經歷過中國文革的人都知道，在那個時代，事實是服務性的，只有經過政治和意識形態過濾的「事實」，哪怕是子虛烏有，才可被稱作事實；在用這些「事實」來佐證所需要的政治觀點時，迴避或歪曲歷史背景、斷章取義、從無人敢挑戰的「正義」制高點宣示結論等等，都是司空見慣的手法。雖然「1619課題」「重構」美國歷史的方式遠不及文革大批判那樣武斷，但「以意識形態

(續)

respond-to-the-historians-who-critiqued-the-1619-project.html.

22 Nikole Hannah-Jones, et. al., editors, *The 1619 Project: A New Origin Story*, One World, 2021. p. 33.

取代歷史認知」（如五位歷史學家所言）、以政治取代事實的性質是一樣的。

關於美國革命是為維護奴隸制的說法，離事實相差太遠，恕免駁論。而原罪論及其影響，因為抽象，倒是更值得進一步討論。「原罪」本是在聖奧古斯丁影響下形成的基督教傳統觀念，根據這個觀念，由於亞當和夏娃偷食禁果，人類作為他們的後代便生而有罪；而且，因為這個罪是人本性之罪，受誘惑而越界行有罪之事的傾向永存，再虔誠的人也無法只靠自己的力量獲得救贖，人的脫罪再生最終是上帝才能給予的。如果說奴隸制是美國的原罪，實際上是說由奴隸制產生的對黑人的壓迫、歧視和白人的特權在美國會是一個永久的現實。或者說，如果你是白人，你的特權是從胎中來的，無可改變的，不管你是否意識到，也不管你在意識到以後，如何感到深深的內疚，而且盡力用實際行動來改變這種不平等，終究是不可能的：不可能因你的努力而改變。結果，原罪論便成為宿命論。

當然，有人會說，「原罪」不過是一個隱喻，並非現實。但是，這個隱喻卻像文革中詛咒的剝削階級罪惡、由血統傳下來的劣根性和永遠不可忘記的階級鬥爭一樣，成為當下美國在種族問題上的社會現實的背景，甚至現實本身。比如，在因奴隸制給黑人退賠議題上頗有影響的作者塔—內西斯·科茲認為美國欠黑人的這筆債是永遠無法還清的。[23] 循著這個思路，接著就有人說，這筆債務不光是經濟上的計算問題，因為它根本不可能消除奴隸制給黑人造成的精神上的痛苦。[24]

---

23 Ta-Nehisi Coates, “The Case for Reparations,” *The Atlantic*, June 2014: https://www.theatlantic.com/magazine/archive/2014/06/the-case-for-reparations/361631/.

24 John McWhorter, *Woke Racism: How a New Religion Has Betrayed*

再比如，當下十分流行的美國「制度性（systemic）種族主義」的說法。應該承認，種族偏見仍舊很普遍：在個人身上，在意識或潛意識裡，或在某些民間組織中，在某些社區的習慣勢力中。由種族偏見導致的歧視現象，尤其是對黑人的歧視甚至警察暴力，也的確存在，以至於美國黑人在2013年提出「黑人的命也是命」（BLM：Black Lives Matter）的口號。2020年5月喬治・弗洛伊德慘死於員警之手，這個種族主義暴力事件在全國範圍內引起公憤，白人和其他有色族裔的民眾同黑人一起，將BLM抗議運動推向高潮。

但是，以上所列的種族主義例證，包括駭人聽聞的弗洛伊德慘案，並不是準確意義上的「制度性種族主義」所包含的內容，因為制度所指的是聯邦或州的法律、成文的條例、政府部門和規範等等。美國歷史上奴隸制當然是最為嚴重的制度性種族主義例證，但是，從1863年的廢奴宣言和1865年的第十三修正案開始的大約一百年時間裡，一系列被稱作Jim Crow的種族歧視、種族隔離法律被逐漸廢除。二十世紀六十年代的民權運動和以甘迺迪、詹森兩屆總統手令形式出現的平權法案的廣泛推行至今，使婦女和包括黑人在內的少數族裔成員的地位有了很大的提高。也就是說，自獨立戰爭以來，美國在全民和政府的共同努力下，在種族問題上已經有了長足的進步，不僅法律意義上的種族歧視已經消除，而且教育界、文化界、新聞界、知識界在種族問題上對全民的啟蒙成績斐然，奧巴馬能當選並連任總統難道不是證明嗎？所以，說當下美國社會的種族主義是制度性的，不僅模糊了有形的制度和無形的意識之間的界線，模糊了既定的法律規範和違規的個人行為之間的界線，而且也忽視了美國人民和政府多年來力爭種族平等的巨大成果。

（續）

Black America, Portfolio/Penguin, 2021. p. 41.

但是，如果你列舉這些成果，並提問：當下美國的社會生活中確實存在的種族主義真的是制度性的嗎？會有很多人迴避「制度性」（systemic）在這個語境中的具體含義，同時舉出很多社會上仍然存在的不平等和種族歧視的現象，然後說，這些現象就是制度性的（我所說的並非假設，而是經驗之談：我的一些極好的、可稱至交的同事曾苦口婆心地勸說過我這個提問者）。

這使我想起孔夫子說的「正名」：嚴格界定一個概念，對於嚴謹的思維、明確的表達、以及正當的行事，都至關重要，否則就會名不正而言不順……但是，社會總在變化，語言也總在變化，變得多義，也變得歧義，甚至反義（在中文中如朝三暮四、空穴來風之類）。約定俗成是語言發展的定律，使用語言的人不得不服從。所以，如果多數人不覺得制度性（systemic）一定要同嚴格意義上的制度（system）有關，堅持「正名」豈不迂腐？

二、身分政治和種族主義批判的激進化

美洲的早期移民稱歐洲為「舊世界」，那個世界與王權、貴族、宗教勢力密切相關的文化傳統、等級制度以及由此而決定的各階層的經濟地位，在相當程度上幫助他們形成了對自己腳下的這片土地的想像或自我意識：與歐洲這個「他者」相對，作為「新世界」的美洲是一片原始的、大自然的天地，一個新伊甸園；在這片土地上沒有等級，人人自由，人人平等，每個人都可以憑自己的力量和智慧開創自己的家園。個人自由和人人平等是民主理想的兩個側面，如美國詩人惠特曼在《草葉集》首篇寫的那樣：「我歌唱一個人的自我，一個單一的個別的人／但我發出的聲音卻是民主、全體。」惠特曼最著名的長詩《自我之歌》以「我」開頭，以「你」結尾。這就是「美國夢」的內涵，也就是說，美國是一個多民族融合的、

多元的國家，每個人的定位首先在於個人，並承認他人的自由和尊嚴。

當然，這只是「夢」、想像、理想，而不是現實。在美國獨立宣言和憲法發布的時候，奴隸制還存在；廢奴宣言發布和憲法第十三修正案通過以後，南方各州還制定過一系列種族隔離法律；直到1920年，婦女才在全美範圍內獲得選舉權；某些州對黑人選舉設置的各種障礙，也是到1965年詹森總統簽署投票權法案以後，才最終被掃除……儘管如此，美國歷史上向理想目標的進步，畢竟也是現實的一部分。

但是，左右兩極對現實的看法，卻未必有歷史的、發展的角度。十九世紀中葉以降，右派傾向於信仰社會達爾文主義優勝劣敗的叢林法則，把人類社會分成「勝利者」和「失敗者」兩部分，永遠如此；而左派所見則多半是若非「壓迫者」，便是「受害者」。馬克思主義老左派從普世的、社會發展階段論（歷史唯物主義）的角度，以經濟地位和生產關係為基礎，視現代社會的資產階級為壓迫者，無產階級為受害者；而當下美國的新左派，則將壓迫者／受害者兩分法從階級分野轉向以膚色為尺規的群體歸屬：「身分政治」。在他們眼中，美國至今仍舊是一個白人至上的種族主義社會，白人的特權生而有之，所以白人也就是有意無意的壓迫者。而黑人及其他所有的有色族裔都是這個社會中的受害者，僅僅有色族裔身分本身就使他們有獨特的「有色之聲」（voice of color），以此來向白人講述白人不太可能了解的種族主義現實。[25]

左翼的大多數實際上並非祖上曾受奴隸制壓迫的黑人，而是白

25 Richard Delgado and Jean Stefancic, *Critical Race Theory: An Introduction*. New York University Press, 2001, p. 9.

人知識階層和學生，他們傾向於接受源於身分政治的批評，檢討自身的特權地位，有很深的負罪感，堅定地反對種族主義。這一點其實挺感人的。然而，對於左翼中的激進派來說，這樣做是遠遠不夠的，甚至這種立場和態度本身就是「種族主義」的。羅賓·迪安傑羅在《白人的脆弱：為什麼種族主義的話題對白人如此困難》一書中開宗明義：「我們在民權運動中的所有進步都來自身分政治。」[26]白人是一種身分，有色人群是另一種身分，兩者之間的關係是壓迫和被壓迫的關係，歧視和被歧視的關係。作者所謂「白人的脆弱」基於她觀察到的白人對種族問題的過敏和規避種族焦慮（racial stress）的特別需要：「哪怕是些微種族焦慮都難以忍受，以至於引發一系列的自我保護反應，包括明示的情感，如氣惱、恐懼、內疚，以及如爭論、沉默、迴避等行為方式。」[27]迪安傑羅是白人女性，以進步派自詡，並說此書就是為「我們白人進步派」而作，言辭謙卑懇切。她認為，因為「白人進步派認為自己不是種族主義者，至少不那麼種族主義……並把精力用在讓別人相信我們已經超越了種族主義，」所以，「白人激進派每天給有色人造成的傷害最大……白人激進派的確是在支持和延續種族主義，但是我們的自衛機制和自信，實際上使我們無法向自己解釋我們是如何這樣做的。」[28]這是一種自我解構的、有後殖民理論背景的、處在迴圈邏輯中的、不可證偽的身分政治論和文化心理分析。如同前面提到的原罪說和種

26 Robin DiAngelo, *White Fragility: Why It's So Hard for White People to Talk about Racism*. Beacon Press, 2018. p. xiv.

27 Robin DiAngelo, "White Fragility," *International Journal of Critical Pedagogy*, Vol 3（3）（2011）. p. 54.

28 Robin DiAngelo, *White Fragility: Why It's So Hard for White People to Talk about Racism*. Beacon Press, 2018. p. 5.

族主義宿命論，或者如同曾在太平洋彼岸流行一時的「階級烙印」說（又稱血統論或出身論）：白人出生在一個白人至上的社會，僅因其白人身分，便不可能擺脫種族主義。按照這個類似第二十二條軍規的邏輯，如果一位進步派白人說：「我痛恨種族主義，所以我絕不是種族主義者，」這個否定句本身就證明，他一定是種族主義者，因為他並沒有檢討自身的種族主義烙印，思想不正確，缺乏在靈魂深處鬧革命的徹底性。

前面提到的黑人作家塔—內西斯・科茲在2015年出版了《在世界與我之間》，連續三周居《紐約時報》暢銷書首榜，而且很快成為許多高等院校學生的必讀書。他在書中提到，上大學的時候讀到過索爾・貝婁的一句話，這句話為他濃縮了西方社會的種族主義。科茲寫道：

> 貝婁俏皮地說：「誰是祖魯人的托爾斯泰？」托爾斯泰「白」，所以托爾斯泰「重要」，就像所有其他的白的東西「重要」一樣。……我們黑，在光譜之外，在文明之外。我們的歷史低下，因為我們自身低下……與這一理論相反的是我的馬爾孔。……還有格裡格・塔特、毛主席、和只比我大一點的夢・漢普頓，他們創造了一種我以本能就可以理解並用來分析我們的藝術和我們的世界的新語言。[29]

29 Ta-Nehisi Coates, *Between the World and Me*, Spiegel & Grau, 2015. pp. 43-44. 索爾・貝婁（Saul Bellow, 1915-2005），美國作家，數部小說多次獲獎，包括1976年的普利茲小說獎和諾貝爾文學獎。馬爾孔（Malcolm X, 1925-1965），美國黑人領袖，民權活動家，牧師，黑人民族主義運動「伊斯蘭國」（the Nation of Islam）發言人。格里格・塔特（Gregory Stephen Tate, 1957-2012），美國作家、音樂

其實，科茲引用的那句話並不見諸貝婁的寫作，而是來自1988年一月《紐約時報雜誌》的一篇關於阿蘭·布魯姆的專題報導。[30]布魯姆和貝婁同是芝加哥大學的教授，又是鄰居和知交，記者採訪布魯姆時，貝婁在座。當時的議題是有關「經典作品」的爭論：什麼作品可稱經典？經典作品選讀是否應當是大學本科生的必修課？也就是說，這是學術之爭，或關於文學作品是否有普世評判標準之爭。但是科茲對貝婁的批判卻無視這句話的背景，把頂多能說成是文化保守主義的學術觀點上綱上線到種族主義；應該說是無限上綱，因為在當下的美國，任何譴責的分量都很難超過說某人是種族主義者。

科茲在這一段議論中以諷刺手法表現出的情緒，在關於911的議論中變成了憤怒與仇恨。2001年9月11日晚上，他站在曼哈頓的一座公寓頂上，望著仍在彌漫的硝煙，並沒有為現代美國最大的恐怖事件感到震驚，而是「心冷」，因為「我有那麼多我自己的災難。」他想到「他們」曾經在世貿大廈下面的土地上販賣黑人奴隸，他想到那裡還有一片土地曾經是黑奴的墓地，他尤其想到一年以前他的一位叫普林斯·鐘斯的黑人大學校友死在員警的槍下，而員警以「自衛」為由被判無罪……科茲寫道：「在槍殺普林斯·鐘斯的員警和

(續)

家、文化批評家，《鄉村之聲》撰稿人，為推廣黑人文化和藝術，尤其是嘻哈（hip-hop）音樂和街頭藝術，作出卓越貢獻。夢·漢普頓（dream Hampton, 1972- ），美國作家、紀錄片製作人、馬爾孔草根運動（Malcolm X Grassroots Movement）成員。製作過多部進步派紀錄片，數部獲獎，入選2019年《時代》雜誌百位名人榜。漢普頓名「夢」，小寫，取自馬丁·路德·金恩的著名演講「我有一個夢」。

30 James Atlas, “Chicago’s Grumpy Guru,” *The New York Times*, 3 January 1988.

眼前這些死去的員警和消防隊員之間，我看不出任何區別。對我來說，他們都不是人。無論黑、白、或其他什麼，他們都是天然的兇險物；他們是火，是彗星，是風暴，這些東西不需要任何理由都能摧毀我的身體。」[31]

在近些年出版的旨在喚醒有色人覺悟的著作中，科茲的《在世界與我之間》是文筆最好的、最有影響的一本，「覺悟」或「覺醒」（woke 和派生出的wokeness, woke-ism）也是當下美國政治話語中最為流行的詞彙之一。這個字的不規範的特殊用法（如「stay woke」）源自二十世紀三十年代興起的美國黑人民族主義運動「伊斯蘭國」（the Nation of Islam）。這一運動的領袖們痛感大部分黑人對自己受白人欺壓的現實麻木不仁，被白人至上的社會洗腦，在精神上處於沉睡、死亡狀態，亟待思想上的覺醒。科茲所敬佩的馬爾孔當時還是孩子，後來成為穆斯林牧師、泛非主義者和黑人民族主義運動最著名的領袖之一。在美國六十年代的民權運動中，他和馬丁．路德．金恩代表了兩種不同的路線。金恩的訴求是通過非暴力抗爭反對種族歧視，使美國這個多民族的國家成為一個「不以膚色，而以品格視人」的平等社會。而馬爾孔則認為美國的種族主義已經不可救藥，他不相信白人和黑人能夠和平共處，他要喚醒黑人群眾，放棄夢想，成為「憤怒的革命者」，在美國南部或非洲建立黑人自己的國家。1963年8月28日，在首都華盛頓有二十五萬人參加的抗議集會上，金恩發表了著名演講「我有一個夢」。當時，馬爾孔也在場。事後他稱這個白人黑人攜手並肩反對種族歧視的集會為「華盛頓的鬧劇」，對金恩的「夢」也不以為然，因為要有夢，先得處於睡眠

31 Ta-Nehisi Coates, *Between the World and Me*, Spiegel & Grau, 2015, pp. 86-87.

狀態，不能醒著，況且「美國的黑人群眾曾經，而且正在，經歷一場噩夢。」[32]

金恩和馬爾孔的分歧不由得使人想起十九、二十世紀之交兩位著名黑人領袖之間的爭論：教育家華盛頓（Booker T. Washington）主張以溫和、忍讓、寬容，並通過教育和經濟獨立來改變黑人的不平等地位，社會學家杜波伊斯（W. E. B. Du Bois）相信包括激烈行為在內的政治抗爭才是通向平等之路。杜波伊斯還是一位泛非主義思想家，晚年對美國徹底失望，移居非洲，成為迦納公民。

如今已經很少有人關注華盛頓的主張，但金恩仍舊是眾望所歸，只是右翼保守派和左翼激進派對他的思想的詮釋大相徑庭：保守派認為一個去種族化的「色盲」的美國是他的理想，激進派則認為他有明確的「色意識」（color-aware），因為「色盲」這個說法本身遮蓋了美國社會的真相，有種族主義之嫌。相比之下，有更強烈鬥爭意識的杜波伊斯和馬爾孔越來越被激進左派所推崇，成為他們的先驅和旗手。

在今天的美國，最能代表這一激進思潮的當屬「種族批判理論」（critical race theory）。它起始於二十世紀八十年代法學界左翼對憲政中立原則的批判（因為現實中沒有真正的中立），挑戰作為自由主義基礎的啟蒙理性和平等理論（因為它們都是脫離現實的假設），認為種族主義並非反常或異端，而是當今社會無處不在的「包括人的情感和潛意識層面的、極難克服的常態」。這個社會的結構是「白人至上，有色人居下的制度」，在這個結構中白人的「利益重合」：

32 DeNeen L. Brown, "Martin Luther King Jr. met Malcolm X just once. The photo still haunts us with what was lost." *The Washington Post*, 14 January 2018.

「白人精英階層在物質上獲益於種族主義，白人工人階層在心理上獲益於種族主義，所以這個社會的許多層面都沒有消除種族主義的動力。」種族批判理論家們認為種族的概念是人的創造，實際上是「白人」以「有色人」作為對立面或「他者」來定義自身。這樣的身分對立也就是「有色之聲」的根據：膚色非白的「少數民族身分本身就賦予講話者獨特的能力，向白人講述他們很難了解的種族主義問題。」這個理論一方面批評自由主義和任人唯賢服務於個人利益，批評去種族化意義上的「色盲」和多民族融合的社會理想掩蓋了白人至上的現實，一方面支持各個少數族裔強調相互差異的「文化民族主義」運動。[33]

種族批判理論家們很坦誠地說，他們所做的不僅是學理方面的闡釋、分析和批判；他們還是社會活動者，旨在從結構意義上改變這個社會。但是，在揭露和批判了啟蒙理性、法學思維、平等意識以及諸多普世價值所掩蓋的種族主義內涵之後，除了一再強調種族主義是社會常態，極難克服之外，並不能給出建設性的社會模式。在左翼運動史的大背景之下，人們看到的是從階級向種族的轉換，以有色族裔與白人特權的激烈對抗取代了無產者與有產者的階級鬥爭而已。

三、脫離歷史環境的「取消文化」

「取消文化」是近年來很流行的一個詞彙，它多半被用來指稱民間力量或公眾輿論對名流或歷史人物因其不良行為而做出的懲罰：取消對他們的支持，將他們驅逐出公眾視野，在歷史中打入另

---

33 Richard Delgado and Jean Stefancic, *Critical Race Theory: An Introduction*, New York University Press, 2001. pp. 3-12.

冊。這種「取消」有賴於公眾的言論自由以及言論表達的媒介，如社交媒體，所以和民主的氛圍有關。但是，也因為同樣的原因，激奮的群眾，加之意識形態的影響，是可以喊出諸如「打倒」、「取締」之類的口號的。由於後者的例子較多，「取消文化」這個詞在使用時多半是貶義，或云修正歷史、歷史虛無主義。下面我想借用這個流行詞彙，討論近期美國左翼激進派在重審歷史的議題下所施行的「取消」行為。先舉幾個例子，然後重點討論有關第16屆美國總統亞伯拉罕・林肯的評價問題。

在最近的一兩年中，美國有一股拆除歷史人物塑像的風潮。最早的是2020年夏天俄亥俄州首府哥倫布市市長下令拆除市政廳前的哥倫布銅像，原因是群眾抗議哥倫布參與早期（十五世紀末）西印度群島的販奴。由於這座塑像是哥倫布故鄉義大利的熱那亞市民的贈品，哥倫布市長的這一決定遭到很多義裔公民的反對。此後的幾個月內，有三十多座哥倫布塑像在美國的其他城市被拆除。類似的多處「取消」也發生在下面的例子中，原因也都是群眾壓力，恕不贅述。

2021年秋天，內戰時南方軍隊統帥羅伯特・李在在維吉尼亞首府瑞西蒙的巨型雕像被拆除，因為他在戰爭中代表並保衛南方奴隸主的利益。

同年冬初，獨立宣言起草者、美國第三、四屆總統湯瑪斯・傑佛遜的塑像從紐約市政廳去除，因為他是奴隸主。

2022年年初，富有重視自然保護、建立國家公園盛名的美國第26屆總統希歐多爾・羅斯福在紐約市美國自然博物館門前的塑像被拆除，原因是塑像的設計——他騎在馬上，站在兩邊的是一個印第安人和一個黑人——表現了種族的上下尊卑。

美國第一任總統喬治・華盛頓和簽署廢奴宣言的亞伯拉罕・林

肯總統也未能倖免被「取消」的命運：三藩市學區改換了以這兩位總統的名字命名的兩所學校，原因是一位是奴隸主，另一位推行過黑人殖民政策。[34] 我下面將重點討論針對林肯的「取消文化」，並進一步解釋黑人殖民政策的問題。

首都華盛頓國會山莊的「解放紀念」銅像（Emancipation Memorial）是由站立著的、手握廢奴宣言的林肯和一個單腿下跪、剛被解放的黑人奴隸這兩個形象組成的，設計和製作銅像的絕大部分資金來自曾經是奴隸的眾多黑人的捐贈，銅像於1876年林肯遇刺11周年時正式落成。三年以後，獲益於波士頓博物館創始人的捐贈，這座銅像的複製品便矗立在波士頓的一個城市公園裡。儘管「解放紀念」作者湯瑪斯．波爾的原意是要塑造一個「正在向自由升起」的黑人形象，但在一百多年以後的今天，很多人都認為這個形象更像是在「下跪乞憐」，仍舊顯示了黑人低下的地位。在一萬兩千多名波士頓市民聯名呼籲之下，市藝術委員會在2020年底把銅像從公園挪進了倉庫。[35]

實際上，去除波士頓的「解放紀念」銅像，並不僅僅是因為黑人處於低位的形象；更深層的原因是，在激進左派的眼中，林肯本人有嚴重的種族主義歷史問題，政審不過關，當屬清理對象。這就是為什麼威斯康辛大學麥迪森校區的兩個學生組織在2020年6月聯

---

34 “Lincoln, Washington, Feinstein, Lowell — San Francisco will rename 42 schools”, *Los Angeles Times*, 28 January 2021: https://www.latimes.com/california/story/2021-01-28/lincoln-washington-feinstein-lowell-san-francisco-will-rename-42-schools.

35 “Controversial Lincoln Statue Is Removed in Boston, but Remains in D.C., *The Washington Post*, 29 December 2020: https://www.washingtonpost.com/history/2020/12/29/lincoln-statue-removed-boston-dc/.

名請願，呼籲校方拆除校園裡的林肯塑像。一位學生領袖說，林肯的確「做了些好事，但他幹的壞事肯定比好事多」；他在校園制高點的塑像是「獨一無二的白人至上的象徵。」[36]

近期對林肯歷史問題更為具體的清算見於前面提到的「1619課題」。「課題」發起者妮克爾·漢娜—鐘斯的關注點集中在1862年8月14日林肯和五位黑人領袖在白宮的約見。當時，美國的南北戰爭已經開始一年多，北方陷於困境，作為總統的林肯十分焦慮，正在考慮宣布解放南方各州的黑人奴隸，並允許他們參戰反抗奴隸主；但同時他又知道，當時北方和南方的白人大部分還不能同意黑人與他們平等。按照漢娜—鐘斯的敘述，林肯請黑人領袖入白宮議事，唯一的目的就是告訴他們他已經讓國會籌款，好將獲得自由的黑人殖民於由政府出資和民間捐款建立的殖民地，希望這幾位黑人領袖能夠同意。他還說，如果沒有奴役黑人的制度，這場戰爭也不會發生；但是，取締奴隸制，黑人獲得自由以後呢？現實的狀況是，白人和黑人共處，「雙方都痛苦。」由此，漢娜—鐘斯得出結論：「反對黑人的種族主義存在於這個國家的基因裡。同時，人們還相信，如林肯準確地表達的那樣：黑人是民族統一的障礙。」[37]

---

36 "Students Push to Remove UW-Madison's Lincoln Statue, " *PBS Wisconsin*, 29 June 2020: https://pbswisconsin.org/news-item/students-push-to-remove-uw-madisons-lincoln-statue/#:~:text=A%20group%20of%20students%20are,Hans%20Christian%20Heg. "University of Wisconsin Students Call for Removal of Abraham Lincoln Statue on Madison Campus", *Chicago Tribune*, 30 June 2020: https://www.chicagotribune.com/midwest/ct-wisconsin-madison-lincoln-statue-bascom-hill-20200630-hhfadge53fethiobylwvklz24q-story.html.

37 Nikole Hannah-Jones, "Our democracy's founding ideals were false when they were written. Black Americans have fought to make them

由於漢娜—鐘斯並沒有把林肯與黑人殖民問題放在具體的歷史和政治環境中來討論，給人的印象似乎是：林肯是黑人殖民政策的始作俑者，或者至少是在戰爭的危機中束手無策，孤注一擲。其實，這個殖民專案由來已久，始自1816成立的民間組織「美國殖民協會」（American Colonization Society）。鑒於美國的種族衝突和迅速增長的自由黑人人口，協會的宗旨是在民間集資，在非洲和南美建立殖民地，在自願的前提下資助黑人移民。賴比瑞亞就是在這個宗旨之下，由協會買下，按照美國的政體建立的黑人殖民地。這個殖民項目在啟動以後曾得到獨立宣言起草者傑佛遜、被稱為「憲法之父」的麥迪森、在任總統傑姆斯·門羅、在任國會議員亨利·克雷等著名政治家的支持，在十九世紀三十年代，麥迪森還當過協會的主席。這都遠在林肯之前，而且傑佛遜和克雷又是林肯最敬重的前輩。作為總統的林肯，在南北戰爭早期，也是認同這個政策的。但是，在他簽署了解放宣言以後，畢竟放棄了這項政策。

據此，一些堅持從歷史和發展的角度看待林肯的學者，認為他在黑人殖民這個問題上的看法有一個逐漸成熟的過程，最終認識到這個政策不僅不現實，而且黑人有正當的權利居住在這片土地上，更不用說林肯是簽署解放宣言、結束奴隸制的總統，所以，他的基本立場是種族平等。更有學者從政治的角度來解釋為什麼在南北戰爭的緊要關頭，在1862年的最後一天，林肯一邊對廢奴宣言做最後的修改，準備次日正式簽署，一邊批准了一項資助五千黑人殖民海地附近一個島嶼的方案：「林肯利用黑人殖民的前景使保守派更容

（續）

true. ” *The New York Times Magazine*, 14 August 2019. 又見Nikole Hannah-Jones, et. al., editors, *The 1619 Project: A New Origin Story*, One World, 2021, pp. 22-29.

易接受廢奴的主張，而當他簽署解放宣言，走出廢除奴隸制的最有決定性意義的一步以後，便放棄了黑人殖民政策的所有措施。」[38]

林肯的「取消」者，如漢娜—鐘斯，不願意從以上所舉的發展的和政治的角度在具體的歷史環境中看待林肯，而是僅以黑人殖民政策為依據，判定林肯為種族主義者，罔顧林肯在歷史上的最偉大的功績：廢除奴隸制和維護國家的統一。這種攻其一點，不及其餘的大批判方式，和以意識形態取代歷史認知的基本原則，也同樣用到了前面列舉的其他歷史人物身上，去除諸多塑像的現象不過是這種激進思維方式最為粗略的表現形式而已。

說到大批判方式和政治取代歷史的原則，毛時代的無產階級文化大革命又何嘗不是一種「取消」文化呢？幾乎所有的歷史名人都屬於非無產者的剝削階級，因此都是清算對象。清算也是從掃蕩偶像的運動開始的，稱「破四舊」。釋迦摩尼在北京頤和園佛香閣內的塑像首當其衝，不久以後，孔夫子在山東曲阜的雕像也無一倖存。數年以後的批林批孔運動給孔子扣上了奴隸主階級代言人的帽子，他的「克己復禮」的仁道竟被說成是要復辟奴隸制……

當然，美國當下的「取消」文化並非真正的文革，同當年中國的破四舊、大批判不可同日而語，而且，把歷史送進倉庫畢竟還算是文明之舉，遠不像徹底砸爛和付之一炬那樣暴烈。但是，由於兩者的歷史虛無主義傾向是共同的，中國的文革應當被視為前車之鑒。

38 Michael Vorenberg, "Abraham Lincoln and the Politics of Black Colonization, " *Journal of the Abraham Lincoln Association*, Volume 14, Issue 2, Summer 1993, pp. 22-45. http://hdl.handle.net/2027/spo.2629860.0014.204.

四、不成文的「政治正確」語言規範導致禁言和自律

自從1791年美國憲法第一修正案通過，保護言論自由就成為美國民主的最重要的原則之一。約翰・密爾在《論自由》中對言論自由的寬度做過經典的界定：以不造成對他人的傷害為準。隨著時間的推移和社會的發展，這個界定的尺度由於「傷害」的進一步具體化而愈加有爭議，比如，在種族、性別、性取向等問題上如何界定「仇恨言論」和「冒犯性言論」，如何在法律意義上判斷其傷害的程度，如何定義「有敵意的環境」等等。近年來隨著左翼思潮影響的逐步擴大，一套不成文的「政治正確」的語言規範也逐漸形成，以至於言論自由的寬容度縮小，語言禁區擴大，迫使人們自律的壓力愈強。[39]

在二十世紀五十年代右翼勢力猖獗的麥卡錫時代，很多人三緘其口，不敢公開政見，以至於有「沉默的一代」的說法。1954年，哈佛大學的一位社會學教授做了一個民調，提出的最關鍵的問題是：「你是否覺得可以像以前那樣自由地表達自己的想法？」有13%的人給出了否定的回答。同一個問題在以後的民調中多次重複，2019年的民調中竟有40%的人給出了否定的回答，三倍於1954年。最令

---

39 這裡需要說明一下：「政治正確」（political correctness）這個說法本始於左派自嘲，接著又被右派借用嘲笑左派，所以是一個從開始就有諷刺意味的貶義詞。但是，不幸被這個詞的通俗用法所指稱的某些政策，如平權法案（affirmative action），的確在提高婦女和少數族裔公民的入學、就業機會和社會地位等方面起到了積極的作用。我在這裡用這個詞，無意討論「政治正確」的政策含義和各種歧義，只是狹義指稱左翼所提倡的「包容語言」（inclusive language）在種族、性別、性取向等問題上的界規，並討論這些不成文的、潛移默化的界規同言論自由原則的衝突。

人驚訝的是，教育程度越高，自律的程度越深：有27%的初中生，34%的高中畢業生，和45%的大學生給出了否定的回答。[40] 卡托研究所2020年7月的民調顯示：有62%的美國人因為顧慮不良後果，不情願與人分享自己的政治見解。有三分之一的參調者，無論左右，都擔心，如果他們公開了自己的意見，就可能失去工作或求職機會。[41]《紐約時報》在近期以來第一次以編輯部名義發表長篇社論，專門討論美國的言論自由問題。[42] 當下的這種在語言表達上讓人感到不自由的壓力，多半來自左翼意識形態的影響，在文化、教育領域尤其明顯。在2021年春天的一個有159所大學的37,000學生參加的民調顯示，有80%以上的學生「至少在有些時候」三緘其口，有21%的學生說他們經常如此。[43] 在傑佛遜一手創建的維吉尼亞大學，為傑佛遜辯護的話都需要關起門來說。[44] 在高等院校，教授更須慎言，

---

40 James L. Gibson and Joseph L. Sutherland, "Americans Are Self-Censoring at Record Rates," *Persuasion*, 31 July 2020: https://www.persuasion.community/p/americans-are-self-censoring-at-record?utm_source=url.

41 Emily Ekins, 22 July 2020 Survey Reports, "Poll: 62% of Americans Say They Have Political Views They're Afraid to Share": https://www.cato.org/survey-reports/poll-62-americans-say-they-have-political-views-theyre-afraid-share#introduction.

42 The Editorial Board, "America Has a Free Speech Problem," *The New York Times*, 18 March 2022: https://www.nytimes.com/2022/03/18/opinion/cancel-culture-free-speech-poll.html?campaign_id=2&emc=edit_th_20220319&instance_id=56188&nl=todaysheadlines®i_id=20459702&segment_id=85986&user_id=b69d70f73e1cea98957e29f58e5f47b6.

43 https://reports.collegepulse.com/college-free-speech-rankings-2021.

44 Emma Camp, "I Came to College Eager to Debate. I Found Self-Censorship Instead." *The New York Times*, 7 March 2022: https://www.

下面的兩個個案可以為例。

在2021年9月的一次本科生作曲研討課上，為了讓學生熟悉義大利音樂家威爾第創作的歌劇《奧泰羅》的背景，密西根大學音樂戲劇舞蹈學院的盛宗亮（Bright Sheng）教授放映了1965年根據莎士比亞悲劇《奧賽羅》改變的同名英文電影，主人公奧賽羅由英國著名演員羅倫斯・奧利維耶扮演。但是，由於奧利維耶是把面部塗黑扮演摩爾人奧賽羅的，這個形象使觀眾中的一些黑人學生想起黑面走唱秀（blackface minstrelsy），即由塗黑臉的白人演員滑稽模仿的黑人奴隸歌舞，感覺受到了侮辱。[45] 當時就有一位學生以電郵的方式投訴音樂系，稱許多學生「因為這個錄影和教授不解釋選擇這個錄影的原因，在感情上受到極度傷害。」還有學生說，這個學習環境讓他們感到不安全。盛老師在幾小時之內就發電郵抱歉，在之後的幾周內又以正式致歉的公開信等方式表示歉意，說他對這件不幸事件「做了更多的研究和學習，意識到種族主義之根深蒂固過去是、現在仍然是美國文化的一個危險部分。」儘管如此，他仍然受到來自校方、同事、本科生、研究生等各方面的指責，包括學生聯名的公開信，說盛老師致歉信不僅檢討不深刻，還為自己辯護。[46]

（續）

nytimes.com/2022/03/07/opinion/campus-speech-cancel-culture.html.

45 實際上這個表演形式的起源是中世紀歐洲，1833年才傳入美國。當時，《奧賽羅》在美國東北部巡迴演出，主人公也是由塗黑臉的白人扮演的。有一次在此劇演出中間休息時，一位後來以「老爹賴斯」聞名於世的美國白人演員塗黑臉演了一段叫 Jump Jim Crow的歌舞，此即美國塗黑臉走唱秀的開端。見 “The Othello Whisperer: A Q&A with Ayanna Thompson”: https://research.asu.edu/othello-whisperer-qa-ayanna-thompson.

46 Jennifer Schuessler, “A Blackface ‘Othello’ Shocks, and a Professor Steps Back From Class,” *The New York Times*, 15 October 2021:

在事情發生二十天以後，校方宣布：盛宗亮將自願停授這門課，以便讓學生有一個「積極的學習環境」。然而，就在盛宗亮停課的一天前，一名選了這門課的四年級學生在一家網媒上發了一篇措辭尖刻的長文，文章在推特以及新聞週刊、福克斯新聞、每日郵報等媒體上轉發，使美國高校捲入了一場關於種族、學術自由和言論自由的激烈辯論。針對學校的處理方式，學生聯名寫了第二封公開信，譴責校方對此事件的反應「助長了造成恐懼和敵意的環境。」與此同時，將近七百名教授和一個學生組織分別寫信給音樂戲劇舞蹈學院，呼籲恢復盛宗亮在那門作曲研討課的教職，並要求校方公開向盛老師道歉。幾天以後，校方在學校的網站上發了一個聲明，說盛宗亮是學校「尊貴的成員」，並沒有受到懲罰，在繼續教作曲課（只是一對一的私人課程，那門研討課仍是同事代授）。但是，學校至今並未向盛老師道歉。[47]

我要討論的第二個例子發生在伊利諾大學芝加哥校區的法學院。在2020年12月的一次「民事訴訟」課期末考試中，有一道傑森·吉爾本（Jason Kilborn）教授近些年用過多次的考題：假設一家公司的前雇員曾經告訴公司律師：「在一次會議上，公司的一些管理人員對她不滿，稱她'n____'和'b___'（對黑人和婦女的蔑稱，這兩個字只以首字母表示，並未全拼），會後她便辭職了。」在這個假

(續)

https://www.nytimes.com/2021/10/15/arts/music/othello-blackface-bright-sheng.html.

47 George Weykamp, "Nearly 700 UMich faculty, 60 students petition for SMTD Professor Bright Sheng to be reinstated," *The Michigan Daily*, 31 October 2021: https://www.michigandaily.com/news/academics/nearly-700-umich-faculty-60-students-petition-for-smtd-professor-bright-sheng-to-be-reinstated/.

設起訴公司種族歧視的案例中，被告是否必須向原告提供證據？這只是50道考題中的一道，而且是有關律師在現實社會經常碰到的問題。但是，考題中的兩個暗示的蔑稱使一些學生不滿，一位考生說，她感到「極度不適」，甚至「心悸」。於是，法學院黑人學生會便在社交媒體譴責吉爾本先生，並向學校的機會與平等辦公室投訴。吉爾本的直接反應是驚訝，但表示歉意，並同不滿的學生談了幾個小時，沒想到竟被學生指責「以自殺相威脅」。校方對此的直接反應是暫時取消他的課程，停職留薪，不允許他涉足校園，並責成機會與平等辦公室調查此案。此後半年多的時間裡，這個辦公室在調查報告和給吉爾本的正式信件中有諸多不實之詞，並指責吉爾本老師對學生意見的反應，顯示了他「對種族主義的麻木和對關注種族問題的聲音的敵視」，對調查的不滿「可以被解釋為製造恐懼和威脅。」儘管如此，雙方的交流和爭論一直在繼續，直到2021年11月4日法學院黑人學生說服了著名黑人領袖傑西·傑克遜牧師同他們一起示威遊行，要求校方開除吉爾本老師。傑克遜說：「學生應該有一個沒有敵意的學習環境。為此我們必須行動起來。」[48]

不知是否因為來自此次示威的壓力，12月中旬校方通知吉爾本老師2022年春季停課，要他在2022年1月去參加一個（被芝加哥大學法律教授萊特先生稱作「再教育」的）學習班。這是一個康奈爾大學開設的、針對種族、性別等問題的、關於如何搞「教學多樣化」（diverse classroom）的網上訓練班，歷時八周。在此課程的前五周，吉爾本老師需要完成五個規定題目之下的閱讀材料，並「針對具體

48 Andrew Koppelman, "Yes, This Is a Witch-Hunt: A University's Office for Access and Equity Launches a Full-Scale Persecution Campaign," *The Chronicle of Higher Education*, 17 November 2021: https://www.chronicle.com/article/yes-this-is-a-witch-hunt?cid2.

的提示」寫五篇「自省」（self-reflection）文章；其間會有一位持有康奈爾「多樣和包容證書」（Certificate of Diversity and Inclusion）的執業律師教練幫助吉爾本，每星期規定60-90分鐘的時間討論他的閱讀和寫作，並評定他「在深入觀察、學習和能力方面，尤其是在將課程內容與他作為教師的責任相結合的問題上，是否有進步。」在以後的三周，還有更多的輔助材料要學習，同教練的每週討論還要繼續。最後，吉爾本教授也會在完成學習班課程以後獲得一個「多樣和包容證書」。校方在寫給吉爾本的律師的信裡說：安排吉爾本老師參加這個訓練班「並非對他的懲罰。但是，我們相信吉爾本教授會從這樣一對一的訓練中獲益」，「我們的共同目標是讓吉爾本教授能夠重返課堂。」[49] 吉爾本老師是否參加了這個學習班，尚未可知。但準確的消息是：吉爾本於2022年1月27日起訴伊利諾大學侵犯學術自由。[50]

從以上的兩個案例，以及前面提到的民調結果，可以看出，即便在一個民主體制之下，以政治掛帥的思想意識形態，無論左右，都可以走火入魔，培養過敏的神經，製造禁言的環境，走向民主的反面。盛宗亮是在少年時代經歷過文革的華裔教授。在給《紐約時報》的一封電子郵件中，他重申了自己的歉意：「我誠心誠意地說，我非常抱歉。」同時，他還寫道：「當然，我在這件事上作為教授

49 Brian Leiter, "Univ of Illinois-Chicago has gone crazy: the latest on the Kilborn case": https://leiterlawschool.typepad.com/leiter/2021/12/univ-of-illinois-chicago-has-gone-crazy-the-latest-on-the-kilborn-case.html; 參見伊利諾大學律師信：https://leiterlawschool.typepad.com/files/21-12.16-from-alsterda.pdf。

50 https://www.thefire.org/lawsuit-professor-suspended-for-redacted-slurs-in-law-school-exam-sues-university-of-illinois-chicago/.

判斷失誤而面臨批評，與許多中國教授在文化大革命中面對的經歷完全不同。但讓人感到不安的是，我們生活在一個有人可以試圖通過公開譴責來毀掉別人的事業和名譽的時代。我還沒老到不能學習的程度，這個錯誤已經讓我學到了很多東西。」[51] 盛老師的話耐人尋味：那個讓人感到不安的環境，就是極左思潮造成的、逼人自律的社會環境，他要「學習」的就是如何按照「政治正確」的規範發言和行事。言辭中有多少自嘲、心酸、無奈！

三、極左極右殊途同歸的悖論

極左和極右本是政治上的兩個極端，兩者之間的距離似乎遠得不能再遠了。但它們卻又像孿生兄弟一樣形影相隨，即便不聯手，也是殊途而同歸。實際上，這種似非而是的現象在現代歷史上已經是屢見不鮮了。

毛澤東的思想和政策，尤其是在文革中推行的一系列政策，連毛身後的中共中央都認為是極左，更不用說文革後民眾的看法了。但是，以左派自居的毛澤東本人卻對美國總統尼克森說，他喜歡右派，喜歡右派掌權。[52]其實，左與右在他那裡從來都是手中雲雨，「左」放在引號中就成了右。在整肅他的左派同事或打擊他的同樣是左派的政敵時，他就會說，一種傾向掩蓋著另一種傾向，形「左」而實右嘛。周恩來借林彪事件批極左，群眾大鬆了一口氣。但毛澤東明白這種傾向的危險，於是說，林彪是極右。是啊，家裡掛著孔

51 同注35。

52 毛澤東和尼克松對談紀錄，1972.02.21。見宋永毅主編，《中國文化大革命文庫》第三版，香港中文大學中國研究大學服務中心，2013。

子語錄，還能不是極右？有了這樣的最高指示，大批判立刻轉向：不光批林批孔，還影射周恩來。在十幾年前毛就說周就已經離右派只有五十步了。

在文革期間，有一本流傳於民間、頗有影響的「內部發行」讀物：威廉・夏伊勒所著《第三帝國的興亡：納粹德國史》的中文譯本。這本「灰皮書」使一些知識青年看到：被視為極右的納粹政治竟然和他們開始懷疑，但尚未完全放棄的極左的文革政治如出一轍！他們看到：納粹德國和文革時的中國都不僅以強權高壓對付民眾，還以各種文化手段（包括頻繁的群眾集會和首長講話）發動群眾、宣傳群眾、教育群眾，造就了那些在「水晶之夜」（Kristallnacht）和「紅八月」之類的群眾運動中以革命的名義行暴的熱血青年。他們看到：兩時兩地的群眾狂熱都以領袖崇拜的形式出現，數十萬、上百萬人或一齊向前上方伸出右臂，或一齊揮動「紅寶書」高呼萬歲。當「紅寶書」裡的語錄成為聖旨，領袖的思想成為每個人的思想時，便沒有人感到不自由，而是相信萬眾一心才是真正的大民主。他們看到：納粹的種族主義和文革的階級路線同樣都是血統論，「劣等人種」和「黑五類」，「猶太豬」和「狗崽子」，在如此惡名之下，這一部分人就成了非人，牛鬼蛇神，可以被任意處置……也就是說，此書展示的納粹德國社會現實，讓文革中的中國讀者看到了自身經歷的影子。那時，左是正，右是負，批左等於否定自己，何其難矣！所以，當一個左右契合的歷史見證出現在讀者眼前時，其震撼程度可以想見。這就是為什麼一部寫納粹德國的書，會成為幫助中國讀者從文革噩夢中醒來的啟蒙讀物。

有「納粹桂冠法學家」稱號的卡爾・施米特自然是右翼，他曾對自由主義和民主政體做過細密的剖析，指出自由主義淡化政治、貌似中立、抽空道德價值、以妥協代替鬥爭、以議而不決的程序代替「實質性決斷」。西方當代文化理論界的左翼對施米特的敵我明辨論和政治神學頗為欣賞，因為源自啟蒙傳統的自由主義是他們的共同敵人。在二十世紀九十年代和本世紀初，中國的「新左派」也亦步亦趨，大量譯介施米特，稱他為「整個二十世紀最重要、最精彩的自由主義批評家。」[53]

在第二次世界大戰前夜，希特勒的德國和史達林的蘇聯簽訂條約，結成不神聖同盟，並非只出於戰略需要。早在魏瑪時期，希特勒就曾談到在納粹運動中左右「兩極的匯合：左翼的共產主義者和右翼的軍人與學生」。希特勒對西方民主社會的敵視使他隨時準備與史達林的極權力量攜手。他並不掩飾對史達林的敬佩，並且認為納粹德國和共產主義蘇聯才是真正的對手。直到德蘇交戰已久的1943年，希特勒還在講，第二次世界大戰「是一場資產階級國家與革命國家之間的戰爭……那些有意識形態的國家遠勝於資產階級國家……我們東方的對手（即蘇聯）也有意識形態，只不過是錯誤的意識形態罷了」。[54] 希特勒所謂資產階級國家沒有「意識形態」，和施米特所批判的自由主義的各種缺失，講的是同一個問題。

漢娜・阿倫特寫《極權主義的起源》，將極右的納粹德國和史達林的蘇聯同樣看作極權主義的典型。溫斯頓・邱吉爾也說兩者是

53 張旭東，〈施米特的挑戰——讀《議會民主制的危機》〉，《開放時代》2005年第二期，頁127。關於中國新左派與施米特思想的關係，參見郭建，〈為了打擊共同的敵人——施米特及其左翼盟友〉，《二十一世紀》第94期，2006年4月：19-25。

54 Konrad Heiden, *Der Führer: Hitler's Rise to Power*（Boston: Houghton Miflin Company, 1944）, p. 147. Joseph Goebbels, *The Goebbels Diaries 1942-1943*, ed. Louis Lochner（New York: Doubleday, 1948）, p. 355. 又見 Hannah Arendt, *The Origins of Totalitarianism*（New York: Harcourt, Brace & World, 1966）, p. 309.

「同樣的東西，拼法不同而已」。[55]

以上的這些例子可以說是近期歷史對左右兩極針鋒相對卻又形影相隨、殊途同歸這一悖論的印證。在當下的現實中，如本文所討論的美國左派文革和右派文革問題，左右兩極的衝突呈現於民間政見的分裂和激進化，似乎黑白分明到了非此即彼、水火不相容的地步。儘管如此，極左和極右之間的關聯和共性仍舊可見，試做簡單歸納如下：

一、兩者都與自由主義為敵，走向民主的反面。極左政治一方面以其原罪論、種族主義常態論之類的基本判斷，挑戰基於傳統自由主義的平等、客觀、公允、中立、多元、任人唯賢等觀念，一方面將以同樣判斷為基礎的「正確」政治，推向極端，排斥不同見解，壓縮寬容範圍，實際上形成了一種帽子滿天飛，威脅言論自由，逼人自律的專制文化環境。在右翼浪潮推動下興起的川普革命則更為直接地挑戰美國的民主體制本身：稱獨立於政府、為公民知情服務的媒體為「人民公敵」，把民主體制下的政府機構看作需要排汙的沼澤，顛覆民主選舉和認證的程序，破壞和平移交權力的傳統，動搖公民對民主的信心……在這個意義上的左右之不同，有如秀才筆墨和兵勇刀劍之比，後者，也就是極右勢力的發展，對民主的威脅顯然更為直接，更為切近，顯然是更為明確而現實的危險。

二、政治掛帥，「事實」聽命。左右兩極都在不同程度上為自己的

55 Hannah Arendt, *The Origins of Totalitarianism* （Harcourt, 1966）. Winston Churchill, “The Defence of Freedom and Peace” （broadcast speech, 16 October 1938）.

政治目的否認事實或製造「事實」。如「1619課題」以「重構」為名，罔顧事實，創造美國歷史起源，又如「種族批判理論」推出「種族主義並非反常，而是社會常態」之類不可證偽的斷言。右翼的宣傳則更為直白：把新冠疫情爆發說成是欺騙；把經過認證的大選結果說成是舞弊；在自己的斷言沒有任何事實支援的情況下編造謊言佐證，美其名曰「另類事實」（alternative facts）；甚至製造如QAnon之類聳人聽聞的陰謀論惑眾。在政治如此極端，民意如此分裂，相對主義如此流行的今天，如果唯一能超越政治的事實這條最後的底線不能守住，作為民主基礎的知情公民（informed citizenry）將會作為兩極政治的犧牲品而不復存在。

三、排斥理性，鼓動激情，將某種意識形態簡約為口號，作為發動群眾運動的工具，這也是左右兩極共用的鬥爭方式。在與群眾運動相關的諸多激情中，憤怒居首，一方在給予婦女墮胎選擇權、廢除死刑、使同性婚姻合法化等問題上的憤怒程度，並不亞於另一方對當今社會的貧富不均、種族偏見和員警施暴行為的憤怒程度。這樣的憤怒不僅阻礙雙方理性的溝通，而且常常導致暴力，包括試圖推翻民選政府的暴力和在民間發生的不分青紅皂白的打、砸、搶。在憤怒的背後，甚至還有可能醞釀更大衝突的絕望，比如右翼的世界末日災難論和左翼的種族主義宿命論。

由此可見，儘管左右兩極在意識形態上針鋒相對，卻從各自不同的途徑走向現代民主的反面，在顛覆理性、客觀、寬容、自由等民主社會的基本價值方面，兩者是一致的。而且，兩者從各自不同的側面折射出文革時代中國的特色。這種相似匪夷所思，卻又十分真切，太平洋彼岸的近期歷史教訓應該能夠成為對當下美國社會的警示。

郭建，美國威斯康辛大學白水校區英文系榮休教授。研究和寫作領域包括英美文學、比較文學、六十年代世界思想史、當代文化批評理論及中國現代史。他是*Historical Dictionary of the Chinese Cultural Revolution:1966-1976*（2006, 2015）的作者（與宋永毅、周原合作）；《中國當代政治運動史數據庫》的編者（宋永毅主編）。他還同Stacy Mosher合作，將楊繼繩的《墓碑》、高華的《紅太陽是怎樣升起的》及譚合成的《血的神話》三部歷史著作譯成英文出版。

哲學與宗教的分際與共濟*

關子尹

“Any religion or philosophy which is not based on the respect for life is not true religion or philosophy.”

任何宗教或哲學，若非建基於對生命的尊重之上，都不是真的宗教或哲學。

——Albert Schweitzer 史懷哲

一、哲學與宗教的分際何在？

要回答哲學和宗教的「分際」何在這問題之前，我們要先弄清楚，到底哲學和宗教有何共通點？或立足於哪一共同領域？因為無共通點的兩回事便不必問有何分別，沒有共同立足點的兩個論域也不存在界線的考慮。從這角度看，我們可以指出，哲學和宗教都是人類的精神文明，而且二者都是人類生存於世上，在面對種種存在困惑下的精神回響。祁克果極強調宗教要對治的，是世人生命中的

* 本文原為2021年11月19日於國立中央大學舉辦的第六屆「東西方哲學之宗教向度」圓桌學術研討會中的主題演講，後經修訂成稿。

「焦慮」（anxiety）[1]，然而哲學何嘗不也面對同樣的問題。人們常引用亞里斯多德謂哲學起於「驚訝」（thaumazein）這一說法，但依據歷來許多學者[2]的解讀，這「驚訝」何嘗不也是生命中的怖慄感如死亡的威脅所引發者？

換言之，哲學和宗教都是吾人面對種種限制時，或尋求超越、或追求永恆的一些意動。如借用叔本華《意志與表象的世界》中的講法，哲學和宗教都體現了人類的「形而上的渴求」（das metaphysische Bedürfnis），是回應生命無常而發展的結果。這一講法很能把哲學和宗教都具足的「終極關懷」捕捉，是我向來都同意的。然而，叔本華在這一「共同點」上，竟認為哲學與宗教的不同，在於宗教服務愚昧的多數人，而哲學則服務較聰明的少眾。[3]這種看法我當然不能苟同！叔本華這一分判，除了武斷和偏激外，最成問題是哲學和宗教並不是可以清楚地切割的兩群人，因為世上許多專治哲學的學者都同時有宗教信仰，而一些宗教的信徒又何嘗不可能也有哲學的一面呢？因此，以這種方式分辨智愚是意義不大的。

要在生命存在這一共同土壤上為哲學與宗教劃定分際，較穩妥的說法，是指出哲學的基礎是理性，而宗教的基礎則在於信仰。當然，此中的理性和信仰都不是一成不變的理念，而且也不能截然二分，而是交相滲透的。首先，哲學作為吾人在特定時空和特定處境

---

1 見 Kierkegaard, *The Concept of Dread*, 又引見 Ernst Cassirer, "Language and Art II," *Symbol, Myth and Culture. Essays and Lectures of Ernst Cassirer*, 1935-1945. Yale, 1979, p. 176.

2 記憶所及，提到這點的，起碼有羅馬時期的Lucretius，上世紀的 Ernst Bloch 和下引的叔本華等。

3 Arthur Schopenhauer, *Die Welt als Wille und Vorstellung*, 2. Band, Ergänzungen zum 1. Buch, 2. Heft. §17, "Über das metaphysische Bedürfniß des Menschen." Digital Bibliothek, S. 1408.

中構思的學理而言，總是有其限制的，故總難免有猶豫的時刻，甚至無力的時刻。而更重要地，哲學據以自重的理性自身，亦非一吾人能仗以解決所有問題的萬應丹，原因是世上許多問題根本是踰出了理性所能解決的範圍。再者，理性亦非一成不變的能力，而會隨著人生的歷驗不斷蛻變，理性之為理性，也是要不斷自我審度的。另一方面，宗教雖然首重信仰，卻必須明白，在信仰生活中，理性的作用是無法撇除的。這不是理性作為一種外加的挑戰的問題，而是信仰深層無法身免的問題。須知人作為一信徒之前，必首先是一個具足多種稟賦的人，而吾人的理性是無時無刻不在伴隨著其信仰的。換言之，一信徒無論信心有多堅定，其對自身底信仰的疑惑總有無始而起的可能，而疑惑一起，則信仰的存廢問題，最終必須由信徒自己在不斷的反思中認真審度，消化、處理。這一與宗教生活關係至大的問題，古來許多神學家都曾面對。

哲學和宗教二者，由於都涉及終極關懷，所以二者之間的選擇其實都是一項非常嚴肅的選擇。一旦作了這個選擇，彼此之間便應相互尊重，並給予對方所需的空間，故彼此除了同情理解外，都不應輕易介入對方的生活方式，除非是某一方作出主動的改變。

二、 哲學與宗教作爲兩種不同的社會現實

叔本華以智愚分判哲學和宗教之說雖不可取，但他說治哲學者只屬一小眾，而宗教信仰則屬於一強大得多的社群這一點，卻自古以來都是一項社會現實。且看今天世上，許多國家還有「國教」，而根據一些估計，當今之世宗教的影響雖謂不斷在消減，全世界有宗教信仰的人可能仍達到世界人口的五分之三；相比之下，世上哲學人口的飄零便簡直不用提了。所謂「社會現實」是指人於世上共

同生活處境中的實在境況，其中特別重要者，猶如家庭、語言和今天要重點談論的宗教。就此而言，我們可以把從事哲學和宗教活動的兩個群體設想為兩個雖有交集，但畢竟生命形態有顯著差別，而且勢力懸殊的社會現實。由於哲學和宗教群體的「塊頭」的巨大差別，其活動所產生的「動量」及其對社會所產生的影響便有天壤之別。

總的來說，由於哲學基本上只屬於一小眾，哲學作為一個社會現實是比較簡單的問題。一般而言，社會大眾由於對哲學不理解，會產生種種極端迥殊的態度：從漠視到好奇，從嘲笑到趨附，從重視到敵視等，不一而足；不過無論如何，哲學小眾很少會對社會大眾造成甚麼重大的衝擊。相對而言，宗教作為社會現實便複雜得多了。基本上已不是一個單純的宗教議題，而無可避免地要和民族、語言、經濟、政治，甚至軍事等其他社會現實糾纏在一起。更有甚者，宗教這社會現實不是平白地瞬時產生的，而是有歷史淵源的。當宗教現實出現了狀況，也都不是可以很快解決的；由於宗教群體的「大塊頭」，其對社會一旦產生影響，後果都會很大，是吾人必須步步為營的。在這許多複雜和多元的因素交加下，作為哲學家的我輩即使關心宗教議題，也根本沒有很多置喙的餘地。[4]

三、當今之世哲學與宗教的嚴重隔閡

哲學與宗教這兩種社會現實之間的交互關係，自古至今不斷在蛻變。在西方，在政教合一的氛圍下，宗教仗其政治的支撐，曾長

4 哲學對複雜至極的宗教現實雖難置喙，但在某一關鍵上或還有進言之可能，見下文第四以下各節，特別是第九節。

久地把哲學「收編」，乃有神學視哲學為其「婢女」的說法。這情況直到文藝復興以後才稍改觀，而哲學之終能擺脫神學的掣肘，更是啟蒙運動以後的事。自哲學擺脫了神學後，二者之間的矛盾和齟齬便多起來了。然而由於哲學較傾向理論的「冷智」，而神學在談理論之餘總不能離開信仰作為一種「生活」方式，故哲學和神學的較量，大都很不對等地對哲學有利。（不是有「關心則亂」的說法嗎？）這一分不滿，數學家兼神學家巴斯噶（Pascal）的一句格言便表露無遺：「亞伯拉罕的上帝、以撒的上帝、雅各的上帝，而非哲學家與學者們的上帝！真確！真確！感動、喜樂、平安。」[5]此外，巴斯噶還在《深思錄》中向哲學放了一枝冷箭：「要愚弄哲學家，〔最好的方法〕是去認真從事哲學思考。」[6]到了現代，特別在休謨到康德這歷史階段，哲學與神學之矛盾進一步加劇，並醞釀過重大論爭。踏入了當代，在學科愈趨零斷割裂的大勢下，哲學與宗教的矛盾反而有所緩和，但取而代之的是趨向互不理睬，有如兩個平行宇宙般各自發展。這種情境，三百年前休謨便已就哲學對於宗教紛爭「作壁上觀」的態度作出如下的預言：「把一種迷信和另一種迷信對立起來，使之產生爭執，並在看著它們彼此的敵視和角逐的同時，自得地逃回自身看來平靜但其實奧晦的哲學領域之中。」[7]哲學和神學這種割裂的情況，是根業遠種，雖然並不健康，但要改也

5　相傳是巴斯噶縫於大衣內的格言，見Blaise Pascal, *Pensées*, frag. 711.

6　Blaise Pascal, *Pensées*, frag. 430, “Se mocquer de la philosophie, c'est vraiment philosopher.”

7　David Hume, *The Natural History of Religion*, “Opposing one species of superstition to another, set them a-quarreling; while we ourselves, during their fury and contention, happily make our escape into the calm, though obscure, regions of philosophy.”

不容易。

換言之，哲學和宗教雖然都在人類的存活處境中有共同的根源，但發展到了今天，其互不相干的程度已造成很大的隔閡。但話雖如此，這兩個社會現實卻因為同時存在於世上，所以彼此又不可能完全沒有交接面。比如說，一些沒有宗教信仰的人（不限於哲學中人）自己雖無信仰，但無論生活上、求學中、職場上，甚至求偶婚配時都可能遇到，甚至無可選擇地要與有宗教信仰的人士為伍。再升高一層看，一些與我們處身的社會並無特大關係的宗教糾紛，一旦激化，往往可影響及全人類，讓世人無法置身事外。911事件造成的全球影響便是好例子。

四、哲學和宗教犯錯的可能及其後果

萊布尼茲曾指出，哲學和數學這兩門理性學問都會犯錯，只是數學能設計出一些程序去有效地偵錯，而哲學卻沒有這一能耐，所以犯錯更多。若把宗教與哲學比較，則問題便更嚴峻得多了。正如休謨指出的：宗教和哲學都會犯錯，哲學的錯誤大不了產生愚昧，但宗教一旦犯錯，卻可帶來重大危害。[8]縱觀哲學傳統和流派之間雖不乏論爭，但未聞有因此而釀成重大不幸者；相比之下，自古迄今，由宗教引起的嚴重糾紛乃至戰爭簡直數不勝數。這些因宗教信仰不同而產生的敵對行為，不但出現在此宗教與彼宗教之間，甚至出現在同一宗教中的不同派系之間，加上宗教從來都是一龐大的社會現實，所以宗教曾經和仍將可能為人類帶來的苦難是絕不容輕視的。

8 David Hume, *A Treatise of Human Nature*（Oxford: Clarendon Press, 1888/1960）, Bk. 1, Part 4. Section 7, p. 272.

這個問題的產生，主要由於西方盛行的一神教宗教模式有濃厚的排他性傾向，而若產生糾紛的宗教之間各自固守自己的「信仰」，則這個人類社會長久面對的問題是很難徹底解決的，不大了只能不斷紓緩。而紓緩之唯一方法，似乎只有不斷勸說各宗教間應持「寬容」（toleration）態度彼此看待一途。這一方面的心理工作，哲學與其作壁上觀，是否可循理論介入，盡量在不挑釁宗教信仰的前提下提供一些對紓緩宗教紛爭有利的參考？人或會問，為甚麼宗教要參考哲學的意見呢？我想到一個很好的理由，正是因為二者在基本「分際」處都分享了同一的存在處境，而這是宗教與其他學科的關係都不顯著的。

五、東西方「宗教」概念的重大分別

宗教這回事，東方和西方的理解既有相通處，也有重大的分別。首先，中國與世上任何民族無異，自古即有祭祀神明的風尚，如祭祖，乃至祭天地日月等神明。《左傳・成公十三年》有「國之大事，唯祀與戎」的說法，祭祀作為一種宗教活動的重要可見。然而就概念而言，中國和西方對「宗教」的理解實有一重要分別。首先，西方的宗教概念源自religare／religio等拉丁字詞，主要解「聯繫」（linkage），而一談聯繫，便離不開「人」與「神」兩極的關連，所以西方宗教從概念而言，總離不開所謂God talk。至於現代漢語中的「宗教」一詞，其實並非古漢語本有，而是東漢佛學東來以後慢慢形成的講法，其中「教」是指佛陀講的義理，而「宗」則指佛弟子按佛陀遺經所講的義理，所謂「開宗立論」是也，故宗教加起來還是指「佛」的義理。所謂「佛」（Buddha, Bodhi），其實是「覺悟」的意思，所以「宗教」這個出自佛學的概念便隱涵了東方宗教強調的生命存在於迷惘中的醒覺，即一種生命中的覺悟，故更接近哲學，而與西方宗教特重對一神的信奉有別。以佛教為例，民間佛教信仰雖也有偶像崇拜，但佛學修為愈高，大都了解崇拜只是對廣大眾生的一種「方便」，而非終極目的，東晉竺道生「見解名悟，聞解名信，信解非真，悟發信謝」[9]是最經典的說法。

但話說回頭，東西方的宗教實踐雖有這個分別，但就二者（其實連同哲學）都屬人類面對存在困惑下的精神回響而言，其最終旨趣仍是相通的。

六、宗教的「內涵」意義，與「外延」限制

海德格在1927年〈現象學與神學〉一文中，認為哲學與宗教都植根於「生命中的實況歷驗」，但相對於無確定對象的哲學而言，神學因有其對象故，其實是一門「特指科學」（positive Wissenschaft）。那麼，神學的對象是甚麼呢？就這問題，海德格斬釘截鐵的說：「上帝絕非神學的研究對象」，因為這根本是不可能的。他認為，神學的對象乃Christlichkeit；要注意，Christlickeit 並非名詞「基督」的抽象，而是形容詞Christlich／Christian即人的一種宗教屬性的抽象，說得實在一點，不外是指基督徒的「信仰（Glauben, faith）」生活[10]，歸根究柢而言，海德格認為神學其實是

9 見《續藏經》150冊，頁425左上。又引見《肇論疏》卷上，涅槃無名論義記上，折詰漸第六，《漢文大藏經》X0866。

10 Heidegger, “Phänomenologie und Theologie,” GA-09: 51f. 在〈現象學與神學〉成稿數十年後，海德格於 1964 年加上了一個「附錄」，並名之為「關於『當代神學中的一種非對象性思維與言說的問題』的神學討論的一些線索和主要觀點」。其中，他指出思維和語言並

一門談論人的學問，一門談論「人對神的信仰」的學問。

同樣的問題，許多年前業師勞思光先生在課堂上論及宗教語言時，曾有如下很深刻，與海德格的說法相表裡，但其實更關鍵的分析，其大意是：「有神存在」是一外延命題（extensional statement），是我們無法憑經驗證明的；但「我相信神存在」則是一「內涵命題」（intentional statement），其陳述的不是神存在的外延，而是信仰的內涵，而這是有「真假」可言的。這一種分析連同上引海德格對宗教的看法，對某些哲學學者來說，或許會難以接受，因為這好像要對哲學堅守的理性原則作出太大的「讓步」。不過，我們只要細想，我們為宗教信仰畫出其應有的意義範圍，其實對於哲學所擬堅守的理性立場（如有此需要的話）是絲毫無損的。因為只要界定了宗教語言是一些內涵命題，這個挑戰是不存在的。

就以基督教信奉的上帝為例：如果我們把上帝理解為一超越的存在，則其存在的「外延」對吾人有限的理解而言只能是一個永恆的奧祕。換言之，上帝如果真的存在他便自己存在，但他的存在不是也不能因為吾人之信仰而獲得外延的證立，因為信仰上帝無論如何堅定，都只涉及信仰的內涵。相反地，如果上帝根本不存在，則信徒對「祂」的信仰更不會讓「祂」得到外延的「證立」，但這毫

(續)

不是非要以對象方式開展不可的，並隨即補充說：「明白了這一真相，將引出一無可逃避的結果，就是神學終究必須決斷地認清楚其主要任務的必然性……，並且明白神學在考慮自身的思想範疇和言說方式時，不能從哲學或其他學科借取資源，而必須實事求是地從信仰出發為信仰作思考和言說。如果信仰有足夠的自信能直指人之為人的本性，則真正的神學思想和言說將不需要任何特別準備，亦足以應對吾人所求和於人群中找到共鳴。」此中，海德格是指神學應堅守自己信仰為本的特性，其言下之意，是要為神學留下其自足的空間，特別是所謂「信仰的跳躍」的可能。

不妨礙信徒於信仰中獲得對其生命殊足珍貴的意義內涵。既然如此，哲學家還哪有爭辯的必要呢？

上文引述勞思光先生謂宗教論述的「內涵命題」是有「真假」可言，此中所謂「真假」，當然不能循科學的客觀性去論列，而只是說一個有信仰的人對於自己是否真的信，和信仰對他的生命有甚麼意義，是可以考量的。而宗教作為人類社會的現象，更可以從不同角度反覆檢視、推敲和經營。波蘭的邏輯學家和神學家波亨斯基便寫了一本名《宗教的邏輯》的書，全書即對「宗教論述」（religious discourse，或他全書簡稱的RD）的不同結構元素作了詳細的分析，並且解釋了邏輯和宗教這兩個本來風馬牛不相及的領域在哪一意義下可以共量。[11]

勞思光先生上述的區分，在康德哲學中其實早已有相關的處理。康德在申述「判斷」的不同性質時，曾區別了「建構」（konstitutiv）與「調配」（regulativ），也相應地辨別了「決定的」（bestimmend）與「反省的」（reflektierend）。其中，前者（即建構／決定的）涉及自然的認知和行為的自決，而後者（即調配／反省的）則與美的感動和宗教的希冀相關，換言之，其涉及的只是人心之所嚮往，是某一意義的心法。當知康德採納的是一極具人文色彩的宗教觀，甚至只強調宗教作為克服人類道德軟弱時的支持。就宗教的內涵而言，康德把「上帝存在」和「靈魂不朽」訂為人類實踐理性的設準（Postulaten），並藉這些設準讓德福一致這一最高善成為可予設想與希冀。當然，德福一致的「想法」是把自然（福）與行為（德）兩個不同領域予以統一，但由於這一統一不在「同質」下進行，而

11 Joseph M. Bochenski, *The Logic of Religion*（New York: New York University Press, 1965）.

只是一「異質」的統一，故能在不干預自然秩序的條件下為宗教的冀盼留下餘地。而康德上述的概念區別就是作為這一切的理論準備。從另一角度看，康德這種把哲學與宗教統一的方法卻明顯地向哲學傾斜！何以我這樣說呢？就是康德所倡議的人文宗教觀或他所指的「道德的宗教」雖予人開明的印象，而且一定程度上有助於說明宗教信仰的一般較通俗的心理境況，但卻無法碰觸到較深層的宗教議題。作者年輕時對康德的宗教觀十分折服，但閱世愈久，便愈感到歸根究柢而言，這一態度很難被信徒們心悅誠服地接納。就這一問題，我覺得叔本華反而又再顯出其過人的世俗智慧；在上引《意志與表象的世界》書中，叔本華即作如下申論：「柏拉圖說得好：要許多人於哲學上都有修為是一件不可能的事。相反地，〔信眾們〕唯獨的心障乃是，宗教絕對不能承認其信仰的寓言性質，而必須對其自身〔所信的〕如實地加以肯定。」[12] 這在在說明了宗教和哲學雖有一定的共通點，但卻如涇渭分流般各有自己的領域，是不能輕言彼此化約的。

我自己雖然沒有宗教信仰，但一向能體會，宗教經驗對一些信徒來說是可以很「真實」的，他們從宗教得到的「充充滿滿」的和無盡的安慰可以是「千真萬確」的，他們甚至可以通過修持，在心靈境界上有很大的長進。這些信仰的「內涵」，無論如何不可為外人道，本身未嘗不是世上的一些價值。[13] 沒有信仰的我輩雖不願參與和無從契入，卻絕不應因此而對他人的信仰予以輕慢。我常設想，即使我自身無信仰，但他人如在信仰中活得充實，這是其福氣，我

12 Schopenhauer, *op.cit.*, S. 1423.

13 筆者從來都認為，在充滿苦難的世界中，宗教的慰藉本身即是一種價值。至於信仰對信眾行為的指引於世上產生的後果是否一定「有價值」，卻應有另一判別標準。

若予以輕慢，並以其迷信為由肆意挑釁，是君子不為，因為這首先於己德有損，而且何苦！據說有一回，學生於海德格課堂上問及哲學相對於神學除作出最基本的概念釐清外，還應採取麼態度，就此海德格曾回答說：「我們要尊重神學，便要對它保持緘默。」[14]

七、神義論問題的起源及哲學與宗教矛盾之激化

信仰的「內涵」對於有信仰者雖然意義具足，但信仰之事，如上所述，即使關起門來說，也不是一個風平浪靜的國度。基督教世界中，神義論的出現便是一最重要的明證。「神義論」（theodicy）的概念雖由萊布尼茲楬櫫[15]，但神義論的疑惑，卻自人類文明之初，想已埋藏於人類心坎，舊約聖經〈約伯記〉便是最經典的鋪陳。神義論疑惑的焦點是，若依照信徒設想，上帝是全能、全知和至善的話，則世上的苦難與不幸和人世的罪惡如何能與上帝的完美屬性共量，和能兼容。這些疑惑一起，便恆久地為有基督信仰者帶來困惑，情況之嚴峻，連聖奧古斯丁也直認不諱地慨嘆：「這些問題只要一想起來，便讓我苦惱不已」。[16]

神義論基本上是基督教核心教義內部隱藏的一個難以讓信徒適然的困難，這困難除了帶出哲學與神學的激烈論爭外，還以感性的

14 引見 Rüdiger Safranski, *Ein Meister aus Deutschland: Heidegger und seiner Zeit* （München: Hanser, 1994）, p. 162. 海德格此言有很深遠的個人背景。此外，本文作者雖對海德格後期思想極有保留，但單就海氏對宗教這一態度而言，卻深予肯定。

15 見 G. W. Leibniz, *Theodicy: Essays on the Goodness of God, the Freedom of Man and the Origin of Evil*, 1710（Charleston: BiblioBazaar, 2007）.

16 Saint Augustine, *De libero arbitrio*, §4-5.

維度在一些文學作品中得到反映。我印象最深刻的，是英國作家哈代（1840-1928）的《無名的裘德》（*Jude the Obscure*），法國卡繆（1913-1960）的《瘟疫》（*La Peste*），還有美國小說家William Styron的《蘇菲的選擇》（*Sophie's Choice*）；這些作品的劇力震撼人心處，可惜今天沒有時間詳細論述。

萊布尼茲秉其濃烈的宗教情操，是哲學家陣營中最積極地嘗試以「非正統」的方式[17]為神學這困難開釋的一人。他關鍵地帶入了上帝為容許人類有意志自由而必須容忍世上有罪惡這一考慮，以便把部分困難歸還到人類手中，又以「先在調和論」嘗試把餘下不解的疑惑消解。萊布尼茲提出「theodicy」這概念，固有為基督教的上帝的「正義」和為上帝的神旨（divine providence）辯護的意思[18]，但自從這火頭再度點起，神義論從此便成為神學和哲學持久的戰場。萊以後如休謨、康德等對神義論批評的態度便嚴厲許多了。

經過了休謨有名的《自然宗教對話錄》的抗辯，到了康德，終於指出像萊布尼茲這種求為基督教義開釋的企圖其實是吾人「**傲慢的理性**」於「**罔顧一己限制**」的條件下以為能「幫上帝一把」的徒勞的嘗試，因此，康德撰寫其有名的〈論一切論述神義論的哲學嘗試的失敗〉（On the Miscarriage of All Philosophical Trials in Theodicy）

17 萊布尼茲歿後百多年，德國羅斯托克大學校長（也是路德會神學家）August Wilhelm Dieckhoff（1823-1894）便大力抨擊身為路德會信徒的萊氏的學說完全歪離了馬丁路德宣講的教義，並指責萊為泛神論和唯物論敞開了大門（見*Oxford Handbook of Leibniz*, p. 717）。但平心而論，Dieckhoff對萊布尼茲的批評並不公平，因為萊提出神義論的概念只是把基督教傳統自古即已潛在的隱患清楚道明而已。作為一理性主義者的萊布尼茲值得檢討的，是他過於高估了理性的作用，以為憑理性可以把神義論困惑解決，說明下詳。

18 因此theodicy也有譯作「辯神論」的。

一文，並且把萊布尼茲藉以爭辯的主要「武器」——先在調和原則（Principle of pre-established harmony）——抨擊為「哲學從來設想得出來的最怪異的杜撰（das wunderlichste Figment, was je die Philosophie ausgedacht hat…）」[19]，其批評可謂嚴厲。

這個長久以來困擾基督教世界的難題之所以無法以理性的方式解決，可以用上文關於外延與內涵的概念區分加以說明：神義論之產生，是信徒的信仰生命中，對於世界上的外延秩序產生了期待，又發現世上的外延事件牴觸了其信仰的內涵，由於無法得到調和，困惑乃生。[20]換言之，神義論之所以不可能循理論途徑獲得滿意答案，正是因為其中的關鍵思維把外延問題與內涵問題混為一談，特別是把信仰內涵中的上帝當作一外延的存在，並設想其能對世上的外延秩序作出種種安頓。[21]

---

19 Kant, *Preisschrift*...KGS, Band XX, p. 284.

20 歷二千年到了上世紀的英國哲學家J.J.C. Smart，終於以一基督徒的身分坦誠指出，這種由神義論帶來的不安，要「直到放棄了基督信仰，才終得以消除心智上的糾葛而重新找回心靈上的安靜」。"…but giving up religion brought peace of mind because intellectual conflict was resolved." 這番話引見Anthony Flew, *The Atheist*（Monthly）, Atheist Center, August 1998, p. 28. 更詳細的論述參見 J.J.C. Smart and J.J. Haldane, *Atheism and Theism*（Oxford: Blackwell, 1996, 2003）. 相反地，大半生持無神論立場的Anthony Flew晚年終於公開接受某一意義的非基督教和非伊斯蘭的，和是亞里斯多德及牛頓式自然神論（Deism）的立場。

21 上文第6節提到康德各種概念設計其實正是他因不滿於萊布尼茲的方案而提出的一種「異質的」（heterogeneous）和不混淆自然與恩典（nature and grace）的綜合，但這種處理方法能滿足哲學之餘卻不大可能為宗教所信服亦如上述。

八、孔漢思論世上四種對「宗教」的態度及其「跨宗教判準」[22]

我回香港任教之初，瑞士神學家孔漢思（Hans Küng, 1928-2021）曾蒞臨作了一場演講，是我迄今聽過最精采的演說之一。聽後隨即發現演講的內容剛以〈甚麼才是真的宗教？普世宗教判準學的一個嘗試〉為題在期刊發表了，重溫後讓我倍加折服。[23] 文中孔漢思列舉了世上對宗教理解的四種態度：

1.**無神論**（atheism）。這立場的基本態度是：「沒有宗教是真的。或曰：所有宗教都同樣地是假的」。

2.排他的**絕對主義**（orthodox exclusivism, absolutism）。即以正統自居，認為「只有一種宗教為真。或曰：所有其他宗教均為假」。

3.導致癱瘓的**相對主義**（crippling relativism）。這態度宣稱「每一個宗教都是真的，或曰：所有宗教都同樣地真」，也即「隨意的多元主義」（arbitrary pluralism）。

4.征服性的**包含主義**（conquering inclusivism）。這立場主張「只有一種宗教是真的。或曰：所有其他宗教都分享了這一宗教的真理」。

對孔漢思來說，這四種對宗教的理解在世上都有一定影響（尤

---

22 本文第8第及9兩節參考了作者舊作〈意向性與宗教感—從現象學的觀點看宗教問題〉，見《語默無常：尋找定向中的哲學反思》（北京：北京大學出版社，2009）。

23 Hans Küng, “What is the True Religion? Toward an Ecumenical Criteriology,” *Journal of Theology for Southern Africa*, September 1986, pp. 4-23.

其頭兩種），但每一種態度都有某一些偏差，因此應一一深切反思。第一種「**無神論**」，是對宗教的徹底否定。這種態度一般都被自命理性和崇尚科學的人士採納。[24]但他們或都未考慮到，若從康德的角度看，如果對一超越人類認知限制的神的存在予以肯定是一種錯誤，則武斷地否定其存在其實是同一種錯誤的反面。而且上文已指出，我們可以只談宗教的內涵而把神的外延擱置嗎？況且，撇開神的存在不談，吾人是否可建立一些沒有神祇崇拜的宗教的可能呢？

第二種「**排他主義**」其實是世上大多有宗教信仰的人不同程度都採納的立場，理由是世上許多宗教，特別是一神教（monotheism）都很強調一己所信奉的神明是唯一的。這一種想法，無疑是歷來一切宗教糾紛甚至大規模戰爭之淵藪，其可以產生的禍害難以估量，也因此是最需要徹底檢討的。

第三種的「**相對主義**」驟看似乎包容得多，世上開明人士採取這種態度的人著實不少，世人有一句話常掛在口邊，是「凡宗教皆導人向善」。這句話一定程度上是真的，經驗上看的確有宗教的人大都較謙和良善，但這話的「凡」字卻引起了孔漢思的戒心。他意思是說：一種無差別（indifferent）的「相對主義」很容易造成一種錯覺，以為只要打著宗教的旗號便可以在「宗教自由」的理念下從事不受社會約束的行動。他認為宗教雖應享有最大限度的自由，但還是要向社會和法律負責的，若一些宗教的主張對家庭、婚姻，人身自由、健康等問題造成了實質的危害，社會便不得不作合適的介

24 值得參考的是英國最重視經驗歸納的培根在一些雜文中說了一番耐人尋味的話：「一點點哲學讓人類心靈傾向於無神論，但深度的哲學卻把人領向宗教。」"A little philosophy inclineth man's mind to atheism, but depth in philosophy bringeth men's minds about to religion." Francis Bacon, *Essays* （1625）, Of Atheism.

入，不然，相對主義就會淪為令社會難以正常運作的幌子，這就是為何孔漢思在這一意義的「相對主義」前冠以「導致癱瘓」(crippling)一定語的原因。

第四種「**包含主義**」從常識觀點看是較難明白的立場，主要是宗教學派之間就義理的比較而生的看法。孔漢思所指的「包含主義」是一種帶有指責的講法，即指一種想法，以為自己的宗教具足的無上義理以某些方式藏納於其他宗教之中。孔漢思反對這種帶融合主義（syncretism）的態度，認為這無疑把「**其他宗教貶低為一些片面的真相，和把一己的宗教提升為一超級體系**」[25]並認為這其實是對其他宗教的不尊重，和先在地認為一己的宗教是唯一正道而無心於細味和欣賞其他宗教的長處與智慧。他心目中的批評對像其實是拉內（Karl Rahner, 1904-1984）的「超驗基督論」（transcendental Christology）和「匿名基督徒」（anonymous Christians）等學理。孔漢思這一批評其實還劍指「**源自印度的宗教**」，其言下之意當然包括中國佛學的「判教理論」（如天台的五時八教，和華嚴的五教十宗）。順著這思路，會不會唐君毅先生的「心靈九境」也值得我們再三考量？

孔文先清理了對宗教的四種態度後，即轉入了文章正題，「甚麼才是真的宗教？」面對這個可引來極大爭議的問題，孔漢思認為不能從理論途徑得以解決，而只能從宗教在世上的實踐去考慮，並循此得出以下兩個非常簡單直截的「跨宗教判準」：

1.**正面判準**：「一切維護和促進人類尊嚴與和平等價值的宗教都是真的和神聖的宗教。」

2.**反面判準**：「一切違背和危害人類尊嚴與和平等價值的宗教

25 Hans Küng, *op. cit.*, p. 9.

都是假的和敗壞的宗教。」

討論宗教的「真／假」問題時，實踐勝於理論這一觀點，在孔漢思文中只輕輕的借萊辛的《智者那旦》中一段極感人故事「魔力指環」透露出來了。[26]孔氏文中沒有論述這故事，但看過萊辛故事原文的朋友當立即明白所指。

九、從宗教到「宗教感」——謙卑原則及崇高原則

許多年前，我受到了孔漢思的啟迪，深思如何能在世上眾多宗教之間找到一些大家都能接受的底線，作為跨宗教理解的起點。試想既然宗教無論東西，都涉及一（些）超越神明的崇拜，而這正又是一切矛盾之所在，那麼能否讓各宗教都各退一步，與其各執一己所信而馬上陷入糾紛，何不設想宗教的「聯繫」（religio） 不外出自一種人際可以共同理解和感受的「宗教感」（religiosity）。Religiositas 一詞由來已久[27]，一般用來指信奉神明的一種高度虔敬，甚至於狂熱的態度。我卻希望重新界定這字的用法，我理解的宗教感之「內涵」無他，就是以下兩個原則（也可以說是心法）的合璧：

1.**謙卑原則**（Principle of Humility）：即對吾人自身的有限性，包括認知與判斷有錯誤的可能（fallibility）應有一深刻的契認，和深明人不應隻手遮天，並於生命深處蘊藏一種謙卑。

2.**崇敬原則**（Principle of Reverence）：即對崇高與神聖事物[28]保

26 G. T. Lessing, *Nathan der Weise*（Parable of the three rings）。

27 甚至可追溯到英國14世紀的宗教改革先驅 John Wyclif（1328-1384）。

28 作為人底有限性的「限制概念」（limiting concept）。

留有一崇敬、景仰、敬畏、冀盼與讚嘆的空間，並隨時心思追隨效法。

這意義的宗教感，其實是把宗教的「人神關係」抽離了特指的信仰對象後所得的精神內涵，這一抽離首先讓世人避開了矛盾的焦點。「謙卑」與「崇敬」兩原則的交互對應與相聯（correlation），即是最抽象意義的religio。這意義的宗教感，如果能成為一種共識，則各大宗教的信徒其實完全可以在保有自己的信仰的情況下，同時明白這一人際可以共享的宗教感，其實才是「信仰」的真正「內涵」。在將心比心下，應對其他宗教有較大的體諒、代入和寬容。

宗教感的兩個原則，其實是「人神關係」的抽象，但卻不須以鎖定某一特指的信仰對象為前提。我常設想，這意義的宗教感的體現可以帶來人心以下的一些轉化：i）兩個原則交相作用，讓吾人認識到人雖為有限而可追求無限，這即構成人類卑微的存在中的不可磨滅的尊嚴（worth）。ii）每人對一己及他人的這一份尊嚴乃較能肯定和尊重。iii）對一切危害人類尊嚴、和為人類帶來苦難的罪惡會徹底厭惡，並悉力排拒。iv）於物質條件以外追求精神上的滿足。v）對和平和幸福等價值於世上得以實現抱有一良好的祝願。vi）對他人或自己的生命要有一份熱愛和要有一份莊嚴感。vii） 己所不欲，勿施於人。在極端情況下，寧可犧牲自己，也當成全他人。而更重要的是，以上所述各點，從從哲學的觀點看來，相信亦鮮有不能認同者。

說到底，宗教感其實顧名思義是人類的一種情感，而作為人類情感而言，更是一種高尚的情操。[29]事實上，吾人常道哲學與宗教

29 正如康德論能力學說時對認知和意志都有高低的分別，今論及人類情感當亦可作同樣設想。

分別建基於理性與信仰，但歷史的經驗已告訴我們，面對宗教作為一個影響人類福祉至巨的社會現實，單純的理性（特別是工具理性或啟蒙冷智）和信仰（特別是自命正統的信仰）都不足以面對其潛在的危險。今以宗教感這一情操作為居間緩衝，未嘗不是一個辦法。

我甚至認為，這意義的「宗教感」一旦抽離了特指的信仰對象後，並不只適用於一般信眾，而且對沒有宗教信仰的人心也是一服良藥。基於這一點，我提出了宗教感作為宗教〔教派〕內、宗教間與宗教外的人際溝通基礎。（Religiosity as the basis for intra-, inter- and extra-religious understanding）。前兩項意思比較清楚，就是一般意義的宗教寬容，至於第三項的「宗教外」人際溝通其實又可兼指：一、有宗教的人與沒有宗教的人之間的體諒與理解，和二、一般沒有宗教信仰的人之間的體諒和理解。我曾有一很寶貴的經驗，是一次和朋友在歐洲教堂中聽罷巴哈風琴作品的演奏後，感動之餘，相視莞爾，相知莫逆，而重點是我們二人皆非信徒！我常設想，世人即使沒有宗教而若都能對宗教感有三分領略，這個世界會和諧許多。

十、哲學與宗教有何「共濟」的可能？

如果問哲學與宗教有沒有「共濟」的可能？只要回到本文開始時有關哲學與宗教的「分際」去考慮，便不難求得答案。我們一開始就指出，哲學和宗教雖分別本於理性與信仰，但都是吾人「生存於世上，在面對種種存在挑戰下的精神回響」。換言之，哲學和宗教猶如坐在 “human existence” 這同一條船中，既屬同舟自當共濟，道理便是這麼顯淺！

其實西方哲學自柏拉圖迄康德，都以知、情、意三分去理解人心，大學階段初讀到柏拉圖的「靈魂三分說」，[30]覺得簡直難以想像這是怎樣一種分法，到多年後讀了胡塞爾《邏輯研究》的第三研究論「整體與部分」，終於明白，可以把三分的知、情、意理解為靈魂的三個「抽象部分」或「非獨立部分」；即是說，「三分」只就分析知、情、意各有不同功能而言，就具體運作而言，三者其實是同一人的心靈的不同向度，現實上總是要統一運行的，是無法完全切割的。明白了這道理，我們可設想，若把信仰歸入某一意義的「意志」，[31]則哲學和宗教雖各有偏重，亦更應考慮如何可「同舟共濟」。

至於具體如何執行是很難有定說的，哲學固應堅持理性的首位，但不應對理性固執至於「唯理」的程度，而應認清理性的限制，和應不斷自我檢查和自我懷疑，並同時要正視人類心智於理性以外的其他稟賦如體諒、慈悲（包含於宗教感之中）的重要；只有這樣，理性才會變得更「合情理」（reasonable）。相應地，宗教雖以信仰為中心，但最忌在不考慮一己所解讀的信仰有出錯的可能，而執著於信仰到了一個「排他」的地步。此外，一個有宗教信仰的人如果「一味」只知有信，則他的信仰永遠都是未圓熟的，信仰必須把由心所生的理性懷疑好好「消化」，才更堅定；也必須於明白信仰的真正「內涵」其實並不單指向一己信仰的神明，而更是一眾生都可共享的高尚情操，是一切宗教「包容」的基礎。

哲學與宗教的「同舟共濟」，還涉及其要共同面對的外在條件，是甚麼條件呢？如果哲學和宗教都自命是精神價值的守護者的話，則其要共同面對的挑戰，就是舉世愈趨物化和庸俗化的風尚，和各

30 Plato, *Republic*, Book IV, 441b-c.

31 William James 的 *The Will to Believe* 一定程度上可說明這一點。

種各式的極權專制。這些威脅，歷來有識之士作出警惕者已不知凡幾，馬庫色一也，更早的奧蒂加又一也。馬庫色的《單向度人》一書便像畫龍點睛般把現代消費社會平庸化、非思慮化和樣板化的危機宣告了。[32]奧蒂加的《大眾的反叛》提出了現代文明潛在的「精神野蠻主義」和特別是現代社會因科技專門化而產生的「志足意滿族」（señorito satisfecho）所形成的一種「大眾」力量，最足以對一切社會議題的反思造成壓抑。[33]上述馬、奧二人所憂心的「單向度人」和「大眾」，一看幾乎立即讓人察覺是更早一點的海德格所預警的「別人的獨裁」（dictatorship of the 'They'）的回響。這些警告提出了已近百年，隨著全球化的大勢，這些危機在今日社會是有增無已。若說哲學和宗教是「同舟共濟」，則在當代社會中，他們無疑是在「逆水行舟」！

十一、從「隱匿的神」到「隱匿的人」

在當代文化的氛圍下，哲學和宗教在面對外在挑戰之餘，其實更要面對自身的問題。宗教在世上雖仍覆蓋一龐大人口，但在科技文明和世俗化的大勢下，其在社會中的影響正日漸萎縮，這是很明顯的趨勢。[34]正如上文所指，宗教的真正場域，只在信仰的內涵，而此中信仰的對象是永遠無法得到外延的肯定的。這一個宗教的「宿

32 參Herbert Marcuse, *One Dimensional Man: Studies in the Ideology of Advanced Industrial Society* (London: Routledge, 1964, 2002).

33 參Ortega y Gasset, *The Revolt of the Masses* (New York: Norton, 1932).

34 這一點，從二十世紀初以來已有超過50個主要國家（如法、義、西、葡、瑞典、和德境諸邦）把原有的「國教」（state religion）限定廢除（disestablished）可見。

命」，西方許多神學家其實心下了然，因此自土特良、古撒努斯、馬丁路德、巴斯噶等長久以來，便有「隱匿的神」（deus absconditus）的說法，目的是讓宗教能安守於一「無知」的信仰。[35]然而在理性，尤其是在冷酷無情的工具理性的挑戰下，宗教人士有多少能安守其信仰的內涵？上世紀60年代於英美等國竟然出現了「上帝已死神學」（God-is-dead theology）和「基督教無神論」（Christian atheism）等運動，是一很大的警告。

反觀哲學的處境，其實好不到哪裡，哲學內部豈不一再出現「哲學的終結」的議題嗎？最諷刺的，是在工具文明和意識形態的交相雜染下，哲學一向最最重視的自我認知問題也日益模糊。既是哲學家也是社會學家的普里斯納（Helmuth Plessner）於70年代終於提出一想法，就是宗教世界的「隱匿的神」議題終於令哲學世界也產生「隱匿的人」（homo absconditus）的困境。[36]單就概念而言，「隱匿的人」明顯地是「隱匿的神」的對語，其於二十世紀曾被多位哲學家構思，在普里斯納標題化地論述之前，布洛赫、卡西勒、和尤拿斯等都曾側及。[37]他們的切入點雖不盡同，但都顯示了三個要點：首先，是宗教的真正焦點將從被異化了的神回歸於人自身，其次，就是人對神的探求與人對自身的探求是人類同一種求全的訴求的兩

---

35 參看Nicholaus Cusanus 的《飽學的無知》（*De Docta Ignorantia*）。

36 Helmuth Plessner, "Homo Absconditus," *Conditio Humana, Gesammelte Schriften*, Band VII （Frankfurt: Suhrkamp, 1983）, pp. 365-366.

37 參見 Ernst Bloch, *Principle of Hope,* Vol. 3, Chapter 53 （Cambridge: MIT Press, 1986）, p. 1194-1298; Ernst Cassirer, *An Essay on Man*（New York: Yale University Press, 1944） p. 29; Hans Jonas, "Gnosticism and Modern Nihilism", *Social Research*, Vol. 19, No. 4 （Dec. 1952）, pp. 430-452.

面。其三，人類幾經折騰，在技術文明、工業生產和政治角逐渾成一體的當今世代，人類已愈把自我異化到了一個階段，除了基本的生物基礎與物質意義外，已對任何進一步的自我理解感到迷失。人之所謂「隱匿」，就是這樣的一種不能自已和無以自持的處境。

哲學自古即矢志於「認識自己」，也就是某一意義的「人學」，而宗教力求接觸永恆，即某一意義的「神學」。今二者既皆不可輕言，則一開始即分享人類生命存在這一片土壤的哲學與宗教，無疑像一對難兄難弟。其在當今之世，如何能重新為自己的活動定位，和重新尋得其所需要的活力，以回應初衷，才是最大的挑戰所在。

2021年11月19日初稿
2021年11月29日修訂
2022年 4月4日終訂

關子尹，曾執教於東海大學哲學系，後於香港中文大學哲學系任教逾三十載，現為該系榮休教授、國立清華大學哲學研究所客座教授。研究範圍主要在德國哲學、現象學和西方哲學史；於語言哲學、語文政策、大腦科學、人文電算等領域亦稍涉獵。曾出版《海德格的詮釋現象學與同一性思維》（1982，德文）、《教我心醉：教我心碎》（2007）、《語默無常：尋找定向中的哲學反思》（2008，2009）、《徘徊於天人之際：海德格的哲學思路》（2021）、《我心歸隱處》（2022）等書，並以中、英，及德文發表論文多篇。此外於香港中文大學人文電算研究中心開發「林語堂當代漢英詞典‧網絡版」、「漢語多功能字庫」等多種網頁。

極權環境下的思想控制：

讀奧威爾《一九八四》

陶東風

《一九八四》是一部政治寓言小說，其中關於極權主義權力——其在小說中的象徵就是「老大哥」，而「老大哥」的代理人則是所謂「核心黨員」奧勃良——如何控制思想的描寫，今天讀來仍讓人感到心驚膽戰、毛骨悚然。

細辨之，小說把思想控制所達到的「境界」分為兩種：

第一種，假設極權統治者伸出四個指頭，然後問你看到幾根指頭。你說「四根」。極權統治者說：不對，是五根，你再仔細看看。你仔細看了還是四根，因此堅持說「四」。於是統治者給你施以酷刑。你無法忍受這種折磨，不得不跟著說「五」。儘管如此，你心裡知道這麼說與事實不符，更有違自己的感知經驗。你跟著統治者說謊是因為懾於老大哥的暴力和淫威。你對這一切心知肚明。

第二種：假如在同樣的情境下，極權統治者同樣伸出四根手指卻斷言是五。這個時候你不但跟著說是五，而且真心相信你看見的事實上就是五根。你不是因為統治者可以置你於死地才不得不服從，而是堅信你是在服從事實。你已經不覺得統治者在說謊，更不覺得你在跟著統治者說謊。在這裡，你的感官和本能都已經被徹底改造，因此，為了讓你說謊而使用暴力已經沒有必要。

顯然，後一種是思想改造的最高境界。它能夠達到嗎？小說中男女主人公溫斯頓和裘莉婭關於「招供」和「出賣」的談論，似乎間接透露出這樣的消息：達不到。「招供」是由嚴刑拷打而導致的屈從，有點類似於明知是四根手指但不得不說五根；而「出賣」則不同：「出賣」是真正改變一個人的內在信仰之後做出的「革命」行為。比如讓溫斯頓發自內心地不愛朱麗亞，而非迫於老大哥的淫威而不得已與之「劃清界線」。

朱麗亞堅持認為，這種心靈深處自覺自願的「思想改造」是極權主義「唯一做不到的事情」，其理由是：「不論他們可以使你說些什麼話，但是他們不能使你相信這些話。他們不能鑽到你肚子裡去。」[1]溫斯頓認同這個觀點，「他們儘管聰明，但仍無法掌握怎樣探知別人腦袋裡怎樣在想的方法」，「他們不能改變你的愛憎，而且即使你要改變，你自己也無法改變。」甚至於在溫斯頓看來，「你的內心的活動甚至對你自己來說也是神祕的。」[2]

但是，在《一九八四》中代表「老大哥」的奧勃良看來，只有第二種才是他心目中想要達到的真正的思想控制效果。著名哲學家詹姆斯·科南特在解讀《一九八四》時將之描述如下：

> 黨員必須根據黨的綱領「調整」自己的信仰，然後，讓自己深信這個信仰之所以正確，是由於這些信仰與事實相符（而不僅僅是與黨的綱領相符）。例如，如果黨「明令規定」某事已經發生，黨員就不僅要相信這件事已經發生，還要調整自己對往昔的記憶，這樣他們現在就會記得某某事情確實已經發生過

1 喬治·奧威爾，《一九八四》中譯本，董樂山譯（上海：上海譯文出版社，2003），頁165。下引此書，只注頁碼。

2 奧威爾，《一九八四》，頁165。

了。並且認為他現在之所以相信這件事，是因為他們記得「這件事情已經發生」（而不是因為黨的現行綱領起了作用）。[3]

把非事實當作事實加以接受、把事實當作非事實加以清除，這是如何做到的？答案是：調整和控制人的記憶。

一、篡改歷史與「調整記憶」

剛才引用的科南特的那段話已包含如下資訊：通過各種方法迫使人們忘掉真實的歷史並進而重塑記憶（或所謂「調整記憶」），是極權主義思想控制的重要手段。極權主義統治的基礎之一是有組織的謊言（另一個基礎是壟斷性暴力），真實的歷史、真相是它的死敵。為了達到篡改歷史的目的，除了暴力和強迫之外，還有一點很重要，這就是摧毀真相的物質載體——證據或偽造假證據（包括肉體消滅證人、改寫報紙、清除一些人的名字和照片、改變地名，等等），使得一個人真實的記憶變得無所依憑。

這正是大洋國（《一九八四》中虛構的極權國家）的「真理部」的工作。用溫斯頓的話說：在大洋國，「每一項紀記錄都已經銷毀或篡改掉了，每一本書都已經改寫過了，每一幅畫都已重畫過了，每一個塑像、街道大樓都已改了名字，每一個日期都已改動過了。而且這個過程還天天、隨時隨刻地在進行。歷史已經停止。除了黨（小說虛構的大洋國極權主義政黨「英社」，引注）永遠正確的無

---

3 阿博特·格里萊森等編，《《一九八四》與我們的未來》，董曉詰等譯（北京：法律出版社，2013），頁106-107。

休止的現在，任何東西都不存在。」[4]甚至國家、城市的名字及其在地圖上的形狀，都被系統篡改，比如原來的「英格蘭」被改為「一號空降場」。

篡改歷史是「老大哥」一貫正確的原則所要求的。奧威爾在〈對文學的阻礙〉一文中說：

> 在極權國家看來，所謂歷史，不是學得的，而是被創造的。極權國家實際上是一個神權國家，其統治集團為了保有自己的地位，必須裝扮成是一貫正確的。由於任何人都不可能一貫正確，所以就有必要重新安排過去的事件，以顯得這個或者那個錯誤根本就沒有犯過。或者，這個或那個虛構的勝利確實發生過。[5]

由此看來，不斷篡改過去乃是極權統治的內在要求。《一九八四》舉的例子是大洋國與歐亞國、東亞國（也都是小說虛構的國家）之間結盟—交戰的關係。事實上，大洋國在過去既曾與歐亞國結盟、與東亞國打仗，也曾和東亞國結盟、與歐亞國打仗。但黨「一貫正確」原則要求：既然現在是與歐亞國打仗、與東亞國結盟，那就必須一直以來都是如此（否則無法解釋「老大哥」外交政策的「一貫正確」），而與此相反的一切歷史紀錄都必須被改寫或摧毀。

在所有存在於圖書、報紙、博物館、檔案館等公共場所／載體的證據都被摧毀、且任何他人的記憶都無法依靠的情況下，溫斯頓只能完全依靠自己的個人記憶保持事實的真相。問題在於：記憶不

4 《一九八四》中譯本，頁152。

5 見奧威爾《政治與文學》，李存捧譯（南京：譯林出版社，2011），頁306。

是憑空存在的，也不只存在於一個人的腦子裡，單憑一個人的精神—心理力量是無法勝任保持正確記憶這個任務的，依靠和別人的交流也不行，因為別人的記憶同樣已被篡改。

下面是膾炙人口的一段話：

> 黨說東亞國從來沒有和歐亞國結過盟。他，溫斯頓·史密斯知道大洋國近在四年之前還曾經同歐亞國結過盟。但是這種知識存在於什麼地方呢？只存在於他自己的意識之中，而他的意識反正很快就要被消滅的（引注：不但被黨消滅，而且被他自己消滅）。如果別人相信黨的謊話——如果所有紀錄都這麼說——那麼這個謊言就載入史冊而成為真理。黨的一句號召說，「誰控制過去就控制未來，誰控制現在就控制著過去。」[6]

這裡提出了一個深刻的記憶理論問題：一個人的記憶不是憑空存在的，不是保留在真空中，也不是存在於個人神祕的心理空間。它或者需要物質證據的支援，或者依賴於與別人的交流，在交流過程中和別人的記憶相互印證。既失去了證據的支持，又無法通過他人的記憶得到印證，一個人很難維持自己的正確記憶。更為可能的情況是：連他自己也懷疑自己的記憶。

這正是在極權主義國家發生的情況，對此，奧勃良似乎心知肚明：

> 篡改過去是「英社」的中心原則。這一原則認為，過去並不客觀存在，它只存在於文字紀錄和人的記憶中。凡是紀錄和記憶

6 《一九八四》中譯本，頁37。

> 一致的東西，不論什麼，即是過去。既然黨完全控制紀錄，同時也完全控制著黨員的思想，那麼黨要過去成為什麼樣子就必然是什麼樣子。同樣，雖然過去可以篡改，但在任何具體問題上決不承認篡改過。因為，不論當時需要把它改成什麼樣子，在改以後，新改出來的樣子就是過去。任何其他不同樣子的過去都沒有存在過。[7]

小說中有這樣的一個情節：黨的三位高級領導，鐘斯、阿郎遜、魯瑟福，在六十年代中期被清洗，相應地，媒體上關於他們的各種報導、消息、圖片等也必須隨之被刪除或修改。但由於「真理部」工作失誤，十年前某日的一張《泰晤士報》的報導逃過了清洗，上面刊登了三人在紐約黨的集會上的照片。這個證據戳穿了真理部的謊言：依據真理部修改後的歷史，鐘斯、阿郎遜、魯瑟福三人在被審判時一致供認：他們那天不在紐約、而在歐亞國境內從事叛國活動，把大洋國重要的軍事情報出賣給了歐亞國。這就證明他們的所謂「供詞」其實都是屈打成招的。

這件事本身不是什麼新發現，因為溫斯頓即使在大清洗時也不相信他們三人確實犯了控告他們的罪；但是「這張報紙卻是具體的證據；這是被抹掉的過去的一個碎片，好像一根骨頭的化石一樣，突然在不該出現的斷層中出現了，推翻了地質學的某一理論。如果有辦法公布於世，讓大家都知道它的意義，這是可以使黨化為齏粉的。」[8]留著這樣的一個證據，意味著巨大的危險。這就難怪溫斯頓必須第一時間將之丟入「忘懷洞」（真理部設置的銷毀證據的機器），

7 《一九八四》中譯本，頁208。
8 《一九八四》中譯本，頁78。

讓它在一分鐘後就化為烏有。

德國文化記憶理論的奠基者阿萊達・阿斯曼曾經指出：思考記憶時必須以遺忘作為起點。「為了記住某些東西，就必須忘掉某些東西。」[9]遺忘發生在個體記憶領域，也發生在文化記憶領域，「持續的遺忘過程是社會常態性的一部分，就像在個體頭腦中一樣。」[10]遺忘又被分為被動遺忘和主動遺忘，後者是一種故意的行為，比如故意丟棄、毀壞、篡改一些過去的遺存，以便使得人們的記憶失去依憑物。當這種主動遺忘「指向一種外來文化或者受迫害的少數群體時」，[11]它就有了暴力性質。審查制度在摧毀某些物質性和精神性的文化產品時，也是一種強有力的強迫遺忘手段。這樣，遺忘就不僅僅是個體的生理心理現象，而是一種制度性的行為。

二、何爲「雙重思想」

更有甚者，真正徹底的遺忘和記憶重塑，不僅要忘掉該忘的東西，而且還要忘掉你的遺忘，忘掉你對歷史證據的篡改。過去不但被抹掉、篡改，而且這種抹掉、篡改行為本身也被抹掉、遺忘。用溫斯頓的話說，「當然，過去遭到篡改，我是知道的，但我永遠無法加以證明，哪怕在我進行篡改偽造的時候。這種事情做了以後，什麼證據都不遺留。」[12]於是，「一切都消失在迷霧之中了。過去

9　阿萊達・阿斯曼，《記憶作為文化學的核心概念》，見阿斯特莉特・埃爾、馮亞玲主編，《文化記憶理論讀本》（北京：北京大學出版社，2012），頁123。
10　阿萊達・阿斯曼，《記憶作為文化學的核心概念》，頁124。
11　阿萊達・阿斯曼，《記憶作為文化學的核心概念》，頁124。
12　《一九八四》中譯本，頁152。

給抹掉了，而抹掉本身又被遺忘了，謊言便變成了真話。」[13]也就是說，極權世界中的人「不僅必須適時調整自己的信仰，而且必須精於遺忘藝術。他必須忘記自己一直在不斷調整自己的信仰」。[14]這就好比社會所有成員都在進行一次大規模的自欺欺人——他們進行得如此徹底，以至於忘記了自己曾經有過自欺欺人之舉。所謂「有意識地進入無意識，之後又並未意識到你剛才完成的催眠。」[15]

這樣一種絕妙透頂的境界被稱為「雙重思想」，它已經成為極權統治下人的終極精神狀態。「雙重思想意味著在一個人的思想中同時保持並且接受兩種矛盾的認知的能力。」[16]一方面，人們知道自己的記憶按照「老大哥」的要求應該向什麼方向改變。這個過程是自覺的，有意識的；但另一方面，如果總是記得自己的篡改行為，就無法達到「老大哥」所要求的思想控制的最高境界：忘掉自己的篡改行為，相信現實並沒有被篡改，或者，相信篡改後的現實才是唯一的現實。否則的話，就會有弄虛作假的感覺。做賊者只有忘記自己的偷盜行為，才能夠不再有犯罪感。同樣道理，篡改歷史者只有不再記得有過篡改，才不會因弄虛作假而留下心裡陰影。這樣就能達到自覺欺騙和誠實正派的完美統一，實現「既要利用自覺欺騙，而同時又保持完全誠實的目標堅定性。」[17]如果因篡改而失去了「誠實感」，就會心虛，就會猶豫或懷疑自己行為的正當性，從而失去「革命」目標的堅定性。使用「雙重思想」的同時也必須運用「雙重思想」把「雙重思想」這個詞也「雙重」掉，「因為你使用（雙

---

13 《一九八四》中譯本，頁75。
14 《《一九八四》與我們的未來》，頁107。
15 《一九八四》中譯本，頁37-38。
16 《一九八四》中譯本，頁209。
17 《一九八四》中譯本，頁209。

重思想）這個字眼就是承認你在篡改現實；再來一下雙重思想，你就擦掉了這個認識。」[18]雙重思想的最高境界，就是對雙重思想來一次雙重思想。

在這個意義上，極權主義者絕對是唯心論者而不是唯物論者，他們認為現實只存在於人的頭腦中。奧勃良曾經對溫斯頓說，「溫斯頓，只有經過訓練的頭腦才能看清現實。你以為現實是某種客觀的、外在的、獨立存在的東西。你也以為現實的性質不言自明。你自欺欺人地認為你看到了什麼東西。但是我告訴你，溫斯頓，現實不是外在的。現實存在於人的頭腦中，不存在於任何其他地方。」[19]頭腦決定現實，正確的頭腦（所謂「經過訓練的頭腦」）決定正確的現實。更準確地說，「現實只存在於黨的頭腦中」，因為黨的頭腦不會犯錯誤，「除了通過黨的眼睛，是沒有辦法看到現實的。」[20]

三、對感知能力與經驗世界的摧毀

人說到底是通過感知覺接觸現實世界的，從中產生了人的日常生活經驗。因此，要摧毀一個人的真實現實，以「老大哥」看到的「現實」為現實，就必須先摧毀一個人原有的感官真實性，做到「不相信自己感官的東西」，「不論在什麼情況下想也不用想，都會知道，正確的信念應該是什麼，應該有什麼感情。」[21]比方說，在觀念的層次，你迫使自己相信：在「老大哥」的英明領導下，大洋國不可能有饑荒；但光做到這個還不夠，你的胃必須在饑腸轆轆的時

18 《一九八四》中譯本，頁209。
19 《一九八四》中譯本，頁245。
20 《一九八四》中譯本，頁245。
21 《一九八四》中譯本，頁245。

候感覺不到饑餓，這才把思想改造落實到了胃的層次。換言之，「黨叫你不要相信你耳聞目睹的東西，這是他們最根本、最終極的命令」22

所謂「耳聞目睹的東西」就是人的日常經驗感知到的現實，「石頭是硬的，水是濕的」就是來自這種感知的常識。只要一個社會的成員能夠正常使用自己的感官與常識，就能判斷某些明顯的說法(比如二加二等於五或「人有多大膽，地有多高產」）為假。這種借助自己的基本感官能力和常識發現客觀真相、揭穿謊言的能力，威脅到了「老大哥」思想控制的有效性，所以必須摧毀之。這是極權主義的謊言本質決定的：為了維持謊言的統治，極權統治不但要不斷地改變過去，控制人的記憶，而且要控制感官和直覺，摧毀當下的客觀真實，把思想改造推進到本能的層次。此即所謂「黨員不僅需要正確的觀點，而且需要正確的本能。」[23]因為觀點的改換相對容易（而且可以作假），但本能「正確」卻難上加難。打個比方：一個在思想上「革命化了」的知識分子，儘管在觀念層次——這是他可以通過意志加以控制的——承認農民比知識分子乾淨，農民腳上的牛糞是香的；但是其嗅覺未變：牛糞聞起來依然是臭的。這樣的改造就是不徹底的，只觸及意識／觀念，而沒有觸及本能。所以，知識分子不但要（在觀念層次）認識到農民腳上的牛糞是香的，而且聞起來它就是香的！這才是改造的最高境界：本能的政治化。

當人通過常識經驗建立的、與現實世界的真實關係被切斷後，一個由「有組織的謊言」編織的虛幻世界（類似電影《楚門的世界》中的世界）方得以建立。奧威爾指出：「極權國家中實行的有組織

22 《一九八四》中譯本，頁80。
23 《一九八四》中譯本，頁207。

的撒謊，跟軍事上的欺騙不是一個性質，不像某些人所說，僅僅是權宜之計。它是極權制度內在的組成部分；即使集中營和祕密員警都消亡了，有組織的欺騙也會存在下去。」[24]

「有組織的謊言」不同於一般謊言的特點在於：一般謊言是由個別人或群體傳播的、零散的、經常是相互矛盾的謊言，這些謊言和謊言之間經常相互拆臺。更重要的是，它只能存在或流行於客觀世界和社會生活的某個角落，不能徹底覆蓋和替換客觀世界。因此，謊言之外的客觀世界總是可以拿堅硬的事實證明其為謊言。但「有組織的謊言」不同。作為極權制度的內在組成部分，它是一個由極權主義政黨精心策劃的、自上而下組織的、將社會生活的各個方面、客觀世界的各個角落一網打盡的、系統化的巨大謊言，也是唯一被允許、被鼓勵其存在並賦予其正統地位的謊言（意識形態），從而它就徹底替代了現實。不但這個所謂「新世界」的整體構架是由謊言組成的，就是其所有細部也是如此。這樣就失去了可以與謊言進行對比、校勘的真實世界（哪怕是真實世界的蛛絲馬跡）。沒有這種對比和校勘，謊言的世界確實也就成為了人們頭腦中、記憶中實際存在的唯一世界。這樣，人們藉以獲得世界感知的整個參考框架全部是虛假的。人們睜著眼睛，卻看不到真相，所謂「睜著眼睛說瞎話」就是如此。到了這個境界，思想控制也就臻於完美：你的感知不再屬於你，你的本能已經被改造（你已經有了「正確的本能」），你感知到的世界「真相」已經不是真相，你已經不再擁有一個可以與虛假世界對比的真實世界的參考框架。

正因為極權主義是建立在對於人的常識經驗的摧毀之上的，因

24 奧威爾〈對文學的阻礙〉，參見奧威爾《政治與文學》，李存捧譯（南京：譯林出版社），頁398。

此，捍衛人的正常感知以及由這個感知建立的常識經驗，就是抵制極權主義的題中應有之義。「常識成了一切異端中的異端。」[25]就像溫斯頓說的：「必須捍衛顯而易見、簡單真實的東西。不言自明的一些道理是正確的，必須堅持！客觀世界存在，它的規律不變。石頭硬，水濕，懸空的東西掉向地球中心。」[26]

四、思想改造的積極方法和消極方法

在羅蒂《偶然，反諷與團結》一書的第八章〈歐洲最後一位知識分子〉中，作者試圖從反實在論角度闡釋奧威爾。他認為奧威爾《一九八四》的主題不是堅持「事物有客觀性」這個真理，也不是為常識辯護。二加二是否真的等於四，是否屬於「客觀真理」並不重要，也不必糾纏。重要的是人要有堅持說「二加二等於四」的權利。羅蒂首先引用了《一九八四》中一段著名的文字：

> 黨叫你不要相信你耳聞目睹的東西，這是他們最根本、最終極的命令……但他（溫斯頓）是正確的，必須捍衛顯而易見、簡單真實的東西。不言自明的一些道理是正確的，必須堅持！客觀世界存在，它的規律不變。石頭是硬的，水是濕的，懸空的東西會掉向地面。他覺得他是……在闡明一個重要的原理，於是（溫斯頓）寫道：
>
> 所謂自由就是可以說二加二等於四的自由。承認這一點，其他

25 《一九八四》中譯本，頁80。
26 《一九八四》中譯本，頁80。

一切便迎刃而解。[27]

羅蒂說：有一些奧威爾的闡釋者對這段話作了實在論的解釋，認為奧威爾堅持事物具有客觀性，只要堅持常識，就能發現客觀真理。客觀真理是獨立於人類的心靈和語言的赤裸裸的實在，地球引力並不因為人類思想和語言模式的不同而不同。

羅蒂不認同這種闡釋。在深受後現代主義影響的羅蒂看來，事物無所謂「真相」，《一九八四》這部小說也和「真相」「客觀實在」無關，它不是一部捍衛事實或真相的小說；奧威爾真正關心的是一個人是否擁有述說自己信仰的自由，至於這個信仰的是否符合「真相」並不重要，也沒有客觀事實可以拿來檢驗。「老大哥」的罪惡不是體現在它剝奪了人們認識客觀真相的能力，而在於剝奪了其說出自己信仰——可以是二加二等於四，也可以是二加二等於五——的權利。剝奪人的這種權利充分體現了極權主義的殘酷和對人的侮辱。羅蒂直言：「我不認為世界上有存在『那兒』的簡單明瞭的道德事實，獨立於語言的真理。」[28]奧威爾的所要做的是「使讀者們細心留意他們所沒有注意到的殘酷和侮辱」，把這個主題解讀為「剝除表像、彰顯實在」「沒有好處。」[29]

從其反實在論立場出發，羅蒂主張檢驗一個陳述是否為真的標準不是陳述（話語）之外的客觀「事實」，而是其他話語陳述。「二加二等於四」和「二加二等於五」，到底哪個屬於真理，不是取決於可用以檢驗話語陳述的「客觀事實」，而是取決於多數人的意見。

27 《一九八四》中譯本，頁80。

28 羅蒂，《偶然，反諷與團結》，徐文瑞譯（北京：商務印書館，2003），頁246。

29 羅蒂，《偶然，反諷與團結》，頁246。

奧維爾的貢獻，就在於對史達林的大清洗提供了一種與眾不同的「重新論述」，這個論述與別人——如薩特等左翼分子——的陳述是不同的。應該拿來比較的「不是真相，而是其他可能的描述。」[30]在面對奧威爾和其他人（如薩特）關於蘇聯的不同描述時，「我們的取捨絕對不在於是否要面對堅硬而令人不悅的事實。同樣的，也不在於是否被意識形態蒙蔽。這個取捨的工作，就是把一個劇本拿來和其他相對的劇本比較對照，把一些計畫拿來和其他可能的計畫彼此衡量，或在某些描述和其他描述之間相互較量。」[31]

既然作為話語的「二加二等於四」是否合乎話語外的「客觀事實」並不重要，那麼重要的是什麼呢？羅蒂的回答是：重要的是是否有堅持說出你認為正確的話語——它可能碰巧是「二加二等於四」——的自由權利：

> 「二加2二等於四」是否為真，根本不重要，這真理是否為「主觀的」抑或「符合外在實在」也不重要。重要的是：如果你相信它為真，你可以把它說出來，而不會受到傷害。換言之，重要的是你有能力與他人談論你以為真實的東西（what seems to you true），而不是實際上真實的東西（what is in fact true）。[32]

言下之意，如果有人真誠地相信「二加二等於五」，他也有說出它的權利，但他不能將此強加於別人。「如果我們照顧好了自由，真理就會照顧好自己。」[33]

---

30 《《一九八四》與我們的未來》，頁95。
31 《偶然、反諷與團結》，頁247。
32 《偶然、反諷與團結》，頁251。
33 《偶然、反諷與團結》，頁251。

羅蒂的這個解釋是芝加哥大學哲學教授詹姆斯・科南特所不能同意的。科南特認為，假如羅蒂的解釋為正確，那麼，奧勃良禁止說「二加二等於四」或「我看到的是四根手指」，不是因為它合乎真相，而是因為這「碰巧」是溫斯特（而不是奧勃良）所堅持的信念。在科南特看來，這樣的解釋至少不合乎奧威爾小說的原意。在小說裡，二加二等於四是否屬於真理並非不重要，而是至關重要。奧勃良之所以要禁止說「二加二等於四」或「我看到的是四根手指」，是「緣於（這兩句話）自身的如下性質：它們本就是真相；只要人們略懂判斷，它們的真實就無可質疑。」[34]換言之，禁止這樣說就是因為它是真理。科南特認為，小說由此挖掘出的是極權主義的潛在內涵，這就是：極權主義要維持系統的、大範圍的「有組織的謊言」，就必須剝奪「社會成員判斷真假的能力——任何判斷的能力都必須被剝奪，甚至僅僅依靠尋常感知或算術常識的判斷，也必須禁止。」[35]極權主義的根本特點就是它建立在系統有組織的謊言上，這才是小說的主題，殘酷和侮辱倒是由此派生的結果（而不是如羅蒂認為的是小說的主題）。

為了把討論引向深入，我們不妨暫時離開科南特和羅蒂的爭論，想像一下如下可能：如果溫斯特堅持的信念不是「二加二等於四」（被廣泛接受的數學真理），但也不是「二加二等於五」（謊言，但被奧勃良自詡為「真理」），而是「二加二等於六」，即與黨的謊言（二加二等於五）不同的另一個謊言，奧勃良會不會允許溫斯特堅持這個不同於自己的謊言？如果奧勃良的目的只是掩蓋真

34 詹姆斯・科南特，〈羅蒂和奧威爾的真相觀〉，見阿博特・格里里等編《《一九八四》與我們的未來》，頁105。

35 詹姆斯・科南特，〈羅蒂和奧威爾的真相觀〉，頁105。

相，只禁止真理而不禁止謊言，那麼，他應該會允許，哪怕這個謊言不同於奧勃良的謊言。

科南特的文章沒有討論這個在我看來很關鍵的問題。我個人的觀點是：不同於奧勃良的謊言雖然同樣不是真理，但溫斯頓同樣不能說出來，因為如果允許說，就等於告知社會成員：老大哥允許大家說謊（亦即：老大哥所要求的只是放棄真理、相信謊言，至於相信或說哪個謊言無所謂）。這就從反面證明老大哥並不熱愛真理，老大哥在真理問題上所持的是一種犬儒主義態度——只要你放棄真理，和老大哥一樣胡說八道，老大哥會默認甚至欣然應允。允許這樣一種犬儒主義態度蔓延，最終老大哥的權威——知識權威和道德權威——就會土崩瓦解：人們都知道他並不在乎真理，連他自己也承認這點，而且好像也不在乎你知道他不在乎真理。

這實際上正是後極權社會流行的認識論犬儒主義：你可以不相信我，也可以在心裡認為我說的是謊言，只要你不公開揭穿我的謊言，也不公開說出自己所認定的真理，那我就不管你。

然而，在《一九八四》所描述的極權主義社會，情況似乎不是這樣。奧勃良不僅不會讓溫斯頓說出真相，也不會允許他說出不同於官方謊言的謊言。更重要的是，他要讓溫斯頓確實相信自己看到的就是真相（雖然奧勃良伸出的是四根手指，但溫斯頓看到的就是五根）。用科南特的話說：「他（奧勃良）希望，當他在溫斯頓眼前伸出四根手指時，如果黨需要溫斯頓相信有五根手指，溫斯頓就看到眼前有五根手指。」[36]更神奇的是，「溫斯頓之所以相信面前有五根手指，是因為看到了五根手指（而不是因為黨需要其相信有

36 詹姆斯·科南特，〈羅蒂和奧威爾的真相觀〉，頁106。

五根手指）。」[37]這就是本文一開始描述的思想控制、思想改造的最高境界：你已經被改造得把謊言確確實實感知（看到！）為真理和事實，而不是屈服於老大哥的淫威。你不僅思維混亂，而且更達到感知混亂的程度。

奧威爾自己寫的關於《一九八四》的一個隨筆提到：（極權主義）對思想的控制，不僅從「消極方面」著手，而且從「積極方面」著手。前者指的是「禁止你去想某個觀點」，或者，禁止你說出真相（但你可以把真相放在肚子裡）；後者則「規定了你應該思考什麼。」[38]或者說，你不僅必須這樣思考和說話，甚至必須這樣去感知。這其實就是極權主義和後極權主義的區別。

改造的消極與積極之分源自《一九八四》中奧勃良和溫斯頓之間有一個著名的關於思想改造的對話。奧勃良說他看不起宗教迫害在異端分子尚未悔改的情況下就公開殺死他們。也就是說，他們實際上沒有被真正改造好，改造的失敗才是他們被殺的原因。這恰恰是思想控制失敗的表現：不能控制人家的思想，只好代之以肉體消滅。「這樣一來，一切光榮自然歸於殉難者，一切羞恥自然歸於燒死他們的迫害者。」[39]異見分子因此成了真理的殉難者。奧勃良甚至也不滿意德國納粹和前蘇聯政權之所為。這些國家的異見分子雖然在嚴刑拷打之下屈服，什麼都招供，但「他們的供詞顯然時逼出來的，是假的。」[40]奧勃良揚言，「我們不再犯這種錯誤。在這裡招供的都是真的。」[41]

---

37 詹姆斯·科南特，〈羅蒂和奧威爾的真相觀〉，頁106。
38 參見詹姆斯·科南特，〈羅蒂和奧威爾的真相觀〉，頁99。
39 《一九八四》中譯本，頁250。
40 《一九八四》中譯本，頁250。
41 《一九八四》中譯本，頁251。

然後，他對這種不同進行了如下描述：

> 我們不滿足於消極的服從，甚至最奴顏婢膝的服從都不要。你最後投降，要出你自己的自由意志。我們並不因為異端分子抗拒我們才毀滅他。只要他抗拒一天，我們就不毀滅他。我們要改造他，爭取他的內心，使他脫胎換骨。我們要把他的一切邪念和幻覺都統統燒掉。我們要把他爭取到我們這一邊來。不僅是在外表上，而且是在內心裡真心誠意站到我們這一邊。[42]

老大哥「不光是要你們招供，也不光是要懲罰你們。你要我告訴你為什麼把你們帶到這裡來嗎？是為了給你們治病。是為了使你神智恢復健全！……到我們這裡來的人，沒有一個不是治好走的。」這是一項再造精神世界、思維範式乃至本能感覺——徹底地再造人——的過程，老大哥對於消極服從，對屈打成招不感興趣。「我們不單單要打敗敵人，我們要改造他們。」[43]這番話道出了極權主義對思想控制的極度重視，而且它的目的還不是停留於被統治者的消極服從，而是真正從思想到感官的重塑。這樣的極權主義領袖，似乎充滿了對於真理的自信。

五、在何種情況下隨大流就是犯錯乃至犯罪？

羅蒂的實用主義還認為，所謂「真相」或「真理」，就是得到社會大多數人的贊同的意見或判斷（至於其是否符合「客觀事實」

42 《一九八四》中譯本，頁251。

43 《一九八四》中譯本，頁249。

倒無關緊要）。換言之，多數人決定真理。但科南特並不這麼認為，至少，他不認為這是《一九八四》中溫斯特以及作者奧威爾的立場。因為溫斯頓明明白白地說了：「居於少數地位，哪怕是一個人的少數，也並不使你發瘋。有真理，就有非真理，如果你堅持真理，哪怕全世界都不同意你，你也沒有發瘋。」[44]即使你的聲音沒有人聽到，但是由於你保持了清醒的理智，你就堅持了真理。這就是著名的少數人真理論。

科南特接著提出了一個非常深刻的命題：以人數多少來判斷一個人的信仰是否正確，這只有在非極權的情況下——亦即在民主自由社會——才是基本靠譜的。但這個規則並不適合奧威爾所處的極權社會。「在奧威爾所處的『極權情形』來說，一個人的信仰與其他人再一致，也不能說明這個人神智清醒。」[45]

其實，這裡面科南特對羅蒂的觀點有些歪曲，至少是簡單化。羅蒂實際上沒有簡單地、無條件地說多數決定真理，他的原話是這樣說的：

> 關於什麼是正確的斷言，普特南（Putnam）（這樣的哲學家）認為，假設有一個名為S的人持有P觀點，我們可以基於S的興趣和能力等因素，自行判斷他的斷言P是否正確。而他的斷言的正確性，卻不限於我們的判斷。但是……，這種正確性還取決於什麼呢？試想：觀點P的的確確都是錯誤的，社會中的大多數人還認為它正確。這可能嗎？……或許，大多數人也會犯錯。但是，試想：除了一兩個因提出比P更古怪的觀點而著稱

44 參見詹姆斯·科南特，〈羅蒂和奧威爾的真相觀〉，頁108。
45 參見詹姆斯·科南特，〈羅蒂和奧威爾的真相觀〉，頁108。

> 的人以外，社會中所有成員都認為S瘋了，在最終得出這個結論之前，他們已經耐心聽完了S解釋P，並試圖勸導S放棄P。在這種情況下，S的斷言是否依然正確呢？除非我們有辦法證明正確性的「潛在本質屬性」，否則S是不可能正確的。只有證明正確性的「潛在本質屬性」，我們才有了一種不需要理由的理由——此時，不管S是否有能力向世人證明P正確，P確實是正確的。[46]

這段話的大致意思是：判斷S是否有能力提出P這個觀點（比如地球圍繞太陽旋轉），只要基於我們對於S的興趣和能力的了解即可（S是否屬於天文學家，是否具有談論天文學的必要知識等），但這個觀點到底是否正確卻必須得到社會大多數人的同意，因為大多數人在「耐心聽完了S解釋P，並試圖勸導S放棄P」之後最終認為S瘋了，認為他提出的觀點P是錯誤的，那麼，P就是錯誤的。否則的話，我們只能通過訴諸「潛在本質屬性」的形而上學方法證明P這個觀點的正確性，而這種方法屬於羅蒂所拋棄的「本質主義」。

在反駁這段話的時候，科南特認為羅蒂遺漏了一種可能性：S社會的所有人都認為S瘋了，但是S的觀點P仍然正確。換言之，差不多整個社會都錯了，只有S是正確的。他認為，在《一九八四》描述的極權主義社會就是如此。「溫斯頓所以是對的，不在於他與其他人的觀點一致，而是因為其他人的觀點本該和他一致。」[47]

這裡，限定條件「耐心聽完了S解釋P，並試圖勸導S放棄P」非常重要，因為只有在民主自由社會，這個最基本的條件才能得到滿

46 參見詹姆斯·科南特，〈羅蒂和奧威爾的真相觀〉，頁108頁-109。
47 參見詹姆斯·科南特，〈羅蒂和奧威爾的真相觀〉，頁109。

足。S可以自由表達自己的見解並得到認真的傾聽，即使大多數人也不能剝奪他的這種言論自由；而在溫斯頓所在的極權社會，這是根本不可能的。這裡的關鍵是：多數人意見的真理價值並不是孤立存在的，而是取決於其所處的具體社會制度。「多數人持有真理」這個觀點在自由民主社會的語境中才大體不錯，而離開這個語境就很荒謬（以羅蒂的智慧他不可能連這個道理也不明白）。正如科南特指出的：「如果一個人生活在非極權的體制下，他自然不大可能淪落到溫斯頓這樣的處境（即眾人皆醉我獨醒的境地）。但是，《一九八四》生動地告訴我們：如果一個人不幸生活在極權體制下，他就有可能——不，是很有可能——長時間身陷這種境地，即發現大量的情形都是眾人皆醉我獨醒。」[48]但是，由於羅蒂提到了這個條件（「耐心聽完了S解釋P，並試圖勸導S放棄P」），因此，科南特和羅蒂在這裡實際上並不矛盾。[49]

《一九八四》為我們提供了這方面的兩個例子。一個是溫斯頓確實看到了盧瑟福（黨原來的高級領導，後來被清洗並將其所有照片和相關資訊徹底清除）的一張照片，這張照片證明盧瑟福不可能參加黨所指控的犯罪行為。這是一個鐵的事實。即使所有確證這個事實的其他證據全部被毀，即使除溫斯特以外所有人都認為溫在胡說，這仍然是一個事實。另一個例子是：黨史中說，飛機是黨發明的。但溫斯頓很確定地知道：飛機不是黨發明的（儘管什麼證據都因為被摧毀而無法找到），因為他記得非常清楚，自己小時候——那時還沒有黨——就有了飛機。

---

48 參見詹姆斯·科南特，〈羅蒂和奧威爾的真相觀〉，頁110。

49 羅蒂的反本質主義的要點是：真理不是取決於上帝或事物的神祕本質，而是取決於公眾的認同——是人自己決定何為真理，這裡的「人」不是個人，而是群體。

這裡的關鍵在於：在一個正常的自由民主社會——羅蒂本人恰好有幸生活在這樣的社會——每個人都能夠自由發表自己的觀點、感受、判斷，即使存在謊言和欺騙，也不可能是有組織的、系統性的、充斥整個社會每個角落的大謊言。社會中大多數人的理性能夠保持正常，能夠發揮正常的判斷功能，也就不可能出現大家都被矇騙、失去基本判斷力的情況。在這種情況下，一個判斷如果與大多數人的判斷一致，基本上就是一個正確的判斷。但在極權情況下就不同了。極權社會被籠罩在一個無所不包的謊言下，黨篡改了所有相關的歷史記載和證據，大多數人都處在偽造的「歷史」的包圍中，沒有人能夠質疑這個謊言／偽歷史——有些人是懾於淫威（一旦有人膽敢相信黨編教科書之外的另一種真理，就會立刻人間蒸發），有些人則真的信以為真。這樣，溫斯頓的判斷「黨沒有發明飛機」或「盧瑟福沒有犯下黨指控的那些罪」就永遠不會被別人認可，因為大多數人失去了正常的判斷能力、理智或者勇氣。

不但如此，極權社會中的大多數人還學會了一種特殊的生存智慧，即所謂「犯罪停止」。何為「犯罪停止」？請看《一九八四》對此的解釋：

> 犯罪停止的意思，就是指在生產任何危險思想之前，出於本能地懸崖勒馬的能力。這種能力還包括不能理解類比，不能看到邏輯錯誤，不能正確與英社（英國社會主義黨，在小說中代表極權主義執政黨）原則不一致的最簡單的論點、對於任何可以朝異端方向發展的思路感到厭倦、厭惡。總而言之，停止犯罪意味著起保護作用的愚蠢。[50]

如果一個社會中大多數人都練就了這樣一種「犯罪停止」的本

50 《一九八四》中譯本，頁206-207。

領，你如何指望真理在多數人手裡呢？「起保護作用的愚蠢」是一個深刻的命題。失去分辨是與非、善與惡的能力，這本是一種智力意義上的愚蠢，但在極權環境下卻成為生存意義上的智慧或聰明，原因無他，分辨是非的能力恰好是與極權主義制度無法共存的。極權主義就建立在對真相的歪曲、對是非善惡的顛倒上。

在極權環境下，多數人不但不一定代表真理或正義，隨大流不但不一定正確，甚至經常會有這樣的情況：隨大流即犯錯甚至犯罪。這樣的情況在文革、大躍進時期很普遍。由於那個時期的大多數人或者真的被思想控制，或者假裝被思想控制，積極參加——真真假假——破四舊、打老師、揭發批判反革命分子的「革命」運動，因此這是一個集體犯錯、作惡、說假話的時代。在這樣的時代，只有少數人具有判斷是非的能力，只有更少數人——準確說是極個別人——具有說出真理、堅持正義的勇氣。類似的問題是：在大家都認為畝產可以超萬斤、甚至超十萬斤、二十萬斤的大躍進時期，某人堅持畝產不可能超萬斤是正確的嗎？如果堅持「多數人觀點代表真理」這個標準，那很顯然：這個人錯了。

餘論：眞相、常識與感覺

奧威爾一生都在為捍衛真相、捍衛真實而奮鬥，他的寫作亦是如此。「我們對作家的第一個要求是，他不應該說謊，而應該說出自己的真實想法和真實感覺」。[51]奧威爾對感覺偏愛有加，認為感覺比教條更真實，也更難造假，更能捕捉客觀真相。以作家自己的

51 轉引自威廉·凱恩，〈奥威爾的隨筆：一種文學體驗〉，見《政治與文學》，頁16。

真實感覺為基礎捍衛客觀真實，這樣的寫作具有反極權的意義。「極權制度真正可怕的地方，不在於它會犯下『暴行』，而在於它會摧毀掉有關客觀真實的觀念」，而奧威爾的寫作就是要捍衛客觀真實。

感覺這個概念一方面聯繫於真相或真實，另一方面則通向常識。奧威爾也是一個捍衛常識的作家。特別具有啟示意義的是：他區分了兩種常識：假常識和真常識，呼籲用真常識對抗假常識。奧威爾沒有給真、假常識下一個定義，但是從下面這段話中可見端倪：「要對抗那些我們不假思索地當作『常識』而接受的東西——即我們大家從別人那裡得到的、都習以為常，並且還會告訴自己說我們知道那都是真的偽常識——就需要真常識。」[52]假常識就是被習焉不察、不加反思地接受的意識形態教條（如三綱五常、三從四德、「老大哥永遠正確」等等），它們本來得自極權意識形態的灌輸和洗腦、而非一個人自己的感知或獨立思考，是外加的；但是久而久之已內化為不假思索的「常識」。對於這樣的假常識，應該通過我們的真實感知加以摧毀。比如，只要大洋國國民忠實於自己的饑餓感受，即可以戳穿大洋國從來沒有、也不可能有饑荒的偽常識。如果說假常識是意識形態教條的內化，那麼真常識則來自一個人屬於自己的、樸素而真實的感覺。假常識暢通無阻的原因，就是我們不再忠實於屬己的個人觀察和獨立感知，抵制「集體意識」支配下的人云亦云。「正如奧威爾所暗示的那樣，問題在於，很少有人願意使用自己的眼睛去觀察，或者，即使他們那樣做了，也不願意承認自己的親眼所見。」[53]這樣的眼睛是被蒙蔽的，無法發現真相，不

52 轉引自威廉·凱恩，〈奧威爾的隨筆：一種文學體驗〉，見《政治與文學》，頁2。

53 威廉·凱恩，〈奧威爾的隨筆：一種文學體驗〉，見《政治與文學》，頁2。

能將顯見的事實變成看見的事實。

最後，感覺對於文學來說還有特殊的重要性。作為一個作家，奧威爾對感覺給予厚望，認為「寫作在很大程度上關乎感覺，而對於感覺，不可能總是從外部加以控制。」[54]對作家而言，僅僅知道真相還不夠，還要感覺到所知的真相。如果缺少內心感受，作家寫出來的真相也會缺少文學性。

陶東風，現為廣州大學人文學院教授，《廣州大學學報》（社會科學版）主編。著有《社會轉型與當代知識分子》、《文化研究：西方與中國》、《當代中國的文化批評》、《新時期文學三十年》、《當代中國的文藝思潮與文化熱點》、《當代中國文藝學史》、《當代中國大眾文化價值觀研究》等二十餘部。

54 轉引自威廉·凱恩，〈奧威爾的隨筆：一種文學體驗〉，《政治與文學》，頁16。

中國新文化運動與韓國愛國啓蒙運動比較

蘇瑞華

一、前言

韓國1919年3月1日發生爭取獨立自主的三一抗日運動，在中國於1919年5月4日則發生了同樣抗日、爭取國家尊嚴的五四運動。百年以來，中韓對於三一運動和五四運動的個別研究，已經汗牛充棟。至於將三一和五四運動連貫起來比較的著作雖然也有，但以圍繞著運動發生時的國際政治背景、社會背景為主。學界的共識是，兩個運動都屬於反帝的民族主義運動，而且相互影響。

然而，這兩個運動發生前後的文化啟蒙，差異就很大。中國的新文化運動因受到全盤西化的影響，幾乎摧毀了固有傳統文化，是反封建的文化思想運動。但三一運動之前的愛國啟蒙運動（1905-1910）並未造成反封建之文化思想運動。

探討此問題意識，不能單只就運動本身研究，必須要回溯運動發生前的「開化」（自強開化）脈絡演變才能找出原因。換言之，視角必須從二十世紀初往前至少半世紀以上。中國的社會與韓國社會雖同樣以儒立國，也都受西化影響，看似具有相當的相似性，但其實差異很大。朝鮮五百年以儒立國，獨尊程朱思想，維繫整個道統與社會秩序。因應現代化衝擊，固然也有主張開化之儒者，然「東道西器」的精神一直是變革核心。加上日本殖民引起的強烈民族抗外意識，民族性宗教紛然而起，更加趨於保守。反觀中國，在清末內外交迫，除面臨外侮之外，內在社會充滿許多紛亂，太平軍、白蓮教齋亂等四起。棄傳統以謀富強興國之勢不斷接湧而至，在五四新文化運動達至高峰。

本文希望不同於過往學者以比較三一運動與五四運動的外在視角，而是以文化思想的內在視角來思索中韓的文化啟蒙。也進一步思考，為何韓國能在保守中求進步與改革，而中國卻非得四分五裂般進行一場無情又對立的文化革命。礙於篇幅，本文僅提供一個可能性路徑來思考，期盼日後學界在中韓近代史比較時，更多著墨於文化思想層面的反省研究。

二、中國與韓國的開化脈絡

一、中國的開化脈絡

中國的近代化的變革起於十九世紀中葉後列強的叩關，從此興起了一連串的變法圖強運動。按照當時中國朝野知識分子思想，是以洋務論、變法論、革命論等三階段為主軸，接連一貫而形成的[1]。

鴉片戰爭以降，最早有警覺心的是林則徐，他冀圖「為以夷之以攻夷，為以夷以款夷，為師長技以制夷。」[2]咸同年間，曾國藩積

1 〔日〕小野川秀美：《晚清政治思想研究》，林明德、黃福慶（譯）（台北：時報出版公司，1982 年），頁1-5。

2 魏源：《海國圖志（一）》（台北：成文出版社，1967），頁5。

極設法仿造船砲；左宗棠則更聚焦重視海防。加上恭親王奕訢，大臣文祥等人的提倡下，朝野內外展開了自強運動。然而僅重視軍事與經濟，政治沒有變革，加上守舊派人士的反對，效果不彰。反對者以大學士倭仁為首，他認為「立國之道，尚禮夷（禮儀）不尚權謀；根本之圖在人心，不在技藝……古今未聞有恃術而能起衰弱者。」[3]直到甲午戰爭後，李鴻章等人認為西洋富強不是全靠船砲器械，而是政治鮮明，學術發達。

從洋務到變法論，一般見解是以甲午戰爭為轉機。[4]康有為於1898年1月29日，正式上疏說「皇上之明，觀萬國之勢，能變則存，不變則亡；全變則強，小變仍亡。」於是以政治、文教為核心的維新運動因應而生[5]。要求變法的大前提是鞏固滿清政權，維護君主政體，欲由朝廷的主動改革來挽救政權於崩潰之際。變法論者以為有效的改革當以健全的制度為先，包括變更科舉制度，設立議會，整飭官制與機構等要項。康有為屢次上疏，德宗光緒深為感動，並謂「我不能為亡國之君，若不假我權，我寧遜位。」[6]遂展開百日維新，然在慈禧反對下維新宣告失敗。雖失敗，但此運動的影響深遠，它是中國數千年傳統君主專制政治的改革，以及思想上民智啟迪的關鍵性運動，而為中國倡導民權與議會政治之開端，亦打開學習西方政治與學術文化之風氣。

---

3 李書源整理，《籌辦夷務始末（同治朝）》，卷47（北京：中華書局，2008），頁2009。

4 梁啟超曾說過「中國維新之萌蘖，自中日之戰生」，見梁啟超，《李鴻章傳》（台北：立緒， 2004），頁84。

5 康有為，《戊戌奏稿補錄》。引用亓冰峰著，《清末革命與君憲的論爭》（台北：中央研究院近代史研究所，2006），頁4。

6 梁啟超，〈光緒聖德記〉，《戊戌政變記卷》（台北：五南，2014），頁256。

甲午戰後，知識分子所興起的變革圖強有兩種：其一，進行體制內的改革，主張君主立憲，此為康梁之維新變法；另一則是以民族主義的排滿主張，進行體制外的改革，主張共和立憲，此為孫中山領導的革命派。兩派有相當大的歧異與衝突。

不論是洋務、變法乃至於革命運動都是積極地想改變傳統，接受西化以圖國家富強。然社會變革中，有改革也必有傳統之流。端看五四新文化運動之前的學術思想，保守思想者似乎並沒有太多著力於抵抗西化的運動，而鑽營經學考證。若按照梁啟超的說法，清代學術史發展概分為四期：首先是啟蒙期，學術趨向是返明復宋。代表者就是經世致用學者顧炎武、黃宗羲等人，力矯陽明學末流之空疏，並針對明末時弊提出建言。再來是全盛期，大致是處於乾嘉時期，學術趨向由宋返漢唐。主張漢唐的訓詁考證，絕不口談經世時務，考據學到達顛峰。第三階段是所謂蛻變期。學風由東漢返回西漢，即由章句訓詁轉到微言大義。例如龔自珍，魏源，康有為等人。基本上再返回經世致用，關心時務。第四階段是衰落期，已經到清末，開始對儒學的權威進行嚴酷的挑戰。此時已經不是漢宋之爭，義理訓詁之爭，今古文之爭，而是關心新學與舊學，中學與西學等[7]。梁啟超指出，清代學術思想的發展就是要脫離宋明理學的窠臼，重返漢唐以前的經學傳統。清代雖有理學家，但都不是有創造力的一流思想家和學問家。[8]

---

7 林啟彥，《中國學術思想史》（台北：書林，1994），頁240-241。四期分法，原出於梁啟超：《中國近三百年學術史》（台北：中華，1983），頁12。

8 林啟彥，《中國學術思想史》，頁239。原出於梁啟超，《中國近三百年學術史》。

二、 韓國的開化脈絡

朝鮮的開化思想，當從接觸西學，展開實學談起。仁祖反正後[9]，關心現實問題，反抗當時思想主流朱子學，此學術之風稱為「實學」。朝鮮實學端倪於李晬光（1563-1628），他所著的《芝峰類說》對天主教、西方天文與地理、君道、官職、儒道、經書、技藝等領域進行了探索。十八世紀前半期，朝鮮實學家李瀷（1681-1762）則更深層次的發展，並形成星湖學派。星湖學派繼承了實學中許多社會改革觀點，其中將土地制度視為中心問題。十八世紀末，丁若鏞是朝鮮王朝實學思想的集大成者。他的茶山實學縱向繼承了星湖學派之經世實學傳統，横向吸收了明清實學和朴趾源等人的朝鮮北學派。《經世遺表》與《牧民心書》論行政與制度，為代表之作。

「北學派」是指十八世紀後半出使清朝的使臣，向清學習革新[10]。例如使臣洪大容（1731-1783）主張廢除身分，克服性理學弱點，打破華夷觀等。使北學達致高峰的是朴趾源（1737-1805），其筆下的《熱河日記》為代表作。北學派的利用厚生思想是：「與其重農不如重工商，與其自足不如交易。」[11]這跟前期的實學派重農地的改革不盡相同。

---

9 是發生於朝鮮王朝光海君執政時期的癸亥年（西曆1623年）三月十二日一場宮廷政變。這場政變最終將光海君廢黜，將綾陽君擁上王位，是為朝鮮仁祖。其中理由之一是在後金與明朝交戰期間，光海君奉行中立態度，未遵行「事大原則」引起群臣的不滿。

10 重農的實學是以在農村生活有經驗的學者為主，北學派則是是以出使清朝使臣為主，是在都市光環下成長。前者重視農地土地改革，後者重視工商等。見〔韓〕李元淳等，《韓國史》，詹卓穎（譯）（台北：幼獅，1987），頁235。

11 〔韓〕李元淳等，《韓國史》，頁236。

十八世紀後半，實學家朴珪壽主張開港論，並促成了1876年的「韓日修好條約」的締結。後期，路線之爭愈來愈明顯，開化思想分成溫和派與激進派。溫和派者為掌握執政權力者，如金弘集、金允植，他們以維護固有文化為主，並接受國家需要的西方文物與技術，被稱為「東道西器」，猶如中國張之洞「中體西用」主張。尹善學曾上疏[12]：

> 君臣父子夫婦朋友長幼之倫，此得於天而賦予性，通天地亙萬古所不變之理，而在於上而為道也。舟車軍農器械之便民利國者，形於外而為道也。臣之欲變者，是器也，非道也。

至於激進派者，以金玉均為代表，認為吸收西方的制度與思想才是關鍵，近似中國的戊戌變法思想。[13]激進派人士組成了開化黨，在1884年引起了「甲申政變」，但由於清軍干涉，三天政權就崩潰，金玉均與徐載弼等人逃亡日本。甲申政變雖失敗，但其政綱值得關注，即廢除事大外交、確立自主權、廢除門閥制度、實現國民平等、遏止封建榨取，建立標準的近代社會等。為此，可以說是韓國近代化運動的一個里程碑。

1890年後，徐載弼回國成立「獨立協會」，發刊《獨立新聞》。獨立協會中，一派以繼承開港、開化思想，完全向歐美看齊之激進路線。另一派則為實學派，以「東道西器」之溫和路線，他們兼採

12 《高宗實錄》，高宗19年12月22日。可參考《한국고전종합DB》，http://sjw.history.go.kr/search/inspectionDayList.do（擷取日期2021/2/20）

13 〔韓〕李光麟，《韓國開化史研究》（漢城：一朝閣，1970），頁42、45。

傳統與西化。1898年，高宗皇帝解散獨立協會，民主獨立運動組織雖然宣告終止，但是愛國思想已經逐漸深入到社會當中，逐漸形了二十世紀初期由革新儒學者所領導的愛國啟蒙運動。

既有開化勢力，當然也一定會有保守勢力相抗衡。朝鮮末期的民族主義運動，是以「東學思想」、「衛正斥邪」、「開化思想」等三個方向展開的。三一運動前，三個勢力的方向與目的不盡相同。東學思想是以農村，農民為基礎進行反侵略、反封建運動；衛正斥邪則是以地方、儒林為基礎，進行反侵略，擁封建；開化思想則是以都市，市民為基礎進行反封建，不排外的運動。三一運動後，皆以對抗日本與爭取獨立而合流。

先談談「衛正斥邪」部分。顧名思義，衛正斥邪是以拒絕邪道、邪學、邪教，而保衛正道、正學、正教的「闢異精神」為核心。所謂「闢異精神」源自於朝鮮初期的開國功臣鄭道傳（1342-1398）[14]，他揭示了以朱熹性理學的儒學精神來立國，對於所有性理學以外的佛道教等都視為邪教與異端。之後著名的儒學泰斗李滉（1501-1570）提出理一元論，更強化性理學牢不可破的主體性。這種「闢異精神」延續到後期，也把陽明學、天主教與東學等都視為異端，而加以排斥和彈壓。

到了十七世紀，西學東進，固然有親清的北學派，朝鮮儒林間也有「北伐派」做為反對「北學派」之保守勢力，以宋時烈最具代表性。他是朝鮮中期的大儒學者，他主張支持明朝並北伐清朝，反對對程朱儒學提出異議的人，打擊「斯道之亂賊」。學者張崑將說

14 鄭道傳（韓語：정도전，1342年-1398年8月26日）是高麗王朝末期和朝鮮王朝初期的文臣、政治家、詩人、革命家、儒學學者，朝鮮王朝的首任宰相。其著作《佛氏雜弁》為後世朝鮮王朝崇儒抑佛的政策奠定了理論基礎。

到，直到朝鮮王朝後，在小中華思想中，文化與情感層面的「慕華」以及外交政治領域的「事大」則結合一起，成為一個普遍意識。特別在明滅之後，朝鮮更是以「唯我是華」使命感來承繼，出現了「小華」擠身「大華」以及期待「真華」再現的情感。[15]

十九世紀後半，隨著門戶開放後傳統與改革衝突升高。在1860年代，大院君（1820-1898）在執政時期實施鮮明的鎖國政策。大院君嚴厲鎮壓外國人與外國宗教勢力，清同治五年（1866年）正月，下令在全國境內取締天主教，處決上萬名天主教徒及家屬，包括九名法國傳教士，史稱「丙寅邪獄」。外交則閉關鎖國，在全國豎立他手書的「斥和碑」，上書：「洋夷侵犯，非戰則和，主和賣國，戒我萬年子孫。」

1880年左右，當時溫和改革派的金弘集等人從日本歸國帶回黃遵憲的「朝鮮策略」，並且油印全國。朝鮮策略主張朝鮮應該「親中國、結日本、聯美國」，此時保守儒林勢力畏之而紛紛上疏，政府於是發表「斥邪綸音」而加以彈壓，是為有名的辛巳上疏斥邪運動（1881-1882）。衛正斥邪可以說是韓末民族意識的高張表現，固然漠視世界趨勢，但正因為有這股強大的保守力量，韓國終究沒有像中國在五四運動時全然批判傳統文化。

另外一股勢力是東學思想與農民運動。東學是為了應付西學而逐漸發展出的民族宗教，1860年由第一代教主崔濟愚創立。東學是以周易、周禮為核心，並且脫離東洋「天人合一」，而把重心放在「人」上。他們標榜「人乃天」[16]，進而發展出「人間至上主義」

15 張崑將，〈朝鮮儒者「小中華」意識中的自我情感因素〉，《儒教文化研究》，20（台北，2013），頁183-205，引自頁190。

16 「人乃天」，韓文為인내천

和「人間平等主義」。當時農民階層亟欲希望廢除兩班身分的社會不平等，東學是一種「農民民主主義」。[17]1894年發生了全國性的東學革命，以農民為班底，要求社會改革，廢除封建，排斥外來勢力，這是韓國史上最大的農民革命。1895年後，東學革命雖告失敗，但分散各地的農民軍成為日後反日的義兵運動的主要勢力。1905年，東學改成天道教，在三一運動時占有積極重要的腳色，東學成為韓末民族主義運動的主要領導勢力。

三、 小結

十九世紀中韓同樣遇到開放門戶，傳統與西化的抗爭之問題。朝鮮立國就以朱熹性理學為立國精神，並建立斥邪衛正的「闢異傳統」，保守傳統力量相當強勢。反觀，中國自清朝以降，儒者們只為了考證而考證，為學術而學術，學術思想經過多次轉折與衝撞，儒學之精神已逐漸弱化或變形。

反映在政治上也是如此，韓國在大院君（1820-1898）執政時期實施鮮明的鎖國政策，與儒林主張的「修內攘外」「衛正斥邪」理念相通。然中國的清朝只在前期乾隆時代才有實施海禁閉關。門戶開放後，就無力再走閉關之路。

再則，主張西化變革之人，朝鮮大都是儒林出身的溫和穩健派。朝鮮十七世紀實學，十八世紀北學，到十九世紀末改革等，都是以「東道西器」核心進行漸進改革。即便，激進派的金玉均，徐載弼於1884年引發的「甲申政變」，也只是短短三天就結束，比其激進派康梁的百日維新更短。1894年，由金弘集內閣領導進行由上而下

17 〔韓〕申福龍，《增補東學黨研究》（漢城：探求堂，1977），頁69-70。

的改革（史稱甲午更張）也是體制內的穩健改革。但到1900年以降，不論是東學、衛正，西化派等，面對日本的侵略共同一致採取激進抵抗。儒林與宗教界在韓末的愛國啟蒙與獨立運動等扮演領導腳色。

反觀，清朝的改革者，從洋務運動的「中體西用」之穩健變革，到後期開始採用激進方式圖國家改變。特別從戊戌變法，到孫中山的革命論，到五四運動，都是激進變革。愈到後期，中國的變革已經不是儒林之士主導，而是接受西方文明的知識分子。

三、韓國的愛國啓蒙運動與三一運動

一、愛國啟蒙運動

日俄戰爭後，日韓於1905年正式簽訂「乙巳條約」，規定由日本政府掌握大韓帝國的外交權、在大韓帝國設置統監府等，這標誌著附庸國韓國正式成為日本的保護國。特別在1906至1910年韓末危難期間興起抗日恢復國權運動，概分為義兵戰鬥的軍事救國以及愛國啟蒙的文化救國。1910年8月22日本基於「日韓合併條約」，將朝鮮（大韓帝國）併入版圖，朝鮮亡。

除了「愛國啟蒙」之稱呼外，也稱為愛國文化運動、自強運動、或者是實力養成運動[18]。主導者多為接受西化思想的革新儒者以及接受新教育的知識階層，例如朴殷植、申采浩、安昌浩、周時經等。1906年革新儒者們成立「大韓自強會」領導愛國啟蒙運動，其宗旨提到：「自強的方法在於振興教育與產業。教育不開，民智不開；

18 〔韓〕최기영（崔起榮），《애국계몽운동 II：문화운동》《愛國啟蒙運動II—文化運動》（忠清南道天安市：韓國獨立運動史研究院，2009），頁3。

產業不振，國家無法富強」，標示了啟蒙運動的精神。

（一）新教育運動方面

韓國近代教育始於1880年代由傳教士們設立的私立學校，1894年後政府大幅設立公立教育機構。然不論哪一種，一般民眾無法就學。啟蒙運動期間，學校激增，政府認可的學校有5722所，其中2250所是私立學校。這些私校的教育除了接受西方思想外，更重視培養本國文化。[19]

（二）輿論與出版方面

從1896年的「獨立新聞」開始，到1910年時國內外報紙已經有二十種。然因財政不足，大都無法經營長久。報紙的編輯者大都是革新儒者。主流報紙對義兵武裝鬥爭多所批判，而專注於實力養成。以影響較大的《皇城新聞》（1898-1910）登載的內容為例，可以清楚看見文化啟蒙路線[20]。

1.1898-1904年間，以傳統文化的啟蒙為主。批判只是以中國史，華夷論思想為重。強調疆域、傳統制度、實學，特別引用實學集大成者丁若鏞文章。

2.1904-1907年間以恢復國權為主。刊載外國獨立史、外國亡國史、改革等書。例如連載梁啟超的「飲冰室文集」，對韓末的影響很大。

3.1908-1910年間對韓國史的積極宣揚與主張改革儒教。國史的研究以申采浩為主，儒教改革，強調國魂，以朴殷植為主。

（三）民族宗教方面

1905年愛國啟蒙運動後乃至1919年三一運動時，宗教界扮演相

19 〔韓〕李元淳等，《韓國史》，頁311。

20 〔韓〕崔起榮，《愛國啟蒙運動II：文化運動》，頁204-213。

當重要的角色。所謂的民族宗教包括了由東學改制的「天道教」，壇君教改制「大倧教」，以及由儒者們創制的「大同教」[21]。加上原本就存在的基督教、佛教等，一起為了恢復國權的啟蒙運動各盡心力。其中影響較大的是天道教、大同教、基督教。

東學第三代教主孫秉熙於1902年留學日本並學習近代文明，1905年返國後，創建天道教。他著述了「三戰論」以及「明理傳」[22]。三戰論強調以「道戰、財戰、言戰」來進行改革。「明理傳」則談論到西方的共和、立憲等政治改革[23]。1907年，孫炳熙的左右梁漢默將天道教的教義整理成「大宗正義」一書[24]，將「人乃天」解釋為「人即天」，人跟天位於同一位格。「人乃天」的教義代表著天道教接受文明改革，走向進化的平等思想[25]。然天道教的起源是東學，是源自於周禮等傳統思想，因此雖推廣「人乃天」的開化思想，但依然秉承「儒佛線合一」[26]和「誠敬信法」，在生活中去實踐儒家倫理道德的傳統。

以儒家知識分子為主形成的大同教。韓末的儒學大致分為傳統保守派與開化改革。保守派延續十九世紀末的衛正斥邪，以李恆老、柳錫麟為代表人物。儒教的開化思想屬於溫和改造，延續十九世紀「東道西器」與「採西論」，主張要變通來培養實力，適應近代化。革新儒者門（以朴殷植為代表）憂心堅持保守不變的話，國家必定會滅亡。朴殷植在《西北學會月報》第十號（1909.3）中揭示了「儒

21 大倧教，韓文為대종교。大同教，韓文為대동교。

22 「三戰論」，韓文為삼전론。「明理傳」，韓文為명리전。

23 〔韓〕崔起榮，《愛國啟蒙運動II—文化運動》，頁124。

24 「大宗正義」，韓文為대종정의。

25 〔韓〕崔起榮，《愛國啟蒙運動II—文化運動》，頁137。

26 「儒佛線合一」，韓文為유불선합일。

教求新論」。他提到，傳統儒家的三大問題：對民間社會的關心不夠，救世主義不夠，對朱子崇拜。他認為，要透過陽明學的簡易直截取代朱子的支離汗漫。[27]進而，以陽明學的「知行合一」來進行世界和平、人道主義與恢復國權。

但大同教並沒有像天道教帶給社會太多影響，一方面教內傳統與開化的衝突之外，大同教沒有太大的活動與前進，以及社會無法分辨大同教跟既有的儒家有什麼差異。在三一運動中，大同教沒有參與在「獨立運動宣言」的民族代表群中。

基督教方面，主張反封建並圖謀現代化。1880年代，宣教士們入韓後，開醫院與建學校，實現西化。日俄戰爭後，除了社會邊緣階層入教者加多之外，知識分子為了富國強兵，加入基督教也增加。特別在監獄中改宗為基督教的知識分子，其中不少是前朝的高官，例如李商在。基督教對韓國社會近代化影響很大，包括重視人權、女性地位向上，戒菸酒與鴉片，改革舊習等等。1907年1月，以吉善宙牧師為主，從平壤章台峴教會開始了教會大復興運動，信徒人數不斷激增。但主導韓國教會的外國宣教士們不想與日本對立，秉持政教分立。[28]這遭到教內的愛國基督徒批判，只顧靈魂不顧國安，其中以安昌皓為代表。1907年，反抗日本的祕密結社「新民會」，幾乎都是愛國基督徒組成。1911年爆發的「一〇五人事件」，韓國獨立運動與基督教團體受到大規模的迫害。

---

27 〔韓〕朴殷植，《儒教求新論》，原刊登於《西北學會月報》，第1卷第10號（1909年3月）。後收入《朴殷植全書下》（漢城：檀國大學校附設東洋學研究所，1975），頁44。

28 〔韓〕李贊英，《韓國基督教史綜覽》（漢城：所望社，1994），頁228、314。

（四）國學運動

國學研究是以研究國文（韓文）為開始。十五世紀朝鮮世宗創建「訓民正音」，也就是純韓文。但幾世紀以來，依然是「言文二致」，也就是口說韓文，但文字是漢文。啟蒙改革時，要以「言文一致」來克服這難題[29]。1896年4月《獨立新聞》創刊號，以純韓文來登刊。國學推動重要人士周時經就在獨立新聞上面撰寫「國語論」。周時經的「語文民族主義」，認為民族的興亡在於語文與文字的盛衰，他常批判只專研漢文的腐儒或只關心外語者。

歷史學方面，提倡國史。在日制之下，日本學者提出的「同族同根論」、「他律論」、「停滯性論」等，相當歧視韓國的主體性[30]。申采浩提倡國史來奠定民族史觀。他認為現存的舊史書為非自主、無精神的歷史，自己乃致力於《讀史新論》、《朝鮮上古史》等國史，以及《李舜臣傳》等民族英雄傳。此外，他也將《越南亡國史》等各國歷史在韓國出版，鼓舞民族精神以抵抗外侮[31]。

二十世紀初期的愛國啟蒙運動就是一次恢復國學，國史，國格，國魂的固本運動。當然為了培養實力，還是會接受西方人權平等文明思想。所以，韓末的文化啟蒙運動沒有脫離封建，沒有全然廢除傳統，在固本中採取「東道西器」穩健的改革。但學者認為啟蒙運動的影響不大，主要是路線的歧異和日本的彈壓。一派是積極主張政治獨立的戰鬥路線，從韓末的義兵運動開始，延續到非法的祕密

29 文言一致，韓文為언문일치。文言二致，韓文為언문이치。

30 參考李孟衡，〈在主體性與他律性之間：戰後韓國學界的十七世紀朝鮮對外關係史研究特徵與論爭〉，《台大東亞文化研究》，3（台北：2015），頁61-98。

31 相關書籍參見〔韓〕丹齋申采浩先生紀念事業會編輯，《丹齋申采浩全集》（漢城：螢雪，1977）。

結社「新民會」，到日後的「大韓民國臨時政府」（1919在上海成立與運作）。另一派是主張養成實力，以文化啟蒙和興起產業為主。日本在三一運動前，以武力統治治理韓國，下令「新聞法」、「保安法」、「學會令」、「私立學校令」、「出版法」等等法令來鎮壓愛國啟蒙運動的進行[32]。

二、韓國三一運動

1918年一戰結束後，威爾遜提出民族自決等「十四點和平方案」。韓國對巴黎和會有高度期待，但事實上威爾遜的方案適用於戰敗的殖民地，不適用於亞洲和韓國。1919年2月8日在東京的韓國留學生已經點燃獨立運動的火，發表「二八獨立宣言」。在國內，以天道教孫秉熙等宗教界人士為首成立獨立運度本部。1919年1月22日韓國高宗猝逝，疑為日本所謀。2月25日至2月28日幾天中，33位宗教界代表（天道教15人，基督教16人，佛教2人）以民族代表的名義簽署「獨立宣言書」。在3月1日高宗國葬當天，宣布「獨立宣言書」。

啟蒙運動期間，天道教與基督教已扮演重要腳色，加上三一運動前唯一能夠組織團體的只有宗教團體或是教育機構，其餘都遭解散。[33]三一運動著實是由宗教界發起與領導。包括東學原本就具有豐富的農民抗爭經驗，大多在鄉村山間中活動；基督教則具有近代意識，大都在都市中活動；佛教往往都會參與國難的抗爭，學生則在私校中接受民族思想成為前鋒集團。

32 〔韓〕崔起榮，《愛國啟蒙運動Ⅱ：文化運動》，頁273-274。

33 白基龍，《中國五四運動與韓國三一運動的比較》（湖南師範大學碩士論文，2007），頁22。原出於〔韓〕慎鏞夏，《韓國抗日獨立運動史研究》（首爾：景仁文化出版社，2006），頁83-84。

三一運動目標是反對殖民統治，沒有反封建色彩，沒有思想文化的驟變，純粹是對外抗爭。1919年3月23日陳獨秀、李大釗主編的《每周評論》提到三一運動時的場景：1.學生們排隊參與，不做祕密的行動。2.以演說去傳播獨立，不以武力去強迫獨立。3.任憑日本警察打殺，仍然守著紀律。三一運動是一場和平非暴力的運動，雖然沒有成功，但孫秉熙認為「不是我們呼喊萬歲就能夠馬上獨立，但是為了喚起民族中心的獨立精神，一定要利用這機會高呼萬歲」34。但也有人批判三一運動太理想化，因為和平抗爭註定一定會失敗。三一後，震驚了日本，於是推出「文化統治」取代之前的「武力統治」。韓國則延續1905年的愛國啟蒙文化路線，繼續提倡國語、國史、民族文化。

四、中國的新文化運動與韓國愛國啓蒙運動比較

一、就發生時間而言

狹義而言，韓國的愛國啟蒙是指1905年「乙巳合約」後到1910年日韓合併。愛國啟蒙中，固然有提倡國語、國史，民族宗教等本土化方向，當然也有提倡自由人權、新式教育之現代化企圖。不論哪一種途徑，目標一致，亦即對內養成實力，對外爭取獨立。啟蒙運動過了近十年，才發生三一運動。如此而言，兩者在發生時間上有區隔，但啟蒙運動培養出的民族思想，成為三一運動發生的內在因素，亦即性質上是延續。

而中國的新文化運動若從1915年陳獨秀從日返國後創辦《新青

34 〔韓〕金鎮鳳（김진봉），《三一運動史研究》，頁185。原文見〈朝鮮獨立活動的情狀〉，《每周評論》，1919年3月23日，第1版。

年》開始，接連1916年蔡元培從法返國，1917年胡適從美返國後逐漸達致高峰。新文化運動訴求為反封建，否定傳統文化。而五四運動，起因於1915年日本提出二十一條，1919年在巴黎和會上，因山東問題損害中國權益而導致運動發生。「外爭國權，內除國賊」就是五四運動的目標。以此看來，新文化運動與五四運動在同一時期發生。但就性質上而言，新文化運動與五四運動不必然有直接密切的關係。

二、就內容性質上而言

韓末的啟蒙運動一方面是重建民族性的固本運動，但也是接受西方思想的現代化運動。本土化與與現代化並不沒有明顯衝突，而是同時俱進。主導的人有革新儒學者，也有海歸的知識分子。他們依循「東道西器」的開化思想來穩健改革，加上日本的殖民彈壓，開化與啟蒙並沒有產生全盤西化，傳統與文明的撕裂。

中國的新文化運動則截然不同。中國經歷了洋務自強、戊戌變法與革命等方法後，國家依然衰弱。加上民初袁世凱稱帝，保守政客欲圖恢復儒教以謀統治權力的合理化，更讓知識分子憤慨。展開出的新文化運動都是海歸派，反儒的勢力來主導。這些海歸派知識菁英秉承的是「自由主義」、「德先生，賽先生」的理念。雖然捍衛傳統的知識分子會有所批判，但力道上已經無法抗衡。

就內容來分析。韓國推動恢復國語，從原本的「文言二致」改成「文言一致」。世宗大王雖創韓文，但被慕華知識菁英認為是低俗的。直到韓末民族意識興起後，才改變此局勢。而清末的新文學運要從梁啟超提倡的「新民體」開始，接著1905年廢除科舉，興辦學校推行國語運動後逐漸加溫。到1917年胡適於《新青年》發表〈文學改良芻議〉，1918年發表〈建設的文學革命論〉後達到高峰。以此說來，兩國都是推動平民化的語言運動，過去被認為低俗的韓文與白話文得到反正。

就意識形態方面。韓末以朴殷植、申采浩等為主推動民族史學。不論是前期介紹國外的獨立史、亡國史，到後期強調民族上古史，民族英雄等，都是為了強化民族意識。但中國的新文化運動是以「反傳統、反儒家、反文言」的文化革命，疑古成為思想主流。胡適1918年出版的《中國哲學史大綱（上卷）》開啟國內疑古派先聲。胡適對沒有可靠材料證實的遠古時代採取了質疑的態度，直接從老子、孔子講起，第一次把孔子作為一個哲學家、思想家，而不是作為一個聖人來研究。他說「寧疑古而失之，不可信古而失之。」之後，顧頡剛創立古史辨，他認為舊古史系統記載的並不是真實的中國遠古時代的歷史，是後人根據自己的需要偽造的。如此而言，一個是復古的宣揚國故，一個是疑古的整理國故，兩者全然不同。

三、就輿論自由而言

韓末雖然建立私校，創刊報紙雜誌等，但在日本殖民之下，輿論自由受限，因此啟蒙運動引起的效應就會受限。而新文化運動能夠發生，有賴於言論自由的大環境。從十九世紀末，留日學生受到福澤諭吉對批判日本的國民性之影響，他們創辦《清議報》、《新民叢報》、《浙江潮》、《國民日日報》等報章雜誌，深入揭露、批判了奴隸性、自私、虛偽等種種中國國民劣根性的表現，使越來越多的人認識到幾千年來逐步形成的中國文化，有加以深刻反思、批判的必要。加上蔡元培在北大開啟學術獨立與自由之風，《新青年》《每周評論》推波下讓新文化運動能產生重大成就。

四、就代表人物而言

韓末開始興起民族宗教運動，他們兼具知識分子與宗教人的腳色。雖信仰不同，但都是為了恢復國權，恢復國魂，促進現代化。宗教界領導者主導愛國啟蒙與三一運動。然，主導中國新文化運動都是留日（陳獨秀）、留美（胡適）、留歐（蔡元培、傅斯年等）的新知識分子，他們與清末的自強運動與維新派的知識菁英已有所不同。主導十九世紀改革開化的知識菁英具有儒家傳統色彩，在「中體西用」下做體制內的改革。但，民初海歸派知識菁精英已不具宗教性，不主張宗教，是純粹的知識分子。「自由主義」、「社會進化」就是他們的宗教。因此，在中國的新文化運動是延續歐洲啟蒙運動的自由主義思想，以及日本明治維新的脫亞思想。新文化運動期間，知識分子的批判相當激情、真實但又殘酷。

五、就影響而言

韓末的文化啟蒙運動因受殖民限制，加上順應日本而與主張抗日的義兵勢力不合，啟蒙的影響遠不如中國的新文化運動。三一運動雖沒有達到朝鮮獨立的期盼，但帶來獨立意識普及化與抗日的具體化（如大韓臨時政府的成立）。新文化運動是因各種環境與條件俱合下，成功地大幅地改造中國。但激情之後，卻也造成了左翼共產思想興起。而傳統勢力開始復振，新儒家們開始提出融合中西的主張與自由主義者論爭。

韓末的朴殷植等人猶如梁啟超一般，在兼顧傳統中去改變朝鮮。但缺乏像是胡適、陳獨秀一般猛烈地反傳統的自由主義者。即便有，礙於朝鮮依然在穩定的儒家傳統秩序中，也難以發揮。

五、結論

本文想了解為何韓國的啟蒙運動無法像中國新文化運動一般壯闊波瀾地改變。中國新文化運動反封建，反傳統的立場鮮明，然韓末的愛國啟蒙運動並沒有帶領韓國脫離封建。當然是要對抗日本的「同祖同根」、「朝鮮停滯論」等殖民思想，所以必須強化民族意識。然筆者以為核心原因是韓國的儒家傳統深厚，並沒有在開化改革時被邊緣化，反而主導開化與啟蒙者多為革新儒者。

韓國的儒家思想主流一直秉持程朱理學，即便十七世紀實學家批判朱子，韓末朴殷植主張陽明學取代程朱理學，但「闢異精神」之衛正斥邪依然是韓國社會的主流。特別明朝被滅之後，朝鮮「以華自居」，慕華之情感和使命感相當濃厚。程朱理學的社會秩序就是守三綱五常，重外在之大義名分，重外在規則與秩序，具有統一性與排他性，重群體紀律勝過個人之自由等。表現在十九世紀末葉東西衝突之際，官方有大院君的鎖國與衛正斥邪，民間則有民族色彩濃郁的東學運動，可以看出韓國的固本性相當強悍與堅毅。當然不乏有激進改革派之人，如金玉均引起的三天甲申政變，但穩健改革一直成為韓末的主流。在內在反封建方面，東學為了農民平等，廢除兩班特權，的確興起了強而有力的抗爭。最大的抗爭與激情是對抗日本的殖民，這是全民族的共識，這比採取西化與捍衛傳統的矛盾更為重要。

反觀中國，明朝陸王心學改變了長期程朱理學之勢，重視個人勝過群體、重視內在的感知勝過於外在的知識，重視多樣勝於單一，重視內心修養勝過於制度規範等。加上滿清以夷狄之身分入主中國，不復見強力地恢復程朱理學以建立大一統的社會內在秩序，而是靠著羈縻與朝貢之政治手段來維持國內與國外之秩序。加上清朝的儒學已經不談對社會的應用，而是崇尚考據等知識研究。末期雖有康有為進行儒學復振，不談程朱直指孔子，以「託古改制」來進行政治改革，但已經如強弩之末。猶如余英時所言，儒學思想經過清朝覆滅等複雜社會轉型後，儒學最終退出了「建制化的領域」（institutionalization），從此變成「遊魂」[35]，難以尋找到可歇之處，可安身立命之處，直到如今亦復如此。

蘇瑞華，基督教福音宣教會牧師（Christian Gospel Mission,簡稱CGM），臺灣師範大學東亞所博士生。著有〈韓儒朴殷植的調適思想：求本、求變、求強〉、〈評析《推進中華人民共和國基督教中國化五年工作綱要規劃（2018-2022）》〉、〈再思宗教進入異文化的隱藏、稀釋與更新：以CGM在台灣之在地化經驗為例〉等期刊文章。

35 余英時，《現代儒學論》（香港：八方文化，1996），頁162。

余英時與自由主義

悼念余英時先生

前言

余英時先生是中國思想史的大家，對當代中文世界的人文學術以及文化意識影響廣遠。在先生去世之後，學界的紀念集會、刊物的紀念專輯，已經發表和收錄了不少追念的文字。不過余先生對現實政治也有強烈的關懷，尊崇人權與自由，深信中國必須朝向憲政民主的方向發展。最近顏擇雅編纂的《余英時評政治現實》問世，但是貫穿這些時評的思想也值得了解。《思想》此時發表這個專輯，除了致上遲到的悼念，也希望深入余先生的政治思想。

余先生早年在香港的時期，曾發表幾本政治理論的著作（請見後面王邦華先生的文章），但之後在政治思想方面的著述不多。有意思的是，多少是因為羅爾斯的影響，余先生在晚年對「政治自由主義」頗為注意，也因此對於儒學在現代民主社會中的角色，有了相當新穎的看法。《思想》這個專輯由王邦華與陳祖為兩位先生的文章組成。他們的文章集中探討余先生經由羅爾斯的啓發所形成的一些觀點。另外我們也發表唐小兵先生追念余先生的文章，文章最後追述余先生對中國大陸年輕人的期許，所言雖然樸素，意味卻深遠感人。

編者

二〇二一，春風遠矣：

敬悼余英時先生*

唐小兵

真正的史學，必須是以人生為中心的，裡面跳動著現實的生命。

——余英時，《史學、史家與時代》

2021年8月5日對我是晴天霹靂的一天，剛到辦公室沒多久接到一個友人電話，告知余英時先生於8月1日凌晨於普林斯頓在睡夢中溘然長逝，享年九十一歲。放下電話，與余先生有關的各種記憶與細節紛至遝來，萬千心事誰訴？我不能自已而致痛哭失聲，恍恍惚惚中度過一整日。窗外綠意蔥蘢，濃陰匝地，在幾乎空無一人的暑期校園裡，陽光穿越濃密的樹葉灑落在地，斑駁的光影彼此錯落，不遠處是如茵草坪及靜靜矗立的第一教學樓。這靜謐悠遠的場景都讓我不斷回想2018年7月15日在普林斯頓余府周圍的草坪與陽光，也

* 作者按：本文〈二〇二一，春風遠矣：敬悼余英時先生〉初稿完成於余先生去世之後，後因哈佛大學王德威教授為中研院《中國文哲通訊》組稿專輯紀念余先生，為篇幅和主題所限，將論文的前半部分交付發表，現交付《思想》雜誌發表的是文章全文，比較完整地呈現了我對余先生及這一代知識人的學術與人格之認知與敬意，特此說明。

是一樣的綠意瀰漫，陽光溫煦，仿若世外桃源，更像是新冠疫情來臨之前的黃金時代的最後一刻。我當時在先生家逗留的兩個小時，會在今後的人生不斷被細細回味。我發了微信朋友圈哀悼後不斷有朋友勸慰我不要太難過，都說余先生是高壽且無病無痛夢中離世是有福之人，而且他一輩子著作等身影響華人學界至深且巨，精神生命早已永恆。這些道理我都明白，可仍舊覺得心裡面彷彿突然崩塌了一大塊，空空蕩蕩茫然無歸。余先生活著，我們的心裡就會有一個遙遠的掛念，同時也是一種巨大的安慰，這些年每次跟他簡短通話都會讓我感受到鼓舞，那種潤物無聲讓人如沐春風的溫暖，是只有真實接觸過先生的人才能真切感受到的。如今，春風遠矣！

說實話，不像我的一些同齡人尤其同門學友很早就接觸余先生的作品，我是很晚才開始閱讀余先生的著作。我記得應該是2002年的上半年，因偶然機緣與許紀霖老師通信，新聞系本科畢業在一所師範學院中文系教書的我，無知者無畏，向許老師提了好些關於中國傳統文化與西方文明如何融合的大而無當的問題。許老師在回信中建議我除了李澤厚，要多閱讀錢穆、余英時等學人的著作來深度了解中國的文化傳統。從那一刻起，余先生的名字就開始在我的心靈裡扎根，我也有意搜求余先生的作品來閱讀。等我2003年秋天到上海華東師範大學讀研，余先生的作品就成為我們這些研究現代中國思想史的青年學子的必讀作品。我還記得《朱熹的歷史世界：宋代士大夫政治文化的研究》出版後，在許老師的課堂上我們專門討論過一次，此外，在思想史研究方法論的課堂上，我們也跟隨著許老師深入研讀和討論過余先生的《中國思想傳統的現代詮釋》一書。余先生的治學兼有考證細密和義理豐贍的特質，而其史學語言又清雅曉暢，要言不煩，節制表達中自有一種綿密的引力，自然最能夠讓我們產生強烈的共鳴。

從研究生時代起，余先生就成為我高山仰止的學界前輩，其學術、思想與踐履型人格都成為我輩楷模。不過，儘管如此，我從未想像會有跟余先生私下交流的緣分。他是遠在大洋彼岸普林斯頓小鎮的一代史學宗師和人文巨匠，而我則是一個藉藉無名的青年學生（後來留校任教成為青年教師），我們之間橫亙著千山萬水的距離。我追隨著先生的腳步，讀他的新作、新的文章和訪談，也常常從師長輩那裡聆聽關於先生行止言談的吉光片羽，常常為之會心愜意並深受啟迪。2011年12月17日是余先生曾經專門研究過的民國知識分子領袖胡適（見《重尋胡適歷程：胡適生平與思想再認識》）誕辰120周年的日子，那一年我愛人從湖南初到上海，任職於《東方早報》文化部，深度參與了胡適紀念專輯的採訪與寫作。當時報社部門領導提出要訪問余英時先生，初到上海工作的她自然沒有門徑去採訪先生，不得已從之前訪問過余英時先生的友人李宗陶處找來先生的電話與傳真號提供給她。我們將擬好的採訪問題傳真給余先生，年事已高的余先生潛心學術寫作，一般不接受訪問，但一來因為與《東方早報》專刊「上海書評」有深厚的情緣，二來也因為擬定的問題激起了他老人家在這個重要的時間節點談談對他影響深遠的胡適的興趣。他作了詳細的書面回應並傳真給我們。一來二去，甚至可以說張冠李戴，我就與余先生算是有了一些「緣分」，偶爾也會打電話問候和請教於他。儘管從未謀面，他對於我卻極為親切和信任，常在電話裡跟我談治學之道、當代中國知識分子狀況和家國天下情懷。我記得有一次他推薦我要做好現代中國知識分子研究，就得認真研讀陳寅恪先生的《元白詩箋證稿》。2009年博士畢業留校任教，根據系裡安排，我講授了一門面向歷史系學生的必修課「中國文史原著講讀」，所用的參考書就是余先生先後在香港牛津大學出版社和北京三聯書店出版的《中國文化史通釋》，學生從書中獲益良多，可惜2014年秋天後余先生的著作在大陸全面下架，我的學生也因緣際會而擁有了「禁書」，這是讓人啼笑皆非哭笑不得的「擁有」。一扇從余先生的作品去了解中國歷史文化的視窗就此關閉了，但有心求知向學的年輕人總會想方設法，突破文網去尋找余先生的作品和文章來研讀。去年秋天，我給研究生開設「中國文化史專題研究」的選修課程，與近二十位同學共同梳理了從錢穆先生的著作到余英時先生的作品再到王汎森、羅志田等前輩著述的學術脈絡和方法傳承，推薦學生精讀了余先生《宋明理學與政治文化》、《中國思想傳統的現代詮釋》等作品，也可謂從學生身分到教師身分，對余先生所傳承和發揚光大的中國思想文化史學術傳統的自覺接近。余先生學問如大江大海，我和學生能夠從中汲取滄海一粟管中窺豹，也足夠滋養一生了。

2017年秋天，我獲得到哈佛燕京學社訪學的機會，剛到波士頓就跟余先生通了電話，他很高興我能夠到其曾經任教過的哈佛大學訪學，並歡迎我去他家做客。因為獨自帶著小兒明峻訪學，他又在公立小學上學，很多假期哈佛燕京學社都有周密而妥帖的安排，再加上我初次到美國，人生地不熟語言也不大通，也就不敢輕舉妄動。一直遷延到第二年夏天返回中國之前，我才得償所願攜家人終於踏上了通往普林斯頓之路。不過，在那之前，我常有機會與先生通電話，談天說地信馬由韁，但其實往往不脫治學與家國，這種常常是隨性所至卻每有創獲的交談，成了我在波士頓最珍惜也最奢侈的精神生活。2018年7月15日的下午，依照約定時間我終於可以去我心目中的中國思想文化史研究的重鎮普林斯頓拜訪先生，心情自然是一種難以言傳的歡愉與忐忑。我記得從新澤西住所出發去普林斯頓的那一個午後，是朋友Marvin駕車帶我們全家去的。路上風雲突變，大雨滂沱，車子是從一片水霧迷濛中前行，前行的道路依稀難辨，路途之中接到余先生的夫人陳淑平老師的電話，囑咐我們注意安全，晚一點到達也沒有關係（之前約定了下午三點登門拜訪，余先生一般是晚上工作，上午休息，而下午接待訪客），這讓我們特別感動。這種細節之中的真誠關切，最能彰顯民國文化滋養出的一代知識人待人接物的溫情與周到。

等我們快到普林斯頓小鎮時，天色為之一變，雨後天晴風和日麗，藍空如洗，綠草盎然，那一刻真感覺有如神啟般的感恩與驚異。我們兜兜轉轉終於找到了幽靜如桃花源的余府，陳老師早已站立在草坪上等候我們了。我們一行五人，除了我們一家三口，還有同在哈佛燕京訪學，早年畢業於普林斯頓大學東亞系且此時正好又回到了普大短期訪學的徐蘭君教授，以及紐約的朋友Marvin。神清氣朗穿著短袖淺藍色襯衫的余先生在門口等候我們，我終於見到了先生！那一刻的心情難以言表，既興奮、歡欣又充滿著珍惜之情。我深知有太多的人想拜訪余先生，而余先生年近九十，仍舊筆耕不輟，新作不斷，他的每一分每一秒都彌足珍貴，而他願意拿出一個下午來跟我這個從遙遠的故國來的青年學者漫談，這是一種怎樣的信任、關切和提攜後學的長者情懷！門外草坪上是一個養著金色鯉魚的小水池，陳老師引導我們短暫駐足，觀看那些一天到晚游泳的魚兒，也告訴我們附近時常有鹿兒出沒。落座後，我們就跟余先生自然地交談起來，陳老師也端上了精心準備的茶點和茶水。讓我極為感動的是，余先生、陳老師為我們一家人分別準備了禮物，給小兒明峻的是余先生晚年長期任教的普林斯頓大學吉祥物——一隻棕黃色的毛絨小老虎，給我愛人的是一個印著“Knowledge is power”字樣的青白相間精緻瓷碟，而給我的則是余先生親自為我撰寫的一幅字，抄錄的是陳寅恪先生1964年給其晚年最器重的弟子蔣天樞教授新著寫的序中的一段話。這段話講述了歐陽修撰寫五代史記而改變了五代十國那種澆漓士風，讓士大夫重返一種貶斥勢利尊崇氣節的醇正風氣中，並重申了文化比權力更有尊嚴、學術比政治更有生命的主旨（余先生曾經在一個訪談中提及，作為一個畢生致力於中國歷史文化研究的學人，他寧可出現在他人嚴謹學術著作的註腳裡，也不願意出現在某一天報紙的頭條中。這透露了余先生的出處與取捨，也是他一生能夠給後世留下如此博大精深的學術成果的奧祕）。當陳老師將這個條幅在我們面前展開時，我內心極為感動，甚至羞愧於自己何德何能，哪配德高望重堪稱士林領袖的先生花費如此精力和心血寫下這一幅字？！那一刻，我分明感覺到了先生對我們這些來自中國大陸的年輕一代學人的期許，字裡行間都是一生為故國書寫歷史的余先生的文化關切與淑世情懷（我不由想起余先生接受香港電台訪問脫口而出的一句經典名言：「我在哪裡，中國歷史文化就在哪裡！」）。這一次拜訪余先生本來是完全隨意無目的的，直至到了啟程拜訪余先生之前不久，台灣《思想》雜誌錢永祥先生得知我有這個計畫，特意囑咐我對余先生做一個關於五四百年的訪問，並言《思想》雜誌雖然每一期都刊登對兩岸三地乃至歐美華人學者的訪問，但創刊至今尚未能夠有幸訪問余先生。我因為研究現代中國思想文化史與知識分子史的緣故，之前讀到過余先生關於五四的多篇名文，深感先生對於五四精神與歷史內涵的闡發，常別出心裁而又深具史識且能開闢出一些可以深耕細作的研究新論域。作為《思想》多年的作者和讀者，受惠於這本雜誌的思想與學術啟迪很久，自然應當飲水思源義不容辭。匆促之間，我連問題都沒來得及好好準備事先提交給先生，而且是到了新澤西之後才跟余先生電話中提及這個臨時多出來的訪問計畫。余先生稍一考慮就爽快答應了。如今追憶，幸虧錢永祥先生臨時給我安排了這個任務，讓我得以在余府寒暄之外，可以用一個小時的時間集中地向先生請教關於五四百年的歷史源流與因果流轉。[1]預定兩個小時的拜訪時間匆匆消逝，我們不想讓先生太疲憊，就決定辭別了，在余府門口，我們一行與余先生、陳老師合影，留下了美國之旅最珍貴的影像記憶之一，我也請余先生在我從中國帶過去的先生晚年最重要的作品《論天人之際：中國古代思想起源試探》扉頁上題簽。在辭別之際，余先生很鄭重地告誡我不管時代如何巨變，世道如何艱難，都要將真正的知識與文化傳遞給下一代，用他廣為流傳的話來說，就是要做一個有尊嚴的知識人。這一情景與他寫的陳寅恪先生贈蔣天樞的條幅彼此交錯疊加，我深切地感覺到了中國讀書人守先待後薪火相傳為中國文化託命的「學脈」之真義。如今面對書架上對我微微笑著的先生的照片，我想起先生已經遠行，再也不能當學術與人生遇到難題時可以請益他時不禁悲從中來。話雖如此，臨別時余先生的贈語如醍醐灌頂更如空谷足音長久迴盪，人之相交，貴在知心，真誠所致，念念不忘。

等我歸國之後就著手整理訪談錄音，並傳真給余先生。這一次余先生再一次讓我震撼，不會使用電腦的他密密麻麻地手寫補充、完善我傳過去的文稿，整整達到了30頁，分成幾次才成功地傳真過來。對於我所提的關於五四啟蒙與戊戌啟蒙的關係、啟蒙與革命、自由主義與民族主義等問題，余先生知無不言言無不盡，都給予了獨特而深刻的詮釋，尤其是對於五四的歷史意義的層累形成、五四在空間和地方上的差異化傳播等問題都別有洞見。這篇訪問記在台灣《思想》雜誌刊登後也引起了較大的學術和社會反響，我猜想應

1 請見余英時，〈試釋「五四」新文化運動的歷史作用〉，《思想》37期《「五四」一百週年》(台北：聯經出版公司，2019)，頁139-151。訪談請見同期唐小兵，〈「五四精神是一股真實的歷史動力」：「五四」百年之際專訪余英時先生〉，頁153-174。

該是余先生晚年接受的最後一次學術訪問。念及於此，我就深深感動於余先生對待學術與思想的執著與熱忱，對歷史認知的通透與深邃，以及對人文與理性之中國的期許。他在傳真紙上的書寫和細微處的修改痕跡，以及每次傳真前附頁的文字說明，都在此時無聲勝有聲地傳遞著一個人文主義史家的學術情懷。如今物是人非，睹物思人，更是感歎於造化因緣的奇異，讓我能夠在新冠疫情全球爆發之前有機會赴美拜會余先生，並留下這一心靈和學術對話的記錄。

余先生去世之後，諸多師友紛紛在微信朋友圈紀念，可以說是近些年去世的老一輩知識人中間最受兩岸三地學人和文化人愛戴的一位了。《財新週刊》也突破封鎖，在網路上發表了余先生的老友陳方正先生的追悼文章和秦暉教授的紀念文章。之後在與台灣錢永祥先生通話中談及余先生一生之志業和學術文化貢獻時，我們都認為余先生代表了二戰結束以來華人知識界的典範人格，對於中國文化傳統有真切深入的了解與研究，並能堅持一種「反思的平衡」之價值立場，但又不像其老師錢穆先生過度浪漫化中國的文化傳統，對於西方文明中所蘊藏的基本人類價值持一種開放接納的態度，試圖將這套現代的價值系統接引到中國的現代文化傳統之中，實現中西文化之間良性的互動交流。余先生既是一個學術人（可是從無學究氣，更無學術權威氣），又是一個公共知識人（但從不因為對政治的關切而損害了學術的創造，更不會因此而損傷了自我的心靈生命，政治關切始終是他學術生命之外偶爾的興趣，是踐行一個現代士人公共關懷的職責而已）。更為難得的是，余先生的學術與人格如月印萬川，交相輝映，其學術與思想在很多方面開啟了中國思想文化史研究的新論域，可以說從堯到二十世紀中國，他都有涉獵而且是專精的涉獵，在日常生活和學術空間裡，余先生待人友善，為人親切，尤其樂於提攜年輕知識分子和學人。這些精神人格的特質無需我多言，從早幾年台灣聯經出版的紀念文集《如沐春風：余英時教授的為學與處世——余英時教授九秩壽慶文集》的字裡行間，亦可處處感知到先生的風采與精神。

余先生已經遠行，再也不能聆聽其爽朗的笑聲和親切的教誨，此時此刻，除了追憶和哀念以及傳承先生遺志，我也由先生一生的學術寫作與教書育人之幾近功德圓滿，而想起自己去年底在香港《二十一世紀》發表的〈二十世紀中國精英文化的花果飄零〉一文，在該文裡我慨歎民國一代培養的人文知識人在整個二十世紀中國政治運動中的身世與命運，進而感歎造化弄人讓諸多具有天分也有良好學術訓練的知識人，不能人盡其才才盡其用，最後都是如余先生論史家顧頡剛所言是「未盡的才情」。若以顧頡剛、何兆武、瞿同祖、巫寧坤等1949年之後或留在大陸，或歷經千辛萬苦回到中國的學人之命運及著述而論，余先生真是一個歷史的幸運兒，也正因為這種幸運與自身的沉潛學術，而得以實現了最高的學術理想與人生目標。由此，我想起了台灣詩人瘂弦在回憶錄的序言中提及的一個命題：人生完成度。他如此寫道：

> 到了我這個年齡，覺得世界上最大的悲劇，其實是沒有完成自己。記得楊牧詩中有一個句子，大意是：在維也納郊外的墓園裡，躺著一個完成了的海頓。是啊，完成了的海頓！弘一法師用「花枝春滿，天心月圓」來形容完成的感覺，最為貼切。是啊，完成很重要。而我就是一個沒有完成的人。[2]

我在想，余先生也完全配得上「花枝春滿，天心月圓」這八個

2 瘂弦，《瘂弦回憶錄》，江蘇鳳凰文藝出版社，2019，序言，頁2。

字。讀過先生回憶錄的人都熟知一個影響余先生人生走向的關鍵細節。1949年底，正在燕京大學歷史系讀書的余先生，利用寒假去香港探親，看望移居香港的父母等親人。父親余協中教授希望他能夠留在香港跟隨其時在港篳路藍縷創辦新亞書院的一代史學名師錢穆先生讀書，也可以作為長子順便照顧兵荒馬亂中的家人。余先生一則不願捨棄學業，二則作為當時的進步青年也不願長久滯留殖民地香港，所以還是決意回燕大繼續學業。火車到了廣州因故障短暫停留於一個叫做石龍的小站達四五個小時，余先生也因此沒法當天坐車北上，只能等待第二天的火車，彼時彼刻，余先生也面臨一個類似於王陽明龍場頓悟那樣的天人交戰，去還是留，成為一個何以安身立命忠孝難以兩全的生命抉擇。余先生在回憶錄中坦承了思想大轉折的心路歷程：

> 在情感方面我自然絕對不願在這種情況下棄父母於不顧。但在理智層次，我始終不能接受香港這個殖民地可以成為我長期居留之地，我當時一心一意以為只有中國本土才是我安身立命的所在，而學術研究則是我最為嚮往的人生道路。……總之，我的生命只能和中國本土打成一片，是我早年無可動搖的一大信念。……其次，我一意要回中國本土，為自己國家盡力，也是過重外在的形式而沒有觸及具體內容，最後流為一種抽象之談。我的父母即是中國的一部分，正迫切需要我的照料，我若捨此不管，還談什麼為中國盡心盡力？……幾個月來一直深深困擾著我的「天人交戰」，突然消逝不見了，心中只有一片平靜與和暢。[3]

3　余英時，《余英時回憶錄》，台北：允晨文化，2018，頁96-97。

余先生這個從顧念家庭的小我視角出發的考量，最後成就的卻是現代中國人文傳統在北美的一脈相傳（後又回饋給兩岸三地華人學術界），並開花結果形成中國思想文化史研究最重要的學統。一個細小的決定，對於余先生的人生具有如此巨大的影響，假若他當年回到北京，朝鮮戰爭爆發，香港與大陸隔離，出身於上流知識分子家庭的他估計只能在檢討與悔罪中白白耽誤青年甚至中年時代，也就不可能有後來為海內外矚目的學術成就。余先生的回憶錄最後一章寫到了兩代哈佛中國留學生的命運，前者是1920年前後竺可楨、趙元任、陳寅恪、湯用彤、吳宓、李濟、洪深、梁實秋、梅光迪等群星閃耀的一群人，對於二十世紀中國的學術、文化與教育做出了巨大的貢獻（自然這個貢獻主要是在1949年之前做出）；後者是指抗戰後到哈佛留學的楊聯陞、週一良、吳於廑、任華等一群青年，他們在戰爭歲月留學，後來大部分基於家國情懷和對新中國的憧憬回國報效，結果成為了未能人盡其才甚至顛沛流離吃盡苦頭的一群人。如今細想，余先生的回憶錄收束於對兩代哈佛留學生命運的慨歎，又何嘗沒有一點對自身因緣際會得以留學哈佛任教於美國學府，進而得以避免在新中國歷經磨難的感歎呢？他自然沒有絲毫的自矜與慶倖，而是深深惋惜於一代代天賦異稟才華橫溢的知識人的生不逢時造化弄人。

對照之下，我不由得想起前不久去世的何兆武先生。他出身於西南聯大，學術訓練充分，又天資過人，可是在1950年代之後等待他的只能是一波接一波的政治運動的折磨，在一個將意識形態當作治國綱領的社會，獨立於權力的學術與文化只能奄奄一息。幸虧他晚年留下了口述史《上學記》、《上班記》，讓我們得以管窺民國時期西南聯大那樣一個天才成群結隊地湧來的象牙塔，那種自由而多元且富有原創性的人文主義傳統後來自然是被腰斬。何先生半為戲謔半為自傷地說過，他們是報廢的一代人！「報廢」兩個字隱含著何等的傷痛與惋惜！1950年代初，當余英時先生決定放棄燕大學業留在香港時，巫寧坤卻放棄了在芝加哥大學即將拿到的英美文學博士學位，應大學時代的老師趙蘿蕤的盛情邀約回到燕京大學任教，等待著他的命運是他被劃為右派經歷了九死一生之後提煉的人生三部曲「我歸來，我受難，我倖存」。而在學術生涯早、中期就寫下《中國法律與中國社會》、《清代地方政府》等經典的瞿同祖，1965年從加拿大回國後也基本上是無所作為度過後半生。他在晚年接受一個青年學者訪問時愴然涕下言及在一個高度政治化的時代，學術生命自然無從施展。這樣的人生故事，在當代中國的歷史上俯拾皆是，讓人不勝唏噓，還有更多的歸國科學家的故事，可能因為史料、知名度等各種原因尚未進入公共記憶的範圍，至今仍處於被遺忘和被遮蔽的境地。

行筆至此，想起7月下旬，颱風煙花肆虐江南的時刻，我在杭州南高峰下的六通賓館給一個暑期學校修和書院授課（余先生生前曾應邀為書院題署校名寄意深遠）。因主事者裕榮兄之介紹結識了紀錄片《西南聯大》和電影《九零後》的導演徐蓓，在風雨蒼茫的午後，我們一見如故，談及她採訪過的許淵沖、馬識途、楊苡、巫寧坤這群西南聯大老人的生命歷程與人生際遇，對於這群知識人在天旋地轉的二十世紀中國雖然飽經滄桑，卻終究能夠有所作為，為文學、學術與歷史留下見證而感懷不已，更多的有才華也有抱負的讀書人卻尚未開花就已經永久地沉沒到歷史河流的底部而湮沒不聞。我也熱烈地談及所注意的哈佛這兩代留學生的生命走向，並熱切地希望徐導能夠將百年前這群哈佛留學生的生命故事以影像記憶的方式呈現給今天的00後一代。我們也不約而同地提及今年出版的非虛構寫作作品《重走：在公路、河流和驛道上尋找西南聯大》，這是我們一個共同的青年朋友楊瀟所撰寫，他通過四十六天的徒步，沿著當年長沙臨時大學從湖南到貴州抵達昆明的湘黔滇旅行團的足跡重走了這條歷史之路，並以縝密的考證、紮實的田野和優美的敘事，將歷史寫作與旅行寫作近乎完美地結合了起來，呈現了歷史敘事所能夠包含的精神力量與人文之美。無論是紀錄片也好，還是非虛構寫作也好，其實我們有一個共同的從歷史深處生長出來的問題：西南聯大這一代人或者說哈佛幾代留學生的人生完成度跟歷史、政治、時代與個人的心性之間的關聯究竟如何？在面對一個給定的政治框架與時代格局時，作為個體的知識人該如何在時代巨變中錨定自我的歷史方位，以一種既有韌性也有智慧的方式來突破處境的限定而盡最大可能完成自己？面對一個可能不斷下沉的世道與衰敗的文化，讀書人又應該何以自處才能既不憤懣而陷入政治性抑鬱又不自憐自傷？有時候，刻意的啟蒙可能會因菁英的姿態而疏離了被啟蒙的對象，而在天地玄黃中能夠盡可能完成自我，活出一種生命的豐厚與承擔來，這種人格的感召力恰恰是這個虛無而亢奮的時代所亟需的。

你拚盡全力有尊嚴地活過的一生就是你的終極作品。從這個意義而言，其實楊瀟的重走歷史旅途也是在對自我展開尋找，余先生的回憶錄也同樣是對自我的生命之路的奧祕在進行鉤沉。人生何以完成？如何在一個動盪時代保持個體心智生命和生活世界的完整性？余先生多年前在接受《時代週報》記者訪問時就曾經以一種平易的語言表達了對這個所謂「人生完成度」問題的思考：

> 我想，你們年輕人自己要努力，要自己把自己當人，不要盲目服從權威。我認為每個人要爭取自己基本的權益，不要隨便被

> 人剝奪了。如果人家給你「恩賜」，給你點好東西，你就感激涕零，這就不太好了。人就應該量才適性，自己有多少本事，在什麼環境，儘量做自己該做的事。盡力完成自我，同時也知道尊重別人，這是所謂「博學知服」，即做一個有尊嚴的知識人的最好辦法。[4]

楊瀟在經歷了艱辛而漫長的重走旅途，以及對歷史世界中的西南聯大人的生命故事的追索之後，如此對他自己其實也是我們這一代人的人生進行反省：

> 有時候我會想我們出生於1978-1985年這一代人漫長的、好像永遠也不會終結的青春期。有好幾年的時間裡我的身邊滿是懸置著、漂浮著的朋友們，相信一切還早，相信生活仍有各種可能性，其實自己已經老大不小。現在看來只是我們恰巧趕上一個國家的上升曲線，勢比人強，卻讓我們誤以為一切可以持續，遲遲不肯降落，以致浪費了太多的時間——不要誤會，我仍然認為無休止的旅行、觀影、清談和漫無目的的閱讀是珍貴的，可倘若我們真的想要「創造」出什麼，想有屬於自己的「一生志業」，那需要強烈的信念感、長久的忍耐和真正凝聚起來的心力。[5]

我寧可將余先生對年輕一代人的告誡和楊瀟在歷史行走中的反

4 李懷宇，〈余英時：做一個有尊嚴的知識人〉，《時代週報》，2011年2月9日。

5 楊瀟，《重走：在公路、河流和驛道上尋找西南聯大》，上海文藝出版社，2021，頁559-560。

省看作是兩代人之間超越時空的精神對話和心靈契合。而作為一個從事人文學術研究和寫作的人而言，更為重要的是需要進入歷史的精神譜系，尋找到能夠激勵自己前行的典範人格和思想資源。余先生曾經在跟一個陷溺在茫然與憤激中的學者蘇曉康的談話中如此開示：「人的困境只能求援於人世的精神力量，那蘊藏在文化傳統中的無數先人積累的巨大資源，唯此方能超越有限的此生，與綿長的人類活的生命接榫。這種活的生命，也只隱然昭示在極少數被現代人所不屑一顧的『文化遺民』的蹤跡裡。」[6]我想，余先生早已超越了有限的此生，而融入了「文化遺民」的精神譜系之中。

2021年8月6日至9日初稿、修訂

謹以此文紀念我永遠追懷、敬仰的余英時先生

唐小兵，華東師範大學歷史學系副教授，哈佛燕京訪問學者，著有《現代中國的公共輿論》、《十字街頭的知識人》、《與民國相遇》等，主要研究知識分子史、左翼文化與中國革命等。

6 蘇曉康，〈忽到龐公棲隱處〉，載台北《印刻文學生活誌》，2018年10月號「余英時回憶錄專輯」，頁82。

余英時與羅爾斯的政治自由主義

王邦華

一、序言

余英時先生在中國史學界享負盛名。他亦是胡適之後的中國自由主義代表性人物，一生堅信自由、民主等價值和中國文化相容。正如余英時自述，他「深受五四以來的自由主義傳統的影響：在政治上嚮往民主，在思想上尊重理性和容忍。」[1] 然而，在這些政治信念背後，他可有一個哲學框架統合這些信念？余英時的史學著作已受許多人關注和討論，他的政治哲學觀點卻幾乎無人討論。

乏人關注的原因之一，無疑是因為余英時本人較少討論政治哲學問題。他的學術著作集中討論歷史現象，例如自由、民主在清末民初如何被接受和排拒等。其著作很少會直接從價值角度討論自由、民主等政治問題。然而，當有某些段落討論儒家如何和自由、民主等價值相容時，讀者或能發現他背後其實有一個融貫完整的看

1　余英時，《到思維之路》（漢新出版社，1984），頁1。

法。本文嘗試以美國哲學家羅爾斯的後期著作《政治自由主義》為框架，重構余英時這方面的見解，解釋他如何理解儒家在民主體制中的位置和未來的貢獻。

明白余英時的政治哲學觀，能幫助我們更完整地理解他的思想。初讀余英時的著作，或會認為政治哲學對他來說是比較邊緣的學術興趣。然而，余英時最早期的數本著作，例如《民主制度與近代文明》、《民主革命論》和《自由與平等之間》，大多是和政治哲學有關。正如余英時在1955年自述：「我近兩年來思想的興趣集中在兩大問題上：一是文化哲學（Philosophy of Civilization），一是社會哲學（Social Philosophy）。」[2] 可以說，政治哲學是其學術關懷的起點。在《朱熹的歷史世界》中，余英時一個著名論斷就是宋儒因為「外王」而關心「內聖」。為了尋求正確的經世致用之道，宋儒探討心性之學，以求為政治實踐建立正確基礎。余英時本人的學術興趣不在「內聖之學」，他也不求「外王」去指點江山，但他的學術興趣明顯受其政治關懷的引導。因此，理解他的政治哲學觀，也能幫助我們理解他的學術興趣和立場。

因為余英時的早期政治哲學著作已有人討論，[3]本文遂集中討論余英時九十年代後的政治哲學觀，並和同期的政治自由主義比較。我首先簡述羅爾斯的政治自由主義，並以此為框架，解釋余英時為何認為儒家在民主社會中可以作出重大貢獻。我再以羅爾斯的公共

2 余英時，〈自由與平等之間〉，收於余英時，《民主制度與近代文明》（廣西師範大學出版社，2014），頁389。其時政治哲學未成顯學，名稱在學界未有嚴格共識，有時會被人以社會哲學稱之。

3 周質平，〈自由主義的薪傳：從胡適到余英時〉，收於林載爵編，《如沐春風：余英時教授的為學與處世》（聯經，2019），頁163-208。

理由觀，詮釋余英時對新儒家的批評。

二、羅爾斯的政治自由主義

羅爾斯最為著名的著作，當然是1971年出版的《正義論》。然而，他在1993年出版的《政治自由主義》，亦不容忽視。此書出版後，旋即在哲學、政治學和法學中廣受關注，相關討論直到今天仍是方興未艾。[4]羅爾斯在此著作中，修改和重新詮釋他在《正義論》的許多想法。學者遂稱《正義論》時期的羅爾斯理論為「早期羅爾斯」，而《政治自由主義》時期的羅爾斯理論為「晚期羅爾斯」。

羅爾斯一生的核心關懷，都是要處理民主社會中的分歧問題。[5]在民主社會中，人們有不同的道德、政治和宗教信念，他們也有不同的性別、來自不同的階層。一群來自五湖四海、抱持不同的美好人生觀的人們，如何可以和衷共濟地生活在一起、共同建構一個公義的社會？羅爾斯在《正義論》就嘗試提出，只要擺脫偏見，人們其實會發現他們共享一個正義的觀念——「正義即公平」（justice as fairness）。他利用「無知之幕」的思想實驗，論證他的「正義即公平」理論可以成為分歧背後、人們共享的道德基礎。[6]

然而，自八十年代起，羅爾斯逐漸發現，他的「正義即公平」

4 最近期有關羅爾斯的討論，可見Jon Mandle and Sarah Roberts-Cady（ed.）, *John Rawls: Debating the Major Questions*（Oxford University Press, 2020）.

5 Andrius Galisanka, *John Rawls: The Path to A Theory of Justice*（Oxford University Press, 2019）.

6 有關羅爾斯在《正義論》的論證，可參考周保松，《自由人的平等政治》（生活．讀書．新知三聯出版社，2013），頁1-33。

理論背後，其實預設了一種康德式的人觀。因為這預設，他不能再聲稱其理論中立於各種美好人生觀，並會被民主社會中的公民所共同接受。這構成其理論的一個內在矛盾。後期羅爾斯的種種修改，都是嘗試擺脫這個矛盾。[7]在《政治自由主義》中，羅爾斯澄清他的正義觀是建基於一些政治價值。他提出一個「整全性學說／政治價值」的二分。整全性學說即一個包括宗教、形而上學、知識論等的思想體系，它界定人類對美好人生等課題的看法。天主教、伊斯蘭教等宗教，效益主義、康德主義等哲學理論，都是整全性學說。政治價值則是公民共享的價值，例如自由、平等、共善等。這些價值不需要預設任何整全性學說，獨立在不同的整全性學說之外，其基礎來自民主社會的公共政治文化，構成不同人對公民身分和民主社會的理解。用羅爾斯的話說，政治價值構成民主社會的重疊共識。[8]

基於這種共識，公民們即使相信不同的整全性學說、產生種種分歧，他們也可以和平、合理地解決社會合作的問題。公民們以這些政治價值為材料，建構不同的政治正義觀念。然後在公共領域中運用這些觀念討論立法、倡議政策。羅爾斯的「正義即公平」，就是其中一種政治正義觀念。[9]這些政治正義觀念，組成民主社會的公

---

7 John Rawls, *Political Liberalism*, revised edition（Columbia University Press, 2005）, pp. xv-xvi.

8 有關晚期羅爾斯的「政治轉向」(political turn)，可參考 Gerald Gaus, "The Turn to a Political Liberalism," in Jon Mandle and David A. Reidy（ed.）, *A Companion to Rawls*（Blackwell, 2014）, pp. 235-250。有關羅爾斯的重疊共識究竟是指政治正義觀念（political conception of justice）還是政治價值（political values），學界有不少爭議。本文採用的詮釋，來自 Jonathan Quong, *Liberalism without Perfection*（Oxford University Press, 2011）, p. 183。

9 除了自己的「正義即公平」，羅爾斯也認為哈伯瑪斯（Jürgen

共理由(public reason)。公共理由為政府行使公權力提供道德基礎，令公民明白運用公權力背後的理據，而非只視公權力為暴力強迫。同時，公民在公共領域探討重要的政治問題時，也不必訴諸各不相同、甚至彼此衝突的整全性學說，而可以用公共理由去互相溝通。簡而言之，晚期羅爾斯認為，當公民思考美好人生等終極問題時，可以尋求整全性學說去安頓。但當公民探討公權力如何運用、彼此在公共領域如何相處時，就應以政治正義觀念組成的公共理由去思考。

然而，當公民的整全性學說和政治正義觀念有所衝突時，公民應如何自處？舉例說，平等為所有政治正義觀念的重要價值，它要求公民在公共領域中對不同性別的人皆一視同仁，不會因為某政治家是女性就貶低其言論和地位。但如果一個公民的整全性學說有強烈的男尊女卑思想、認為女性天生就是要在家庭中相夫教子，那他的政治信念難免會受影響。整全性學說中的性別歧視，可能會影響到他在公共領域的言論和決定（例如拒絕投票給女性候選人）。

因此，羅爾斯認為，一個民主社會要長治久安，公民們不只需要共享一些政治正義觀念，這些政治正義觀念更要扎根於公民們的整全性學說。公民們能在自己的宗教和文化傳統中，各自找到理由證成政治價值。整全性學說和政治正義觀念形成一個和諧、統一的思想體系，前者不會妨礙公民去追求後者，甚至為公民提供形而上或宗教的理由去支持後者。[10]羅爾斯統稱這許多民主社會內的整全性學說為「背景文化」（background culture）。健全的民主社會，

(續)

Habermas）的正當性理論和天主教的部分共善觀也是可以由政治價值建立，因此也可歸類於政治正義觀念。見Rawls, *Political Liberalism*, pp. 451-452.

10 Rawls, *Political Liberalism*, pp. 386-387.

要有一個多元、包含許多整全性學說的背景文化。它為公民提供不同的整全性學說、安頓他們的終極關懷，同時引領公民支持不同的政治正義觀念，再以這些政治正義觀念為媒介，參與公共討論和政治決策。

三、儒家在背景文化中的貢獻

在政治自由主義中，背景文化為民主社會的穩定提供堅實的基礎。但什麼宗教和哲學理論可以成為背景文化？天主教、伊斯蘭教等主要宗教要經過甚麼轉變才可以包括在背景文化內？這些問題，羅爾斯卻沒有詳細討論。這正是余英時關心的地方。當余英時提到儒家未來在民主社會可以扮演什麼角色時，他屢次提到羅爾斯的《政治自由主義》。[11]可以說，晚期羅爾斯為余英時思考儒家和民主的問題提供了不少靈感。

在余英時眼中，儒家在傳統中國文化有龐大影響力，是因為其制度。「上自朝廷的禮儀、典章、國家的組織與法律、社會禮俗，下至族規、家法、個人的行為規範，無不包括在內。凡此自上而下的一切建制之中則都貫注了儒家的原則。」[12]然而，這一制度在辛亥革命後就逐漸崩潰，無復舊觀。余英時遂以「游魂」描述今天的儒家，因為儒家已失去其附托的制度。「今天的儒學似乎只能在大

11 余英時，〈民主觀念和現代中國菁英文化的式微〉，收於余英時，《人文與民主》（時報文化，2010），頁128；余英時，〈人文與民主：余英時院士「余紀忠講座」演講全文〉，收於余英時，《人文與民主》，頁91。

12 余英時，〈現代儒學的回顧與展望〉，收於余英時，《現代儒學論》（八方文化，1996），頁35。

學哲學系中存身」，[13]苟存於學人的思想和議論中。驟然看來，余英時對儒家的未來似乎甚為悲觀。然而，他也提出，只要作出適當改變，「游魂」的儒家也可以在民主社會中找到落地生根的地方。而這個地方，正是羅爾斯理論中的背景文化。

余英時首先認為，「現代儒學必須放棄全面安排人生秩序的想法。」[14]儒家應該接受政治制度不能只用儒家的價值和原則規劃。社會多元化已經無可避免。如果天主教徒、伊斯蘭教徒堅持制度必定要跟從他們宗教的教誨，衝突豈非無日無之？因此，儒家如果要在未來和不同的宗教和文化團體共存，就應改變自己的政治目標，接受憲政民主的框架，不再堅持儒家原則為安排政治和社會秩序的標準。用羅爾斯的話來說，儒家和其他宗教、文化團體都應該自我設限（self-restraint），在公共領域中限制自己只用公共理由思考和決策，避免受宗教信念等影響。[15]

然而，自我設限，並不代表儒家就會變得可有可無。正如之前提到，背景文化在民主社會中貢獻良多。余英時正是嘗試提出，儒家可以「以背景文化的地位投射間接影響力」，[16]支持公共領域的運作。他主要認為儒家可以為民主社會中的道德教育，提供充足材

13 余英時，〈現代儒學的困境〉，收於余英時，《現代儒學論》（八方文化，1996），頁163。

14 余英時，〈現代儒學的回顧和展望〉，頁39。

15 這自我設限可見於Rawls, *Political Liberalism*, p. 153。近年在學界亦受到廣泛討論，可見Kevin Vallier, *Liberal Politics and Public Faith*（Routledge, 2014）, pp. 49-52 和 Lori Watson and Christie Hartley, *Equal Citizenship and Public Reason*（Oxford University Press, 2018）, pp. 88-105。

16 余英時，〈儒家思想與日常人生〉，收於余英時，《現代儒學論》（八方文化，1996），頁178。

料。余英時屢屢強調，民主不只是一個投票競賽。如果公民只關心選票和選舉勝利，那他們可能會不擇手段地打擊對手，甚至用假新聞欺騙、煽動選民，甚至選舉失敗後也會用種種手段拒絕承認選舉結果的正當性，企圖東山再起。因此，一個穩定、有效的民主制度，需要具備公民美德的政治領袖支持和帶領。而儒家在經典中提及的種種德性，正好能為政治領袖提供適當指引。正如余英時所言：

> 傳統儒家「有治人、無治法」的觀念固然已失時效，但「徒法不足以自行」終究是一條經得起歷史考驗的原則。制度離不開人的運作，越是高度發展的制度便越需要高品質的人去執行。美國人文主義思想家白壁德在《民主與領袖》（*Democracy and Leadership*）的名著中特別以孔子與亞里斯多德并舉，使東方與西方的人文精神互相補充。他的主要論點便在於孔子之教可以造就民主領袖所最需要的「人的品格」（man of character），孔子主張「以身作則」（exemplification），其結果是塑造出「公正的人」（just man）而不僅僅僅是「抽象的公正原則」（justice in the abstract），在白壁德看來，這才是民主社會的唯一保障。這豈不是「徒法不足以自行」的現代翻版嗎？[17]

篇幅所限，余英時並沒有詳言什麼儒家德性有助於民主發展。[18]

17 余英時，〈現代儒學的回顧和展望〉，頁42-43。

18 另一個余英時提到儒家可以貢獻民主的地方，就是通識教育。余英時認為，現代的教育體系過度專門化，導致公民失去宏觀的人文視野，不能正確判斷公共政策的得失。儒家的教育理念，講求「觀其大略」、「識其大者」，強調不同學問之間的融會貫通，正好能對治現代教育支離破碎之病。因為篇幅所限，此文無法論及余英時這然而，類似想法亦能在近年一些儒家學者的主張中見到。例如陳祖為就同樣認為儒家思想可以「為民主增補一個穩固的道德基礎。」[19] 陳祖為指出，儒家德性給人的印象似乎是只局限在家庭倫理或社群倫理之中，但其實儒家德性也能指引公民如何在公共領域恰當對待他人。例如儒家要求公民能在適當的時候超越自己一己私利的考慮，不受狹隘的派系利益限制，由共善的角度出發思考政治。所以孔子說「君子和而不同，小人同而不和」、「君子矜而不爭，羣而不黨」，就是說君子能以公心處理公共事務。[20]

另一個例子就是禮讓，君子在公平競爭之後，落敗時應能平心靜氣地接受結果，準備好作出退讓，而非負嵎頑抗、戀棧權位。「如果社會缺乏『讓』，如果人們不讓步或不妥協，他們就會結黨結派，使自己的訴求壓倒他人的訴求，於是各方立場趨於強硬，衝突隨即升級。最終，人們會訴諸力量以解決衝突……失敗一方會感到被壓榨，時刻尋求反擊的機會。」[21]因此，民主制度中的公民若都具備禮讓的美德，選舉競爭就能避免惡化成為你死我活的爭鬥。

簡而言之，儒家可以作為一種背景文化，薰陶公民，令他們具備德性人格（virtuous character），有助於民主制度內的政治競爭保持良性。這方面儒家正好可以補足政治自由主義在教育領域的不足。政治自由主義認為，公權力的運用，只能以政治價值去論證，這些論證應該中立於各種整全性學說之間，不偏私於任何宗教和文

（續）

方面的想法。可見余英時，〈人文與民主：余英時院士「余紀忠講座」演講全文〉，頁99-100。

19 陳祖為，《儒家致善主義：現代政治哲學重構》（臺灣商務印書館，2016），頁110。

20 陳祖為，《儒家致善主義》，頁111-112。

21 陳祖為，《儒家致善主義》，頁 113。

化。因此，在公民教育的領域中，政治自由主義的主張常被人批評為貧弱無力。公民教育是由政府推動，以納稅人的錢支持，因此內容必須中立，避免一些宗教團體批評政府用他們的稅金、卻資助學校教他們所反對的東西。結果政治自由主義者提倡的公民教育，往往避免宗教和哲學的討論，只是教導學生基本的國家歷史，以及如何在政策辯論中運用公共理由的技術。[22]這些教育往往只是流於表面。儘管公民們掌握了這些知識和技術，他們又可有良善的人格在適當的時候運用？儒家文化的德性教育，正好可以為公民們提供道德的「體」，支持各種技術的「用」。可以說，儒家和政治自由主義是一種「教育分工」（division of educational labour）的互補關係：政治自由主義教育公民在公共領域的政治倫理，而儒家的德性教育則賦予這些政治倫理更深刻的道德意涵。[23]

四、用公共理由的角度看余英時對新儒家的批評

余英時的老師錢穆去世後，余英時曾撰寫〈錢穆與新儒家〉一文，解釋在他眼中錢穆和新儒家的關係。[24]此文上半部分梳理史料，指出「錢先生和第二代新儒家之間雖有最低限度的一致立場——爲

22 Gordon Davis and Blain Neufeld, "Political Liberalism, Civic Education, and Educational Choice," *Social Theory and Practice* 33（1）（2007）: 58-60.

23 有關此種「教育分工」的詳細討論，可見Baldwin Wong, "Let God and Rawls be Friends: On the Cooperation between the Political Liberal Government and Religious Schools in Civic Education," *Journal of Applied Philosophy*（forthcoming）。

24 有關寫作此文的緣由，可見余英時，《余英時談話錄》(聯經，2021)，頁54-55。

中國文化說話……但是彼此的學術取向以及對儒學傳統的認識都格格不入。」[25]下半部分則直接批評新儒家，指出新儒家和民主格格不入。透過羅爾斯的非公共理由（non-public reason）概念，我們可以更深入地理解余英時這部分的批評。[26]

余英時的主要批評，在於新儒家的神祕主義。新儒家自認上承孔孟及宋明儒，其根據在於他們都能得見「一普遍和超越的心體。」[27]此心體是一切價值和創造的根源。然而，一般人要了解此心體，就要經過種種體證、證會等修養工夫。「現代一般人並沒有作過這種精神修煉的工夫，更不曾證會過心體和道體，因此無從在這一層次上分辨儒學史上誰已見道、誰未見道，或誰見道不明等等。」[28]故此，一般人要知道心體的內容、明白道德真理，就只能信賴新儒家

25 余英時，〈錢穆與新儒家〉，收於余英時，《現代儒學論》（八方文化，1996），頁134。

26 我需要澄清，這不是說余英時運用羅爾斯的非公共理由概念批評新儒家。在〈錢穆與新儒家〉一文中，余英時並無提過非公共理由此一概念。這是能夠理解的。因為羅爾斯的《政治自由主義》一書出版於1993年，而〈錢穆與新儒家〉最早收於1991年出版的《猶記風吹水上鱗：錢穆與現代中國學術》。因此，余英時寫作此文時，未提及公共理由亦不奇怪。本文只是認為，透過非公共理由有助我們理解為何神祕經驗不應成為政治秩序的論證基礎。然而，筆者也希望指出，羅爾斯早在八十年代中期開始在不同文章提出政治自由主義的基本概念，而在1990年的加州大學演講中亦已提出非公共理由這問題（John Rawls's Papers, Box 50, Folder 19, Pusey Library, Harvard University），主張公共證成不應訴諸公民不共享的概念。這些想法在1993年前已在學界引起討論。余英時雖然和羅爾斯沒有交往，但明顯有密切留意羅爾斯在《正義論》出版後的理論發展（《余英時談話錄》，頁23-24）。因此余英時在1993年前聽聞過非公共理由的相關說法，亦是有可能的。

27 余英時，〈錢穆與新儒家〉，頁135。

28 余英時，〈錢穆與新儒家〉，頁135。

的判斷。[29]余英時直指，新儒家的對心體的證悟和宗教的神祕經驗無異：

> 新儒家强調的證悟在西方人看來毋寧是宗教體驗的一種。例如熊十力所說的「良知是呈現」，如果真是一種實感，則與西方人所說的「上帝的呈現」（God's presence）屬於同一境界，雖然內容可能有異。但非親歷此境者則不能妄語，所以我們在門外的人最多祇能把見道者的證言當作一種事實來接受，而不能贊一詞。[30]

如果新儒家對心體的證悟僅限於道德修身，不涉社會事務，那影響就不大。然而，新儒家「最後歸宿是社會實踐，也就是重新安排人間世的秩序。」[31] 也就是說，有關社會的基本結構（basic structure），其價值標準需要訴諸心體的指引。新儒家當然支持民主制度，但「外王」的價值必須由「內聖」推導而出。在民主制度下，聖人不會直接管治人民，管治者仍靠選舉產生。但聖人證會心體的能力，令他的價值判斷具有權威，因此「在精神世界中居於最高的指導地位」。[32]在聖人引導下，人民才能理解民主制度的真正價值，從而建立相關法律和政策，此所謂「內聖開出新外王」。[33]因此，

---

29 有關新儒家的神祕主義問題，可見劉保禧，〈胡適與心學傳統〉，《立場新聞》（2020年4月16日）（網站已停止運作）。

30 余英時，〈錢穆與新儒家〉，頁137。

31 余英時，〈錢穆與新儒家〉，頁144。

32 余英時，〈錢穆與新儒家〉，頁149。

33 余英時，〈錢穆與新儒家〉，頁148。然而，余英時的批評，亦有誤解新儒家的可能。據安靖如（Stephen Angle）詮釋，牟宗三認為聖人應「自我坎陷」，把其權威限制在道德領域內。在政治領域，

余英時認為，

> 這個理論一旦涉及實踐便必然預設一種金字塔式的社會結構，道統自然是掌握在證悟了道體的人的手上，所以新儒家必然居於金字塔的最高一層，爲經驗界的一切創造活動提供價值標準。學者和政治家最多只能占據第二層，因爲他們所處理的都是經驗界的對象，不能直接接觸到新儒家的本體世界，嚴格地說，他們衹有在新儒家的道德精神的「浸潤」之下才能開拓中國的現代化。[34]

新儒家對心體的描述看起來晦澀，但如果說只有小部分人能有正確的價值判斷，那又未必是難以接受的結論。英美分析哲學的倫理學素來依賴思想實驗，而思想實驗的目的就是探討人的道德直覺（moral intuition），從而作為道德思考的基本材料。不少實驗哲學家（experimental philosophers）早已提出，平常人做這些思想實驗時，他們的道德直覺往往受文化、表達方式、個人性格等影響，透顯出來的道德直覺並不可靠，不足以成為道德思考的對象。所以這些實驗哲學家主張，唯有學院中的哲學家才是道德思考的專家，因為這些哲學家更擅於抽離、理性地思考，避免各種思考謬誤。因此，

(續)

聖人則採用另一種思考模式，不應自居價值標準的權威，而應在民主制度下平等尊重其他公民。若依此詮釋，則牟宗三亦會同意儒家應在政治領域自我設限，未必和余英時有太大分歧。但本文集中討論余英時對新儒家的批評可以用非公共理由詮釋。此批評由新儒家角度看是否正確，唯有另文討論。關於安靖如的詮釋，見Stephen Angle, *Contemporary Confucian Political Philosophy*（Polity, 2012），pp. 24-35。

34 余英時，〈錢穆與新儒家〉，頁150。

他們能夠從思考實驗中發現真正的道德直覺，從而再建構道德理論。[35]新儒家的主張，其實和這些實驗哲學家有相似之處：不同人對道德真理的把握有高低之別，有些人的確是更可靠的專家。

故此，余英時對新儒家的批評，重點不在於新儒家的體證是否真確，而在於這種體證不應成為公權力運用的基礎。我們可以借用晚期羅爾斯的公共理由概念去闡述這個主張。如前所述，民主社會的公共理由，即一眾建基於平等、自由等政治價值而構成的政治正義觀念。這些觀念不依賴任何整全性學說，是所有公民都可以運用理性了解。它可以成為政府運用公權力、安排政治秩序的道德基礎。當有公民批評政府的法律和政策時，政府可以訴諸政治正義觀念去解釋其行動的正當性。

然而，為什麼政府一定要依從公共理由施政？如果執政者堅信某政策足以造福萬民、只是人民缺乏智慧理解，那他為何不能堅持己見、「雖千萬人吾往矣」？這涉及政治自由主義如何理解政府和人民的關係。羅爾斯認為民主社會的公民皆為平等的自由人，而政府本質是一個具有強制力的機構，它能強迫公民服從法律和政策。這就形成了一個張力：一個政府如何可以尊重公民為自由人、但同時強迫公民服從？[36]公共理由這概念就是用來解決這一種張力。政府透過運用公共理由來論證其法律和政策，它顯示出其權力運用並不是單純的暴力，而是建基於自由而平等的公民所能接受的理由。即使涉及強迫，政府也表達了對公民們的尊重。[37]

---

35 Joachim Horvath and Alex Wiegmann, "Intuitive Expertise in Moral Judgments," *Australasian Journal of Philosophy* （forthcoming）.

36 Rawls, *Political Liberalism*, pp. 61-62.

37 此詮釋可見Charles Larmore, "Political liberalism: Its motivation and goals," in David Sobel, Peter Vallentyne and Steven Wall（ed.）, *Oxford*

也就是說，政治自由主義反對政府依「非公共理由」(non-public reason)施政。所謂非公共理由，即不能為所有公民理解(accessible)的理由。[38]舉例說，一個天主教徒的總統，可能強制所有中小學把閱讀《聖經》納入課程內，因為這能提高所有國民進入天國的機會。這總統的施政理由預設了天主教的世界觀。對無神論者的公民來說，總統的理據無法被他們理解。無神論的公民們雖為自由人，政府卻強迫這些公民及其兒女接受這無法理解的教育政策。由此可見建基於非公共理由的法律和政策會衍生的問題。施政者可能立心良善，這些非公共理由也可能是道德或宗教的真理。儘管其真其善，這類法律和政策卻構成一種不尊重（disrespect）：政府強迫自由人服從他們無法理解的命令。

由此角度出發，我們就能更好地理解余英時對新儒家的反對。余英時對新儒家的批評，正在於新儒家對心體的體證過於神祕，不能為他人理解，但新儒家又主張政治秩序的證成要依賴這種體證。問題並不在新儒家立心不良，或是修為不足，甚至不是道德上理解錯誤，而是在於這種體證是一種非公共理由。它無法為所有公民理性地理解，所以它並不適用於公共證成。用另一位政治自由主義者羅蒂的話說，新儒家的體證彷彿是一種「對話終結」（conversation-stopper）。[39]誰人有體證、體證是什麼、體證是否正

(續)

Studies in Political Philosophy, Vol. 1 (Oxford University Press, 2015), pp. 63-88.

38 Baldwin Wong, "Accessibility, Pluralism, and Honesty: A Defense of the Accessibility Requirement in Public Justification", *Critical Review of International Social and Political Philosophy* (forthcoming).

39 Richard Rorty, "Religion as Conversation-stopper," *Common Knowledge* 3 (1) (1994) : 3。然而，羅爾斯也不是完全排拒公民在公共領域內訴諸神祕經驗，但其條件是該公民能適時（in due

確，全賴體證者自己的宣稱，其他人不能置喙。其他人亦無從提出理由反對，因為提出理由的前提是理解對方的論證、並指出自己反對的地方。如果新儒家只是在私人辯論中提及這種體證，那其他人最多只是覺得難以理解、唯有放棄辯論。這也不會影響其他人的生活。然而，如果這種體證構成「安排人間世的秩序」的終極理據，[40] 而其他人在政府力量之前，只能被強迫接受這秩序，那其他人難免會感到極大的不尊重。如此，則難怪余英時會以「良知的傲慢」描述新儒家的問題了。[41]

五、結論

余英時對儒家有甚多精闢見解。篇幅所限，本文只集中討論以下三點，即（一）儒家必須自我設限、放棄依據儒家設計制度的「建制化」理想。（二）儒家在未來的民主社會，貢獻在於「日常人生化」[42]，它應透過儒家教育引導公民具備良好美德。（三）新儒家儘管也支持民主，其理據卻過於依賴心體的證會。

本文嘗試指出，這三點主張，都能透過晚期羅爾斯的政治自由主義去連結在一起，構成一種更完整的儒家政治哲學觀。（一）自我設限，是因為社會變得多元化，所以政府制度應該由不預設任何整全性學說的政治正義觀念去證成。（二）「日常人生化」不代表

(續)

course）提出公共理由輔助論證。見Rawls, *Political Liberalism*, p. 453。但新儒家的心體證會能否有公共理由支持，至今未有學者有充足闡述。

40 余英時，〈錢穆與新儒家〉，頁144。

41 余英時，〈錢穆與新儒家〉，頁 156。

42 余英時，〈儒家思想與日常人生〉，頁173。

儒家無足輕重，反而代表儒家可以解決政治自由主義在私人領域鞭長莫及的問題，形成一個互補的關係。健康的民主社會，需要良好的背景文化支持。背景文化薰陶出具備公民德性的人們，避免政治分歧走向極端。（三）聖人可能透過神祕經驗掌握道德真理，但真實與否不是公共證成的重點。安排政治秩序時，公權力的運用應建基於公民們都能理解的公共理由。在公共證成中訴諸神祕經驗是代表對其他公民的不尊重。

然而，我必須澄清，本文並不是主張余英時是一位政治自由主義者。羅爾斯的政治自由主義包含許多哲學主張，要考究余英時是否全盤接受這些主張，需要更多的歷史材料。本文的目的，不如說是以政治自由主義為框架，嘗試重構余英時有關儒家的主張，並以此闡述儒家政治哲學的一個可能發展方向。[43]近年不少儒家政治哲

43 我亦要在此處理此詮釋可能受到的兩種批評。首先，余英時在討論儒家作為一種背景文化的段落時，曾在一個腳注提到：「我只是借助羅爾斯的综合性學説的觀念做爲背景文化以説明我自己關於中國情況的看法，而不表示我對羅爾斯早期或晚期整個政治公正概念的看法。」（余英時，〈民主觀念和現代中國菁英文化的式微〉，頁140）這似乎代表余英時對羅爾斯的理論有所保留。我認為羅爾斯的理論宏大，而且廣受學人討論。如果要說支持或反對羅爾斯的理論，必然要閱讀大量文獻。因此，余英時避免在此下判斷，亦可理解。故此，本文只是提議羅爾斯的部分概念有助我們理解余英時的政治哲學觀，並非論證余英時是一位羅爾斯主義者（Rawlsian）。羅爾斯的理論可分為正義理論（theory of justice）和正當性理論（theory of legitimacy）兩部分。前者探討何為正義社會的問題，主要包括差異原則等兩條正義原則；後者探討民主政府何以有正當性的問題，主要包括政治價值和公共理由等概念（此二分法可見Burton Dreben, "On Rawls and Political Liberalism," in Samuel Freeman（ed.）, *The Cambridge Companion to Rawls*（Cambridge University Press, 2003）, p. 317）。就我觀察，余英時對羅爾斯的正義理論似乎有所

學家，主要集中討論儒家可以提出什麼有特色、異於西方民主的政治制度，例如蔣慶的「三院制」[44]、白彤東的「兩院制」[45]等。和他們相比，余英時似乎是畫地自限，把儒家的影響局限在私人領域，在政治哲學上無足道焉。然而，如果我們用背景文化理解「私人領域」，那所謂的私人領域其實包括大量林林總總的社會組織，包括

(續)

保留，因為他幾乎沒提過羅爾斯的正義原則。他主要有興趣的似乎是羅爾斯的正當性理論，亦建基於對此的理解去闡述儒家在民主社會的位置。

其次，當余英時指出儒家可以在公民社會作出種種貢獻時，曾提到他心目中政府的角色。他認為「政府對於儒家的新發展最多衹能處於從旁贊助的地位，而不應直接干預。」（余英時，〈儒家思想與日常人生〉，頁173）這段文字代表余英時認為政府可以用公帑資助儒家團體。這似乎違反了政治自由主義中的中立性原則（principle of neutrality）。羅爾斯主張政府應中立於所有宗教和文化，不可運用公權力優待個別宗教或文化。余英時這種「從旁贊助」的看法，反而更接近溫和致善主義（moderate perfectionism），即政府不應用強迫手段令人接受某種美好人生觀，而應用較溫和的手段，例如政府資助等（關於「溫和致善主義」，可見Joseph Chan, "Legitimacy, Unanimity, and Perfectionism," *Philosophy & Public Affairs* 29（1）（2000）: 5-42）。然而，政治自由主義是否一定要中立、反對任何政府資助？近年不少學者已指出，政治自由主義要求的只是政府的公權力運用要有公共理由。如果一些政府資助是有助共善、有足夠的公共理由支持，那政府也可以提倡。因此，不能說政治自由主義一定反對政府資助等致善主義政策（perfectionist policies）。有關致善主義政策如何可以有公共理由證成，可見Collis Tahzib, "Perfectionism: Political not Metaphysical," *Philosophy & Public Affairs* 47（2）（2019）: 144-178。

44 Qing Jiang, *A Confucian Constitutional Order: How China's Ancient Past can Shape its Political Future*（Princeton University Press, 2013）.

45 Tongdong Bai, *Against Political Equality: The Confucian Case*（Princeton University Press, 2020）.

傳媒、教育機構、商業公司等。儒家思想可以在這些組織中扮演甚麼角色，這些組織如何幫助儒家傳統和民主制度接軌，這些課題都大有討論空間。舉例說，儒家能否作為一種商業倫理、調和私營企業和公益之間的衝突？儒家的書院傳統又能否有助公民美德的教育？凡此種種，都是學者可以進一步探討的問題。更進一步說，近年也有一些伊斯蘭學者採取和余英時類似進路，解釋伊斯蘭教如何可以在私人領域支持政治自由主義的民主政府。[46]儒家學者也可借鑒這些伊斯蘭學者的想法，用比較政治哲學（comparative political philosophy）的方法，思考如何發展余英時的儒家政治哲學觀。[47]

王邦華，香港恒生大學社會科學系助理教授，研究興趣包括公共證成和儒家政治哲學，學術著作見於 *Journal of Applied Philosophy*, *Journal of Social Philosophy*, *Journal of Religious Ethics*, *Philosophia*, *Critical Review of International Social and Political Philosophy* 和 *Social Theory and Practice* 等期刊。

46 Andrew F. March, *Islam and Liberal Citizenship: The Search for an Overlapping Consensus*（Oxford University Press, 2009）.

47 作者感謝錢永祥老師、陳祖為老師和周保松老師的寶貴建議和悉心指正，作者在修改的過程中收穫良多。本文亦為香港的 Faculty Development Scheme（FDS）的研究計劃 “Exploring the Idea of Public Reason”（#FDS14/H12/20）的部分成果。作者於此感謝大學教育資助委員會的補助。

儒家思想如何在現代社會中開展及實踐：

從余英時對儒學的反思開始[1]

陳祖為

很榮幸來到這裡參加當代儒學論壇暨「紀念劉理堂先生博士論文獎」頒獎典禮。

1979年我進香港中文大學，主修政治學，副修哲學。劉述先先生於1981年出任中文大學哲學系講座教授。那時因副修哲學，沒有很多學分選修劉先生的課。但我聽過他演講，他講的文化哲學對我很有新鮮感、很有啟發。那個時代，他跟另外兩位著名華人學者林毓生先生、杜維明先生有一類似的想法：儒學若要在現代社會重新開展，必須要通過一個「創造性的轉化」（creative transformation）。我覺得這是很對的方向。以前我念牟宗三、唐君毅的著作時，已感覺他們是朝着這個方向重新演繹儒家思想。

我在香港出生和長大，港英殖民政府沒有攻擊華人社會文化，但設立了一套英式的法律、經濟和管理體制。就是這樣，深受儒學

1 這篇文章是基於我在中央研究院中國文哲研究所於2021年9月20日舉辦的「當代儒學論壇」的演講所寫成。在一定程度上，文章保留了演講的風格。由於篇幅所限，文章沒有包括演講的全部內容。感謝黃冠閔所長的邀請，及政治大學政治學系張其賢副教授作與談人。

思想影響的華人文化逐漸與西方文化和體制產生有機的結合，並相互影響。在這中西文化結合的香港背景下，聽劉先生說儒學需要創造性的轉化，自然覺得是理所當然的。我想，有一天我要做一個這樣的題目。那時，這些學者專注的，是在儒家的宗教、倫理、文化、人生哲學等面向做轉化。因我的志趣是政治哲學，所以我要作的，是在儒家政治思想方面做全面的檢討及轉化。這是個龐大的計劃，因我沒有中國哲學的訓練，所以花了很長的時間，自上世紀九十年代末期一直做到現在。

今天在「當代儒學論壇」演講的題目，是我多年研究計劃的一小部分。我選上這題目——「儒家思想如何在現代社會中開展及實踐」，一方面是配合論壇的主旨和劉述先先生長期的哲學關注，另一方面，我的副題是「從余英時對儒學的反思開始」，這是因為我想藉今天的機會，紀念兩個月前逝世的余英時先生。余先生一生關注中國思想的性質和發展，是思想史的巨匠。雖然專注歷史，余先生對儒學的現代命運及今後的發展，有發人深省的論述。所以，今天我選擇從余先生的論述開始說起。我是於2019年春季去普林斯頓大學當訪問教授時，有幸認識余先生，多次探訪他和陳淑平女士。2020年再去普大，再次拜訪他。聞名不如見面，感覺他的為學和做人，都非常值得我等後輩敬佩和學習。所以我今天從他對儒學的現代命運的分析開始談。可惜他不在了，再不能向他討教。

余先生在不同的文章探討這個問題，除了個別文章，大部分收錄在《現代儒學論》內。[2]我首先通過這些文章，歸納余先生的論點，

2 相關文章包括，以初次出版的時間排序：1984〈從價值系統看中國文化的現代意義〉，《中國思想傳統的現代詮釋》（聯經，2021）；1996《現代儒學論》（北方文化企業，新亞人文叢書，1996）；1998〈民主觀念和現代中國精英文化的式微〉，《人文與理性的中國》，

然後作出一些提問和評論。

余先生認為，中國文化的核心在其價值系統，而該系統乃是儒家的。誠然，中國文化有其他的價值系統，但儒家才是主流，因為只有儒家是全面安排人間的秩序，而唯有如此，一個思想才能作為文化價值系統的大體。在中國，佛、道教沒有像儒學那樣那麼全面，那麼入世，通過建制落實其意義系統。傳統儒家的特色在於它全面安排人間的秩序。這全面秩序是通過建制化（institutionalization）的過程落實。建制化的範圍包含朝廷的禮儀典章、國家法律組織、社會禮俗、族規、家法及個人行為規範，是一個全面的社會規劃。

余先生認為，儒家建制的整體，自辛亥革命以來迅速崩潰。儒家瞬間變成了沒有體制承托的「游魂」。儒家透過全面建制化支配人生秩序的時代已經一去不復返，有志為儒家「招魂」的人，不必在這方面枉費心力了。但余先生不是說這個遊魂沒有意識，遊魂當然可以離開其身處的傳統歷史環境而獨立存在。祇是，儒學思想的根本志趣在於建立「人倫日常」，不會甘於只作為學術殿堂中的高深思想。儒學作為「人倫日常」，必須在生活中實踐，不能只「托之空言」，要「見之行事」。這個魂一定要找一個地方、一個載體，實實在在的活下去。如果你今天還擁抱這個魂，那麼你就要想像，它如何可能在現代社會中開展和實踐出來，並加以推動和落實。

余先生問，作為現代的「日用常行」，儒學應該有甚麼特性，有沒有可能在現代社會實踐？雖然余先生的學問涉獵很多學科，但作為一位歷史學者，對於現在和將來的事，他不會講很多，通常點

(續)——

（聯經，2021）；2004〈試說儒家的整體規劃——劉述先先生〈回應〉讀後〉，《宋明理學與政治文化》（允晨文化，2021）。下文引述余英時的觀點，皆來自這些文章，不會另行註明出處。

到即止，我想這是因為他嚴守歷史學的界線吧。但是，他還是簡單地講了很有意思的觀點：

1. 現代社會有多元的價值、多元的生活方式、多元的宗教，儒學不可能獨霸價值的領域。儒學要放棄內聖、外王緊密相連的全幅理想，接受公、私在現代社會是兩個領域。當然，不是說這兩領域是完全分開的，它們是互相影響的。現代儒學不能再直接插手公領域，只能通過間接的方式有助於治國平天下。如果你是儒學的人，你就從個人修身開始，以身作則，以人格感召他人，影響其他領域。就像一個基督徒一樣，影響其他人，讓別人欣賞你的信仰。
2. 關於現代「日用常行」的儒學，應該具有什麼樣實質的內涵，這是有志重建現代儒學的人必須要深入研究的大課題。儒學在現代化的過程如何和西方互相融合是問題的關鍵。過去幾十年，很多儒家學者在哲學這方面努力，做很多跟西方哲學的比較和融合。但西方文化對儒學的挑戰，不像宋明時代佛教對儒學在宇宙觀、心性觀等「形而上」的挑戰。西方的挑戰主要是「形而下」的，是倫理、經濟、政治、科技、制度方面的挑戰。[3] 現今研究和推廣儒學的人，需要就這些「形而下」課題作一番功夫。

余先生提出，當今儒學需要向形而下的方向發展，我認為這是很有意思的觀論，下文將會討論。但讓我首先討論余先生的一個重要觀點。余先生認為，當代儒學必須放棄全面安排人生的特色，因

3 《現代儒學論》，頁VIII。

為歷史上相應的一套社會制度已經崩潰了，載體已經沒有了。但我們可問，為什麼不能在現代社會塑造一個符合儒學的整體社會制度呢？按照儒學的概念去塑造整個社會制度，為甚麼不可能？余先生所說的「不可能」，是在什麼意義上的「不可能」呢？我想從三方面分析「不可能」的意思。

第一個「不可能」的意思，是**理論上的不可能**。所謂理論上的不可能，就是儒學在今天社會裡不可能再發展出一個全面安排人生的**學術理論**。我覺得，余先生不會採取這立場，因為他已經說明，儒學必須與西方文化制度調和融合，這代表儒學的內容必須隨時代而修正和發展。事實上，過去儒學在不同的時代都有修正和發展。那為甚麼到現在，我們不可以同樣地相信，經過修改、融合、發展之後的儒學，不能就整個社會的安排提出構想和願景呢？從這個意義看，現代的儒家思想能否有一整套社會制度的論述，就視乎這種「形而下」的調和與發展的成果，而這就要看當代儒學者的造詣和決心了。

余先生可能認為，不是在理論上儒學不可能發展一套整全的社會制度論述，而是在**現實上**，儒學不可能在現代社會在發揮全面規劃人生秩序的功能。這是**社會現實上的不可能**。他說，今天儒學的道德資源和意識，只能靠我們的集體記憶維持，但這集體記憶到今天已經消耗得差不多了。余先生認為，儒學能否重生，要看有沒有大批的新「人師」、新「身教」不斷湧現。他的觀點是放在個人身上，修為愈高的人，越有可能正面地影響他人，從而發揚儒家的道德意識。究竟在華人的現代社會，會否有大批的新「人師」？目前看來不敢樂觀，日後要視乎相關人士的努力，沒有人可以斷言將來的發展。

余先生認為，除了社會現實上的困難，**在道理上**，儒學也不應該在現代社會中落實其「全面安排人生秩序」的特色。這是**在道理上的不可能，或不應該**。儒學不應像以往一樣，通過政治建制力量全面規劃社會和人生安排。這裡引發當代政治哲學一個很重要的課題。我提這個課題出來，是因為余先生也受這個課題的一些理論觀點影響。當代西方政治哲學有一爭論：一個國家制定憲法、法律、和政策時，應該根據什麼樣的理由？。西方自由主義自幾個世紀以前，已經有政教分離和宗教寬容等觀念，但一直到20世紀才發展出所謂「國家中立」的學說（state neutrality），認為國家對於「美好人生」（the good life） 的觀念， 或任何一個綜合性的學說（comprehensive doctrine），都應保持中立。政府只會提供一中立的架構，讓人民自由追求他們心目中的美好人生。這個中立的架構是什麼？是自由、公平、民主的架構，這些政治上的價值，不需預設任何綜合性的學說，而是來自於自由民主社會的政治文化和政治共識。

余先生認為，現代社會在價值和生活方式上皆多元化，「儒家思想的現代形式已不再占有任何優勢，因此它已成為各種綜合性學說中的一個」[4]，儒家「已不可能成為支配公共秩序的唯一原則了。」[5]。但他認為，儒家思想在現代社會，可以作為一個羅爾斯所言的「合理的綜合性學說」（reasonable comprehensive doctrine）而存在。按羅爾斯，「合理綜合性學說」是指任何一種接受自由民主的體制框架的綜合性學說。余先生在不同的文章裡，[6] 論證傳統儒家

4 〈民主觀念和現代中國精英文化的式微〉，《人文與理性的中國》，頁475。

5 〈試說儒家的整體規劃——劉述先先生〈回應〉讀後〉，《宋明理學與政治文化》，頁394。

6 〈民主、人權與儒家文化〉，〈歷史視野中的儒家與中西相遇〉，

有一些重要的觀點與關懷，是與西方的自由、容忍、權利、民主等價值和體制相通的。余先生認為，傳統儒家雖不能成為支配公共秩序的唯一原則，但作為自由民主體制內的一種合理綜合性學說，儒家可以促進大眾接受自由民主體制，以及羅爾斯所謂的「公共理性」（public reason），即自由、平等、民主、公義等政治價值。因此，儒家思想在現代社會能夠支持民主自由體制。余先生這樣寫：

> [羅爾斯]似乎認為，作為文化資源的合理的綜合性學說，在民主社會裡有力地促進大眾接受公正概念的建設。也許這就是他把他們稱為背景文化（background culture）的原因。[7]

> 羅爾斯所說的合理的綜合性學說，與以民主政體為目的的公正概念通常是怎樣彼此建立聯繫的，也同樣有效地適用於儒家思想將如何與中國的民主相關聯。在所有中國傳統的合理學說中，儒家思想顯然是最綜合性，並因此最有助於中國的政治公正概念。[8]

余先生的論據是否正確，儒家思想是否跟西方自由主義和民主思想相通，儒學是否在什麼地方需要作修正，才能完全和自由民主體制的框架接軌，這些問題，不是本文的主旨。[9] 本文想要探討的，

(續)

〈民主觀念和現代中國精英文化的式微〉，收錄在《人文與理性的中國》。

7 〈民主觀念和現代中國精英文化的式微〉，頁475。

8 〈民主觀念和現代中國精英文化的式微〉，頁476。

9 我在《儒家致善主義：現代政治哲學重構》(香港商務印書局，2016)一書中詳細討論了相關的問題。

是除了支持民主自由體制之外，儒家思想在現代社會中還可以有什麼功能？余先生認為儒家道德對於塑造民主領袖人格，可有重要的作用。[10] 依我所知，除了這個，他沒有再提出其他的角色和功能。

究竟儒家思想在現代社會還可以扮演什麼角色和功能？這是很重要的一個問題，直接影響我們怎樣回答儒家在現代社會的開展與實踐。我想在這問題，多作一些討論。如果余先生接受了羅爾斯的政治哲學框架，他有可能接受以下的幾個論點：

（1）現代政府應在價值問題上保持中立。
（2）政府應以公共理性的政治價值作為法律和政策的依據。
（3）儒家學說若能接受這些公共理性的政治價值，則可以存在及被接受。
（4）人們不能單以儒家價值和理念作為政治論述的依據。儒家價值和理念必須依附公共理性，才能在政治倡議當中有角色。

舉孝道這例子說明。台灣是一自由民主政體，按羅爾斯的理論，我們若要在台灣社會推動孝，那就不能僅用儒家文化或思想支持，而是必須要說明，孝跟自由民主文化裡的公共理性和政治價值，有何正面的關係。否則，便不能通過立法和政策推動孝道。

所以，羅爾斯的理論架構是非常具限制性的。我的觀點跟羅爾斯的不盡相同，但我同意不應該用綜合性的學說來管治社會，有兩個理由 。首先，綜合性的學說很難全是對的，一個理論越全面，出錯的機會就越大。儒學作為一綜合性理論裡面沒有錯誤嗎？一定有

10 〈民主觀念和現代中國精英文化的式微〉，頁480-482。

的。所謂錯誤，是我們今天若反思儒學的一些觀點，例如權威必須集中於一個人身上的「權威一元論」，[11] 它並沒有很好的理據支持，亦帶來相當不良的效果。其次，在現代社會中，因為人有不同的價值和信仰，要維持一個公民之間友好的關係（civic friendship），或作公民涵養（civility），就不要用一套整全學說壓在他人身上：要麼全面接受這學說，要麼全面反對它，是一零和遊戲。公民涵養所要求的，是公民重視公民之間的相互聯繫（common bond），願意通過尋找彼此的共識和共同認可的價值，以減低分歧。為達致這目的，公民涵養要求公民保持思想開放，在論證自己的觀點時訴諸別人可以明白的理由，有意識地減少彼此間的分歧，在無法達致充分的共識時，作出適當的讓步。若公民涵養是一重要價值，那麼我們就不應接受政府以單一的綜合性學說，推行「勝者全拿」的政治。

但這並不等於說現代政府必須嚴守價值中立——即任何立法、政策的倡議必須基於公共理性，不能建基於非政治性的價值（如什麼是美好人生）。我並不肯定余先生會否接受價值中立的立場。他作為歷史學者，我想不會太過進入這些政治哲學的議題。我一直以來倡議的觀點，是「溫和致善主義」（moderate perfectionism），一種介乎「國家中立論」與「綜合性學說」之間的立場。政府和參與政治的人，可以按照他們對構成美好人生的**個別價值**（但並非綜合性學說），來推動立法和政策。個別價值之間可以沒有很多關係，你可以接受這個價值而不接受另一個。因為你不用接受一套綜合性的學說，所以某些政策會符合你的價值立場，但另外一些政策則不然，這不是這「勝者全拿」的政治，所以是一個溫和的立場。這溫和立場的另外一個意思是，一個政府以非強制的方法推動個別的價

11 參《儒家致善主義》，第二章。

值，只通過政策和資源鼓勵給人民更好的選擇。

按儒家溫和致善主義，在現代社會裡推動儒家，應當以一種零散（piecemeal）和溫和（moderate）的方式進行。以推廣孝為例，不需要倚賴傳統儒家思想的整全學說作為權威，而是用普通日常語言和感受去談孝。孔子是怎樣談孝的？他沒有用上什麼理論，只簡單的說：「今之孝者，是謂能養。至於犬馬，皆能有養；不敬，何以別乎？」《論語 2.7》他說，若你養你父母，跟養一頭狗是同一態度的話，怎可表示對父母的敬呢？他是用很簡單的話，要你反省你的生活經驗，沒有什麼高深的哲學。儒家講孝，是養、敬、愛。從歷史的角度看，養、敬、愛的具體行為標準隨社會轉變而改變。在現代社會講孝，需要考慮現代人的生活經驗。以前農業社會，生活變化不大，家庭是生產單位，在這樣的背景下講孝順，父母（尤其是父）擁有很大的權威。但現代社會急速變化，生活上的選擇多樣化，上一輩的經驗未必適合下一輩，要求子女聽命，只會損害子女的自主能力和幸福。

溫和致善主義以溫和的方法推廣孝。其一是公開確認和鼓勵。台灣民法第1084條說，「子女應孝敬父母」。我不太熟台灣的法律，但我看來這句話很好啊，所用的概念是「孝敬」，不是「孝順」，沒有「儒家」二字，也沒有強迫或懲罰你的意思，只是一種確認和鼓勵。另一種溫和的推廣方法，是政策上的鼓勵和協助。例如，按香港的公屋政策，如果你申請公屋時，表示願意和父母同住，或者和父母住同一社區，你會獲得高一點分數，有更大機得公屋分配。另外，跟台灣相似，供養父母有額外免稅額。

剛才我是從政治哲學的理論，探討儒家思想在今天現代社會可以扮演的角色。我們也可以從余先生思想的內部理路，去推演儒家在今天的角色。余先生說日常生活的實踐才是儒學的出路，強調是個人的修身及其社會效果。但余先生沒有進一步探討，是什麼樣的社會制度才有利於修身？我們知道，修身的培養是受社會影響的，先秦先賢們都是這樣說的。如果我們的工作很忙碌，根本沒時間跟父母相處，怎能實踐孝道？做孝敬的子女，就要關心整個社會制度是否不利於孝的實踐。所以，儒家的日常生活，不可能沒有社會和政治制度層面的含意。

余先生說，儒家不應該（或不能夠）通過「建制化（institutionalization）」加以落實。[12] 他用「建制」這個字，有「是政權制度的一部分」的含意，英文翻譯作 “establishment”。「建制化」，就是用政權的力量去建立或管理的制度，由上而下的一個過程。但“institutionalization” 一詞，一般譯作「制度化」，不必然有「建制」的含意。若我們了解「制度」並不是等於「建制」，我們可以問，余先生會否反對將儒家精神注入現代的各種制度和政策中？ 有兩個理由，令我相信余先生並不會反對這樣做。第一，他反對的，只是政權由上而下將儒家建制化。第二，正因為他倡議儒家的形而下轉向，應不會在原則上反對將儒家精神注入現代社會的制度和政策。

事實上，不是所有制度都是由政府創建的。很多制度和組織，如私立大學、醫院、學校、公司、宗教組織、專業團體、商會、學會、各種聯誼、體育會等，都是民間自發創立的。這些制度有兩方面功能，一方面是價值的表達（the expressive function），另一方面是實踐該價值所需要的規則和資源（the business function）。以大學為例，大學的功能是為了尋求真理，建立學問，教育下一代。大學的資源就是用作聘請老師、招收學生；大學的規則，如聘任、升

12 〈現代儒學的回顧與展望〉，《現代儒學論》，頁35。

等、學生的評核，必須要符合真理和教育的內在標準。

根據這種對制度的了解，我們怎樣將儒家精神注入現代社會的制度？首先要看，一個制度有什麼功能，表現什麼價值，其運作的規則如何？然後問，這制度運作的成效如何？按儒家的理想，可以怎樣改良它？儒家致善主義，就是一個雙軌的進路（two-track approach）:一方面，我們檢視現實中的制度能否有效解決問題；另一方面，嘗試改良這個制度，提升其功能，又更符合儒家的精神，最後達到一個既能夠解決現實問題，又能在一定程度上，落實或指向儒家的理想。為什麼說「在一定程度上」，因為我相信儒家（或任何其他社會理想）根本不可能全面落實在現實社會中。

或許有人會問，以這樣溫和的方式改良現存制度，這制度能不能叫作是儒學的？是否就等於儒家的「日用常行」已經在現代社會落實了？ 這是一個重要的問題，涉及如何理解所謂「儒家的制度」。我覺得應從余先生的一個寬闊的歷史角度看。一個社會的制度和狀況是會變遷的。在不同時代，儒家所默許或擁護的制度都會有變化，當中顯示儒學採取靈活、彈性的態度，評價社會及政治制度。君主制不是儒家發明的，它並不符合儒家賢能政治的理想，但儒家接受了它。為什麼？因為比起其他當時可行的制度，它較能夠解決政治承繼、政治穩定及管理的問題。但儒家不滿意君主制度，要改良它，所以擁抱士人政治、宰相制、得君行道的政治理想。到明代以後，面對君主高壓專制，得君行道的理想無望，儒家轉而提倡民間教化、覺民行道，將寄望放在民間。面對商業社會的興起，儒家發展出新四民說、儒商賈道等理論。

朱熹論制度改革，也顯出靈活的態度。他說，「若是時節變了，聖人又自處之不同」。「世人徒知秦廢古法，三代自此不復。不知後世生聖人，必須別有規模，不用前人硬本子」。「譬之猶補鍋，謂之小補可也。若要做，需是一番重鑄」。[13] 朱熹認為，時代改變了，人們自處的方式也會改變。古代的制度，今天已不能通過小修小補以維持，而是需要一番重新鑄造。我們應該以朱熹這種靈活態度，來處理政治制度問題。傳統的帝制已經崩潰，政治制度於現代社會「必須別有規模」。民主制度不是儒家創制的，但它是現代社會的重要制度，在政治承繼、政治穩定及保障人民基本權利上，表現比起其他制度為佳。儒家應接受民主制度，探討這個制度如何跟儒家政治理想銜接，又同時考慮民主制度在現實中出現的困難，儒家有什麼資源可協助改良民主制度及其運作。我在《儒家致善主義》一書中詳細討論這些問題，這裡就不重複了。

另一重要的現代社會領域，是商業和市場制度。現代社會是商業社會，很多人在企業內工作。商業制度如何影響人的生活？儒學如何貢獻和改良企業的運作？這些都是很重要的問題，需要深入研究。我們先要了解商業社會的運作，和企業的性質和法律框架。換句話說，就是了解商業機構的價值表達功能（expressive function）和事務性的功能（business function）。還要認識相關的學術研究，包含社會企業責任、商業競爭行為、管理文化、勞資關係、勞工權益等課題。然後，探求儒學就上述課題的相關價值和關注，與目前流行的觀念和理論作比較，繼而提出相關的原則，及改良企業的方法，盡量用社會大眾能明白的語言和價值，推動儒學的關注。

余先生跟錢穆先生一樣，從中國歷史寬闊的眼光看待儒學的性質和發展，不會將儒學局限於宋明以後所強調的道統和正統。無論在理論或實踐上，今天我們需要採取靈活和務實的態度，探索現代儒學的實踐。用余先生的話，這需要學者擔負「形而下」的研究任

---

13 引自蕭公權《中國政治思想史》下，頁514。

務。儒學在哲學上的發展，需要結合政治學、法學、經濟學、商業研究、心理學、教育學、社會學等等，才會有豐厚的成果。

陳祖為，中央研究院人文社會科學研究中心訪問學人，美國普林斯頓大學「人文價值中心」全球學者及訪問教授，曾於香港大學政治與公共行政學系任教政治理論30年。近年研究興趣為儒家政治哲學、 比較政治哲學，及當代民主理論 。

思想對話

共生哲學在東亞

共生哲學對當前世界、兩岸處境的迫切性：

與中島隆博教授的對談

賴錫三、莫加南

「共生」是自然界的存在事實，也是生物界演化不歇的基本道理。無奈當前國際政治，被迫走向剛強鬥爭剛強，不斷上演著各種意識型態之爭，甚至規模不一的殺傷性戰爭。眼下時局，再再呈現人類剛強手勢下的征用景觀：生物滅絕，溫室效應，環境荒蕪，種族衝突，美中強抗、俄烏戰爭……而台灣也夾縫在「強—強」對抗中，成為地理政治布局下的凶危之地。中山大學文學院，發起並推動「漢學之島與共生哲學」一平台，嘗試將古典漢學放在跨文化與全球性的時局處境下，來進行價值重估。在2021年的7月到8月，我們邀請了來自芝加哥、聖凱瑟琳斯、東京、北京、上海、香港、台北、高雄，各城市的學者們，尤其針對老莊思想與共生哲學，進行一系列對話與闡發。我們希望在跨文化視域下，積極開發各種回應時勢危機的「共生哲學」之思想資源。由於東京大學的中島隆博教授，在東亞文化圈是倡議「共生哲學」的前行者，因此我和莫加南（Mark McConaghy）教授，邀請他進行這場訪談對話。原對話用英語進行，先由賴奕瑋進行英文稿逐字整理，再由李志桓博士進行中文稿翻譯，最後由我進行譯稿潤修。在此一併感謝中島隆博、莫加南、賴奕瑋，以及李志桓。

賴錫三誌於高雄西子灣

賴錫三（高雄中山大學，以下簡稱「賴」）：在訪談開始之前，我想要對中島教授表達感謝。明年我們會有一個關於「共生co-existence」的國際會議。謝謝您同意我們將東亞藝文書院列入明年在高雄中山大學舉辦的國際會議的協辦單位。我自己很好奇，中島先生過去怎麼翻譯漢語裡頭的「共生」？我自己使用了“co-existence”，但是「共生」這個中文詞語的意涵遠比existence還要豐富。對此，或許您能夠提供我們新的翻譯？

中島隆博（東京大學UTCP，以下簡稱中島）：能夠和你們一起舉辦這次共生的國際會議，是我們的榮幸。另外，石井剛教授跟我說，他很期待參加這個會議！

莫加南（高雄中山大學，以下簡稱莫）：對我們來說，能夠跟東亞藝文書院一起舉辦明年的活動，是件非常開心的事情。同時，也要感謝您和石井剛教授願意促成這件美事。

中島：好的，也謝謝你們。

莫：時間差不多了，我們開始今天的活動吧！

今天，非常榮幸可以在線上跟中島隆博教授一起見面，他將和我們一起討論co-existence、mutual co-existence（共生哲學）等一連串議題。圍繞著「共生」，我們也會探討道家哲學如何幫助我們思考這些課題。中島先生研究、發展「共生哲學」這個概念很多年了，他是東京大學東洋文化研究所的教授，也是東亞藝文書院塾長級的人物（稍後，我們會提到這個藝文書院，它來自一些很有意思的構想），所以中島老師可以算是日本哲學界和亞洲學術界非常重要的聲音。有機會跟一起他討論「共生哲學」，我們感到非常榮幸。

中島：謝謝，很榮幸參加這次的會議。

賴：今天非常榮幸可以訪問中島隆博教授，由我向您提出第一個問題。首先，我們想問說，你怎麼定義“co-existence”或者“a philosophy of mutual co-existence"？在過去，你曾經討論過這些概念，那時你強調說：一方面，交互共生的哲學不能完全脫離政治；另一方面，卻又不應該等同於政治。這個說法是什麼意思，你可以幫我們展開說明嗎？

中島：首先，我想要對組織起這一整個訪問活動的所有人表達感謝，我感到非常榮幸可以回答你們的問題。但坦白說，比起做為回答問題的人，我更喜歡做一個提問者，因為底下的問題非常深刻而且複雜。不過，我會盡力回答這些問題。

賴教授問道，在英文裡頭，要怎麼翻譯「共生」？是譯作"co-existence"，還是譯作"symbiosis"，好呢？確實，對於中文或日文的使用者來說，如何將「共生」翻譯作英文，這個問題有一點棘手。從字面上來看，「共生」就是"co-living"，對吧？如果在日本語境內部，追溯「共生」這個概念史的使用情況，我們可以發現早在明治和大正時代，已經出現對於具體生活和生命的重視[1]。那個時候，在日本的語境中，「共生」已經成為一個被複雜討論的概念。

比如說，現代日本哲學的第一位哲學家，西田幾多郎教授，他對於具體的生活或生命問題，已經有著非常深刻的關注。西田相信哲學應該要聚焦在具體的生命問題上。這可以說是現代日本哲學的起點。在我看來，「共生」是在這樣的背景下，逐漸被鋪陳與詮釋出來的。怎麼說呢？在某種程度上，西田所談論的那個「生」，和今天我們所思考的「共生」問題，兩者是相關涉的。在那個時代，「生」這個概念也與政治密切相關。特別是在二戰期間，日本政府會強調全體國民「共死共生」這樣的主張。也就是說，「共生」在

1 原文使用的是life，在這裡，我們隨文譯作：具體生活、生命或者生。

當時候是一個被高度政治化使用的概念。而我想要做的事情則是，在不同脈絡底下，去解構「共生」這個概念的政治性格，特別是在21世紀的今天。

這就是為什麼我敢於提出以“co-becoming”或“human co-becoming”來重新譯解「共生」的原因。在英語的脈絡裡，人類（human being）這個概念必須聯繫到一個本質存在的being來理解，但是在東亞的脈絡底下，卻很難找到這種以歐洲中心的思考習慣做為範疇的存有論概念。相較之下，becoming（流變、生成）這樣的想法，能夠更有效地幫助我們以哲學的方式思考其棲身環境。與其繼續使用human being，我們不妨重新思考human becoming。我們一直是在流變生成中，才不斷成為一個個活生生的人。這是一個從東亞視角出發的新起點。

如此一來，「共生」就可以被翻譯成“human co-becoming”或者“mutually becoming human”。當然，這只是翻譯「共生」的其中一種可能性，如同上文已經提及的，「共生」具有豐富而複雜的意涵，包括生命（life）。

另外，在你們後面即將要提出來的問題裡，會邀請大家從生命政治（bio-politics）的角度來思考當前covid-19的處境。這個提法意味著，生活（或者生命）是從那些我們可以發現生命政治之運動軌跡的脈絡之中，一再被考慮或者調整起來的結果。

總而言之，我想說的是：「共生」有一個概念史的發展過程，在今天的語境底下，我們或許可以將「共生」翻譯成“human co-becoming”。而在政治方面，特別是在戰前的日本社會氣氛裡，「共生」是一個被高度政治化的概念；但是，做為一個哲學術語，它也有機會超出過往那種被高度政治化閱讀的意涵。因為它可以向我們展現一種嶄新的關於人類如何交往的形態。這是我對於您的問題的快速而簡略的回答。

賴：謝謝您對於「共生」問題的詳細回答，事實上，我們自己也不滿意“co-existence”這個翻譯。我們的一位朋友何乏筆（Fabian Heubel），他就傾向於用“co-living”來翻譯「共生」。另外，中島先生您所使用的“human co-becoming”，這個用法讓我想起了安樂哲（Roger Ames）教授。他使用“way-making”這個用語來翻譯老子的「道」，就像您會特別強調事物有一個流變的生成過程。所以，我認為這是一個蠻好的翻譯，我們可以從中獲得新的語意。

中島：是的，你說的對。在思考「共生」的時候，透過詞尾“-ing”來表述其中的過程意涵，這件事情是非常重要的。「共生」是一個固定的狀態嗎？當然不是！它是一個變遷或者轉化的過程，對吧？或者說，它就是一個不斷成為人的過程。我在想，如果安樂哲已經將人視為human becoming，那我們不妨再做一些改動，將人視為human co-becoming。又或者，如果我們想要強調「共生」有一個“-ing”的過程意涵在，將其翻譯作human co-living也是一個不錯的選項。

賴：我的第二個問題是，在過去，您曾經討論過「東亞的開放哲學」這個主張。我記得，您在北京大學開過一個課，課名就是“An Open Philosophy in East Asia”。在這個脈絡底下，哲學意味著什麼？中國哲學，或者使用漢語進行思考的哲學，它能夠扮演什麼樣的角色？在這個命題裡的「東亞」指的是什麼？您所謂的開放哲學，是試圖想像一個新的東亞的命運共同體嗎？又或者，它是那種促使自身擁有更普遍性意義，從而能夠超越東亞地域觀點的世界哲學？

中島：這個問題很細膩，而且它不好回答。不過，我願意接受這個挑戰。我在北京大學和韓國延世大學都講過「開放哲學」這個概念。後來，也在韓國的期刊上發表出來了。其實，我的想法非常簡單。在國際間，有一種「開放城市」（open city）[2]的倡議，對吧？所謂的「開放城市」就是卸除了武裝的城市。城市所以是開放的，其前提是奠基在武裝的卸除。所以，我的想法就是：在過往，我們所理解的「哲學」其實是被“being”這樣的思考習慣，事先給武裝起來了。而現在，我們必須改變武裝性的哲學，使其卸甲開放，這樣一來，我們才有機會更真實地對他者開放。

正是在這樣的構想下，我提出了「東亞的開放哲學」這個命題。然而，為什麼要在東亞思考開放哲學？這就涉及了你的問題的核心。這些年來，我一直在推廣「世界哲學」或者「世界哲學的歷史」這類觀點。闡述「世界哲學」這樣的講法，我真正想說的，不是世界上有很多種不同的哲學（比如，中國哲學、日本哲學、韓國哲學等等）。不是這個意思！我真正試圖思考的是，把它們都視為哲學中的發展過程。這就是我前面說的，所有的事物都處在發展的過程當中。在這種將一切事物都視為發展過程的想法裡，必須進一步說明的是，如何看待出現在每一種地方哲學內部的原生概念。我們確實可以在中國哲學、日本哲學、韓國哲學內部找到一些它們各自發展出來的原生概念，但接受這件事情，並不等於說，跟著要去強調每一種地方哲學內部有其不可被挑戰、不能被轉化改變的獨特性。事實上，這種對於獨特性的信念，反而強化了我們原先所欲避開的普遍性框架。與此相反，我恰恰是要將各種地方哲學內部的原生概念都視為哲學的發展過程，藉以改變那個由西方中心觀點而來的普遍性框架。所以說，「東亞」既是一個原生的、土著概念的起點；

2 open city可以翻譯成「開放城市」或者「不設防城市」，前者強調它的敞開性格，後者強調這個開放奠基於卸甲的動作，而「設防」正好呼應下文會提到的：捍衛主體性、衛生、不可能不武裝。

但同時，「東亞」也必須是一個世界性的過程。否則的話，我們很容易陷在中國哲學或漢語哲學的獨特性裡頭。我一直在想的是，中國哲學的遺產或傳統不能被一些特定的地方或特定的人士所壟斷。它是世界上來自每個不同地方的人們共同享有的遺產。這就是為什麼像我這樣的日本人，也可以認真地思考和使用中國哲學的原因。如果這樣來看，「東亞」的意涵就只是一個名字，一個走向世界哲學之發展過程的起點。而「開放哲學」則可以打開一個空間，幫助我們思考如何從地方性的原生概念走進世界哲學的發展過程。這是我的回答。

賴：當我向您問起「東亞」的意義時，我同樣認為，對您而言，「東亞」不只是地域性的意涵或部落式的思維。東亞是一個起點，同時也向世界開放。「東亞哲學」的意涵，不只是字面上的意思。它不只有那個獨特的在地視野，它同時有一個開放性的涵意，一種能夠為世界發展出普遍意義的潛能在。

中島：是的，你的描述比我還要準確。我同意你的想法。

莫：哇！請讓我參與進來。來自不同傳統的人們的共同遺產，我很喜歡這個說法。舉例來說，我們可以討論中國哲學、日本哲學、印度哲學，但我們不會將它們本質化，視為特定的人群或者特定的時代專屬的思想。相反地，這些思想傳統是開放的，做為全體人類的共同的遺產，我們每個人都可以去研究、去學習。就像我一樣，我是後來才學習中文的，但我也可以嚴肅地使用中國哲學的概念進行思考，甚至跳出來檢視它——這件事情就證明了，那些在地的傳統，可以以一種開放而且有利的方式重新被思考與使用。我們必須避開對於各種傳統的本質化思考，因為它會帶來民族主義並衍生出其他相關的麻煩；但我們也必須把每個傳統都視為共同的遺產。我真的很喜歡這樣的想法！

中島：是的！本質化的哲學思考會排斥像我和加南這樣的外來者。在中國哲學的框架裡，莫老師和我都是被邊緣化的。而我想做的，就是去改變這個結構。中國哲學，對於我們所有人來說，都具有深刻而且開放的特點。如何繼承中國哲學的共同遺產，這才是我們要認真思考的任務。

莫：是的，絕對是這樣。真正能夠被稱作「思想」的那個東西，它就發生在你從中國大陸外部（台灣、日本、菲律賓、美國等等）思考中國哲學的時刻。一旦你在中心之外啟動這些語言和概念，就能夠產生出不同的觀點、看出不同的事物關係。這就是我們一直在闡述的問題，一個傳統、一個思想遺產必須在不同的歷史空間中進行連結與流動，如此一來，它才能夠以開放的方式，將某些理念向前推進。

中島：太好了，比起我的說法，你的論述更加細膩！

莫：謝謝您，我想這也跟第三個問題相關。圍繞著哲學研究、哲學文本和翻譯，中島教授可以說是一個跨文化合作的開拓者。我認為，在這種跨文化合作的模式裡，其中一個讓人家感到驚豔的成果是2015年出版，您和安樂哲教授合編的一個論文集 *Zhuangzi and the Happy Fish* 。[3]我強力建議本文的讀者，如果你們還沒看過，可以去找這本書。安樂哲和中島隆博邀請了一系列來自於不同地域、歷史、語言文化的學者，一起思考莊子哲學，特別是那個著名的故事「濠梁之辯」。這個故事被眾多不同的學者進行分析，所有的學者都各自帶出了不同的解讀，並共同促成了更有意思的解讀。我想讓您談一談這本書，和在這樣一個跨文化、跨語言的合作平台上的

3 參見Ames, Roger and Nakajima, Takahiro （eds.）, *Zhuangzi and the Happy Fish* （Honolulu: University of Hawaii Press, 2015） .

工作過程，以及《莊子》在其中的角色。

中島：謝謝你。安樂哲是我很親近的老朋友。他邀請我一起編輯 *Zhuangzi and the Happy Fish* 那本書，對我來說這是一個很挑戰性的計畫。我們兩個人，邀集一些學者來認真地思考「濠梁之辯」的難題。對我們來說，那是一個迷人的合作經驗。可以這麼說，它就是東亞開放哲學的一個具體實踐案例。就我個人而言，在完成這個合作之後，我也出版了關於《莊子》的日文寫作。

在《莊子》文本中，「他者」的問題非常重要，只是「如何看待他者」的設定與西方的模式不太一樣。在我的文章裡，我特別看重「物化」的意義，「物化」的意思就是：變成他者，或者變成另一物。在「濠梁之辯」的故事裡，莊子力圖闡述體會「魚之樂」是可能的。乍看之下，這個命題很像是當代分析哲學所要處理的問題，但我不打算從分析哲學的框架去解讀這個故事。我試著在東亞哲學的脈絡裡，考慮這個故事的可能涵意：魚之樂不是外在於莊周的客體，不是彼、我兩不干涉，主客各自獨立的兩物；應該這樣來看，在這裡頭，有著「物化」在其間作用，一種彼此相互轉化的能力，橫亙在魚和莊周之間。所以，問題的核心是：兩個看似不同的物類，他們如何共享這個世界？這才是「濠梁之辯」所蘊含的深刻哲學問題。在我看來，正是在「物化」當中，世界本身同時也跟著發生變化，因為我們正是通過相互轉化的可能性來分享這個世界。對於這個共享的世界，我們有一種感受的能力，在「濠梁之辯」的故事裡，莊子想要突顯的就是這種共享著世界性的感受力。可以說，我們身處其中的世界，一開始就是被這種感通之樂所覆蓋與穿透的。這樣一種愉悅就體現在《莊子》文本裡，同時也是一個迷人的概念。

莫：是的。我能夠理解你所描述的那種愉悅感、轉化為他者（becoming other），或者所謂世界在於自我與他人之間分有。對中島先生來說，「物化」是一個非常重要的概念，它意味著事物能夠持續地變形轉化，或者說，自我是一個動態的結構，它以向著世界敞開的方式不斷地改寫其自身的構成，面對這樣的「自我」，不能以靜態的、固定的或本質的想法來加以界定或描述。而就我所知，「物化」也是賴錫三老師在他的《莊子》閱讀中反覆強調的概念。先前在討論老子、莊子和共生哲學的時候，我們也一再碰觸到相關的描述。所以，我想說關於物化或濠梁之辯，賴老師是不是也有一些想法要加進來？

賴：對我來說，「物化」這個概念幾乎是《莊子》最重要的主張。它可以超越西方有關於主客二元對立的思維，同時表明我們就生活在同一個世界裡。當然，這不是說，有一個現成穩定的「世界」；所謂的「世界」其實是一個變化生成的過程。每個人都生存在同一個世界裡，同時我們也共同生活在一個不斷變化的世界裡。我們總是彼此遭遇、相互構成，無法從中徹底地切割出來，成為那種想像中的孤島式主體。正如中島教授所言，我們一定會與他人打交道。所以，您打開了一個很大的思想潛力，將「世界」視為人類交互共生共存的過程。不知道，這樣的描述能不能掌握中島先生的意思？

中島：我完全同意你的講法。在《莊子》中，「物化」指的就是我們所面對的相互轉化過程，而且這個過程沒有固定的終點。在「物化」的變形轉化裡，我們可能前往任何一個方向。相較之下，在儒家哲學的設想底下，人們可以用自己確信的方式，將自身確立在一個方向上，藉以成為更好的人。那麼，現在的問題是：儒家這種帶有目的論的變化設定，是不是比《莊子》的「物化」來得好？這是我們從事中國哲學研究不得不思考的問題。從某方面來說，莊子的思想是非常危險的，因為「物化」不預定任何的倫理設準。它似乎超出了我們一般對於倫理的設想，相較之下，儒家的講法則是非常符合倫理想像的。為此，我們被要求重新去思考：所謂的「倫理」究竟是怎麼樣一回事？在這一點上，我認為莊子和儒者之間的論難，是非常重要的。

賴：我也注意到，您曾經批評《莊子》的限制，特別是說，莊子哲學似乎缺少了對於倫理的表述。但是，在台灣，我們有些朋友一直試圖挖掘《莊子》的倫理潛力。所以對我來說，這是一個開放性課題。

中島：我認為答案就是，在「濠梁之辯」裡，那種瀰漫於人我之間的相悅感受。那種能夠體會「魚之樂」的感受能力，與莊子對於倫理問題的設想是相關連的。這種朝向世界敞開的基本情緒是其思考倫理問題的基底。在這一點上，能夠體會「魚之樂」的那種能力，在倫理現場扮演起重要的角色。

賴：我完全同意您的論點。您特別強調「魚之樂」的感受能力，而我自己則注意到《莊子》裡的幽默感。對我來說，「幽默」經常可以替生活現場另外打開一個具有倫理意涵的向度。

中島：是的，當然是這樣！

莫：當你在閱讀《莊子》時，經常會碰到那種讓人無法克制的笑點。這是構成《莊子》文本的很大部分，而且它們真的非常有趣。我讀柏拉圖不會笑，但閱讀《莊子》卻經常發噱。就像你說的，似乎有一種充滿力量的東西，藏在字裡行間，促使讀者歡笑，而這種歡笑也使得文字有了色彩。當我們試圖思考莊子或者道家的倫理學，這裡所描述的幽默感是非常重要的。而我知道，賴錫三教授正在思考要怎麼講清楚出現在《莊子》文本裡的這種幽默。

中島：是的！幽默在《莊子》裡起著很重大的作用。我認為，它可以切斷現狀，讓原先受窘的現場重新連結為另一個樣態。幽默之所以重要，就在於它能夠起切斷與重新連結的作用。

莫：太好了，我們談出了很多關於《莊子》的重要課題。稍後還可以再展開來談，現在先讓我們朝第四個問題前進。說到幽默，這可能是很不幽默的問題。我們即將要探討的是「否定政治學」（the politics of negation），我讓賴錫三老師來發問。

賴：接下來的問題，有一點嚴肅。在您的著作裡，曾經將「否定政治（消極政治，politica negativa）」和「共生哲學（a philosophy of co-living or human co-becoming）」相互比較，並批評了前者所呈現的思維模式（也就是消極政治的那種模式），在東亞，這種思維模式指向牟宗三和西田幾多郎的哲學形態。您對他們進行了深刻而強烈的反省，這兩人的哲學論述可能都掉入了「自我否定（the negation of the self）」或者「自我無化（the nothingness of the self）」的陷阱。對您來說，他們仍屬於思辨哲學的案例，從而帶著形上學的特質，因此很難產生對於現狀的批判，而且常常會掉入保守的傾向。有鑑於此，您主張我們應該透過「共生哲學」來克服否定政治的局限。並強調：透過人與人之關係的重新著力，或者對他者問題的處理，生活現場的另類可能性可以一再地被開闢出來。而這其實也就是，在不同地方，您曾經提出的那些具體做法：與他人打交道、進行對於現狀的徹底批判、重新去定義那些定然的概念。我的問題是，這些說法是什麼意思？您企圖解構一些既有的觀念，同時賦予舊觀念新的意涵嗎？可以仔細說明您對於「否定政治」的理解與批評的理由嗎？就我所知，您曾經追溯「否定政治」的歷史起源，並且認為這樣的思維方式與佛教思想脫不了關係。而就您的理解，《老子》和《莊子》的思維是不是也趨向於否定政治學？又或者，道家哲學具有潛力，能夠為「共生哲學」作出貢獻嗎？我想，這些問題也跟前面我們所討論的課題相關。

中島：這個問題很複雜而且不好回答，我試著答答看。在思考

「否定政治」的時候，我總是將其與西方脈絡底下的「否定神學」（theologia negativa, negative theology）連繫起來看待。簡言之，「否定神學」是一種以更高明或者更強力的方式，來重申自我或上帝的思想運動。我試圖去批判這個「自我」或者「上帝」獲得重申的過程，與此同時，我發現西田和牟宗三的哲學也屬於這種類型。他們都倡議一種自我否認的修養工夫，然而這種「虛己」的修養，最終要引出的卻是一個更崇高的自我。在我看來，這樣的講法隱含著一個很大的問題：我們如何從消極政治或者否定神學的框架裡逃脫出來？比如說，西田在他晚期的著作裡，以一種鄭重的態度，重申了「皇道」的重要性。西田肯定了當時候日本社會強調全體國民「共生共死」的現狀。對現代日本哲學而言，這是一個令人感到沮喪的故事。我們有沒有辦法擺脫這樣一種構想？如果我們對否定神學或消極政治在中國的發展，有一種概念史的溯源與認識，就有可能找到逃脫的出口。

在中國哲學內部，否定神學和消極政治來自於兩種不同的思想資源：老莊哲學和佛教。我會以王弼做為老莊哲學裡倡議消極政治的代表人物。當王弼提出「貴無」或者「本無」這類思想的時候，實際上，他創造了一種深刻的、能夠肯定現狀的形上學模型。這是非常典型的否定神學式的思考。儘管這幾年下來，我稍稍改變了對於王弼哲學的觀感，或許「無」的主張不必受限於否定神學的思路，甚至可能對生成與流變抱持著開放的態度。

拋開王弼不看，老子，特別是莊子，其實道家在闡述「無」的時候，也蘊含著其他不同的詮釋可能性。對於「無」的解讀，不必限制在否定神學或消極政治的語境底下。近來，我是這麼想的：「無」，尤其是出現在《莊子》文本中的「無」，對於我們重新反省與批判否定神學，有著很重要的作用。至於佛教哲學，我確實也認為它有一種重新思考「空」（或者「無」）的可能性，使其足以抗衡否定神學與消極政治。這是我晚近的想法。

賴：您的回答可以連結至石井剛教授對於「環中」的討論。石井先生指出，在明末到清代，出現了兩種關於莊子之「無」的不同詮釋。通過郭嵩燾、章太炎這些人的註解，莊子哲學出現了一個「轉向」，從形上學的詮釋返回到大地與人際之間的關係裡。也就是說，「環中」這個概念自始至終不曾離開過人際、是非相因、彼是相偶。如此一來，「環中」所產生的政治意義便可以去批判那些看似具有先驗性格的規則、原理，或者所謂的公理、天理，它可以打開詞語間的縫隙，重新釐定出文化的形狀，並賦予其新的意義。

中島：一定是這樣子，沒錯！《莊子》所欲突顯的那種自由，是從一種人既成的狀態裡解放出來的自由。它必定與我們的身體和具體感受有關，畢竟我們都是血肉之軀。也就是說，「無」的真正作用是要改變我們的感受，替人類的生活帶來全新的體驗。

賴：中島先生，今天您給了我們一種重新看待「宗教」的啟發。而我認為，雖然您批判了佛教的思維，但同時您也指出「空」或「無」具有重新詮釋的創造性潛力。

莫：太好了，我認為，您們兩人做了非常有意思的交流。之後我們會有更多的時間，討論莊子和佛教，現在因為時間的關係，我們必須往第五題前進。這個問題是我寫的，它和我自己的專業訓練有關。我是一個研究中國現代文學與左派革命及其與文化之關係的歷史學者，我花了很多時間閱讀魯迅、茅盾和毛澤東的作品。所以，我很自然地對於一切與「革命」相關的問題保持著敏銳和興趣。比如說，在當前中國的語境底下，「革命」意味著什麼？或者，現下在文學思想、文史哲領域、漢學研究這些學科裡的文化權力關係是什麼？那現在我想問的問題是，研究馬克思主義的學者，在看到「共生」這個字眼的時候，首先會想到：這種交互共生的哲學能不能幫助我們思考或處理資本主義內部的對抗關係？很明顯地，資本主義社會所生產的財貨，並不分享與共有。而思考這個問題的難處在於，它其實是結構性的問題。它不是個人的教養問題，很多剝削勞動者的資本家，他們的人格相當獨立，有著很好教育水平，甚至是道德的敏感性。問題的癥結點在於，處在系統的結構位置上，就會使他們去剝削勞動者，正如馬克思所言，如果資本家不從工人手上拿走剩餘價值，他們就沒辦法獲利。所以，問題不是我不想對我的員工好一點，而是在整個結構裡頭，我常常只能這麼做。所以，我想要知道：中島先生，您在發展相互共存的哲學的時候，怎麼思考或回應資本主義的問題？馬克思主義可以和共生哲學對話嗎？在雙方對話之中的潛力是什麼？這是我現在很想要思考的問題。

中島：謝謝莫老師的問題。之後，我打算出版一個書籍*Capitalism for Human Co-becoming*（人類共生的資本主義）。邀請經濟學者和哲學家一起對話，從人類共生的角度，重新思考當前的資本主義。比如說，你大概知道以色列歷史學家赫拉利（Yuval Noah Harari），在其《未來簡史》裡，提出了一個發人省思的觀察：無用的階級（useless class）。無用的階級，跟馬克思所設想的「無產階級」不一樣。無產階級如能掌握著勞動的成果，還能夠團結起來，替自己說話；然而，無用的階級卻不可能集結起來，因為他們毫無生產力。他們不被需要，沒有任何的工作機會，也就沒有任何談判、發言的資本。如果我們承接赫拉利的思考，無用的階級，這樣的現象將成為未來人類社會的夢魘。[4]

---

4 參見Yuval Noah Harari, *Homo Deus: A Brief History of Tomorrow* (New York: HarperCollins Publishers, 2017). 中文譯作《未來簡史》

進一步來說，我認為，資本主義也有它自己發展成為現在這個樣貌的歷史過程。21世紀的資本主義完全不同於20世紀的資本主義。現在的狀況是，1%的超級有錢人擁有全世界二分之一的財富。而這就意味著，這1%的人不再能夠真正地進行投資與發展，擁有太多的財富，反倒促使他們想要壟斷或者控制資本的流動。弔詭地說，他們才是真正阻礙資本主義發展的人。如何才能回到資本主義的原先構想，它的基礎是在於促成事物之間的彼此流動與發展，這才是當前問題的核心所在。在過去，這件事情是這麼的自然，我們願意投資在一切的人事物身上。我認為，這是資本主義的基礎，它奠基於物，從而肯定各樣事態的發展、更多的嶄新經驗、各種事件的遞迭轉化。問題在於，後來的資本主義對「物化」這件事情，做了一個微妙的、不太一樣的解釋。這就是為什麼我說，資本主義原先是由「物化」而來的，而且是朝向轉化中的事件的特殊性而思考的。我們現在的任務是重新去思考人類共生的資本主義。「投資」這件事情將被考慮為如何促成人類社會的共生。這就是我的想法。我們要怎麼說服那些投資者或企業家嚴肅地思考所謂的「共生」或者「共同生活」的基本事實？從這方面來說，共生哲學也能夠為當前的資本主義提出洞見。

莫：太棒了！這真是令人耳目一新的想法與回答。現在我很想要趕快讀到那本新書，其中的觀點聽起來很接近，在我開始思考「共生」與「交互共存」這樣的課題以後所衍生的想法。在此，我想要呼應您的觀察：在如何看待無產階級這件事情上，19、20世紀的資

(續)

或《人類大命運》，簡體版刊發在中信出版社，繁體版刊發在天下文化出版社。useless class指的是因為不具有生產力，從而被資本主義拋棄的人。

本主義和21世紀的資本主義確實有著歷史脈絡的差異。在過去，曾經有一段時間，當我們使用休戚與共（團結、工會，solidarity）這樣的階級語言時，就會馬上想到工人階層。這顯然來自左派運動在歷史階段中所取得的成功與突破，然而，「無產階級」這個概念在整個歷史過程中，也是非常複雜的。正如您所觀察到的，在今天的社會組織與狀態裡，已經很難再使用休戚與共的階級語言進行號召。我們面對的問題不再是被剝削的工人階層，而是那些潛在的無用的階級，他們是被拋出勞動體系的一群人。當然，我們還有其它諸如國家、家庭或種族，這一類似乎仍然具有凝聚力的概念，是嗎？所以，全世界的勞動者可以團結起來、一同合作，像是「無產階級萬歲」這樣的想法，將不再具有號召力。而如果我們還想要一個具有倫理意涵的資本主義社會，那就必須將思考轉向「共生的投資意味著什麼」，而不是將目光停留在簡單的對象或利潤上頭。我認為這是一個非常有力量的重新勾勒，「無產階級」這樣的詞語終究屬於19、20世紀的資本主義，在今天，我們必須面對21世紀的難題。

中島：我認為，現在我們的社會面臨的最核心也最困難的問題是孤獨（solitude）。我們每個人都是被割裂的，被分派進一個個彼此孤立的處境裡。要如何修復這已經受損的「社會關係資本」（social relational capital）是最為關鍵的問題。近來，在年輕世代裡出現一種想法，一種取徑晚期馬克思主義思考超越資本主義而來的組織運動，他們認為是時候該告別資本主義了。而我則認為，真正的關鍵還是得去思考孤獨的問題。

莫：我想，在這裡具有反諷意義的是：即便我們想要超越資本主義，我們也不知道那將會是什麼。因為我們所擁有的、我們唯一見識過的歷史經驗只有社會主義的蘇聯和中國。然而，早在上個世紀80年代，中國便已經轉向市場經濟的模型。所以，我完全同意您的講法，想要超越資本主義，這是一種很模糊的想法，因為我們不知道可以超往何處。所以，重新思考「社會關係資本」，或者將那些從事社會運動的組織溯源地視為市場經濟背後不可分割的凝聚性，又或者重新定位能夠促成事物生長的投資、構想基於休戚與共而來的生活形式、探討不平等的成因……等等——我認為，這才是值得我們重新去思考與討論的問題。

中島：所以，關於solidarity（團結、工會、休戚與共）這種左派語言，共生哲學同樣可以提供一種新的理論視野。這是我的想法。

莫：謝謝你，中島教授！我相信，在明年會議的時候，我們會一起聊更多這樣的話題。現在，我們繼續往第六個問題前進。這個問題大概也跟你剛才談到的孤獨有關。讓我們想一想，那些出現在美國、加拿大、和台灣的社會運動。舉例來說，"Black Lives Matter"是為了維護非裔美國人在過往所受到的壓抑、傷害而發聲；在加拿大，原住民和國家之間關係，最近成了重要話題。就在上個月，我們在一所已經廢棄的寄宿學校裡，發現原住民孩童的集體墓塚。這些寄宿學校，由加拿大政府設立，其目的是為了教育原住民，其本質可以說是具有殖民作用的監獄。現在竟然在裡頭發現了集體的無名墓塚。這樣的歷史惡行，促使我們重新思考曾經出現在加拿大、美國和台灣的殖民歷史。就後者而言，近幾年來，台灣原住民和漢人的關係也成為了被反思與批判的課題。另外，我還要加上那些發生在加拿大、美國、歐洲和台灣的LGBTQ+運動，他們正在為爭取不同的性別權利而努力。而我很好奇，在日本的情況，那些被邊緣化、被冷落的群體，能不能向檯面上的社會要求承認與正視？

一方面，這些運動至關重要，它們要求恢復在過往生活裡被邊緣化對待的群體的尊嚴。我們必須正視殖民的歷史。另一方面，我們也必須思考如何建立起一種新的團結，對嗎？不管是自身或是少數派，不能只是停留在孤獨狀態裡。所以，我的問題是：「共生哲學」如何與後殖民理論對話？上面提到的這些運動，“Black Lives Matter”、加拿大的原住民正義、在台灣的LGBTQ+運動，它們都與後殖民的思維有關，企圖挑戰業已根深蒂固的歷史霸權。對此，「共生哲學」如何幫助我們反思「殖民」的歷史，又同時設想「後殖民」的未來生活？我們有可能既承認少數人的存在地位，同時又保持整體社會的團結嗎？這是我的兩個問題：「共生哲學」怎麼跟殖民的歷史對話？後殖民時代如何重新建立團結？謝謝。

中島：這也是一個重要而複雜的問題。對此，共生哲學同樣可以提出它的洞見。對於少數群體的運動來說，話語權和生存權是非常核心的概念。運動的參與者，嘗試透過話語和生存權利的宣告，恢復其生活中所應有的平等對待。我們如何在話語和生活的維度上，還予少數族群其正義與公道，這是非常關鍵和重要的。在這一點上，共生哲學完全贊同少數族群的運動。但與此同時，我們必須思考的是：如何在少數與多數之間建立起橋梁？舉例來說，在我們思考中國的話語權的時候，出現了「天下體系」這樣的講法。這是一種對過往以西方為中心之世界觀而來的批判。然而，這種講法也有其自身的危險，因為它很可能會變成以中國為中心的另一種主張。我們必須避免出現這樣的錯誤，因為在以往的相似處境底下，日本也做過相同的主張「大東亞共榮圈」。為了避免重蹈覆轍，我們需要進行少數與多數之間的對話。在這樣的背景下，我倡議：在共生哲學中的相互批判，藉以引導我們走進彼此的相互轉化。這樣的相互轉化是通過對現狀的批判來運作的：如何批判多數所處身的現狀？如何批判少數的運動轉身成為另一種多數的危險？對此，必須通過相互批判，才能建立起跨越兩者的橋梁。當然，很多時候，這種相互批判未必是對稱的，處身於現狀之中的多數，他們應當負擔起更多的責任。

莫：中島教授您提出以「相互批判」做為「相互共生」這樣的想法，正如您在前面已經說過，所謂的「共生」應該被理解成co-becoming（共同的生成演化）。我完全同意，當我們試圖在少數與多數之間建立橋梁時，這座橋梁的基礎必須建立在對話，而且也是一種相互的批判上。而對於多數而言，這樣的對話未必是平等的，因為現下我們企圖重新思考與調整的乃是：過往那些虧欠於少數的公道問題。以加拿大的背景來說，我出生在1980年代，那時候我還年輕，我們很相信政府。在學校裡，我們被教導，加拿大是一個多元文化的國家，我們曾經為了對抗法西斯主義挺身而出，繼而在戰後建立起一個多元文化的社會。我們一直不知道那些寄宿學校的黑歷史、不知道政府對原住民做了什麼、也不知道原住民孩童被迫離開家園、強迫學習英語和法語，甚至那些原住民的宗教活動與文化都是被取締與禁止的。現在我們正面對這個問題：會不會在故事開始的時候，加拿大這片土地，就是奠基在殖民的暴力手段上，一步步組建起來的？但問題是，我們還是要生活下去，對吧？沒有人會因為這樣，就說我不要加拿大了，我要回去歐洲。所以，真正的關鍵是：當多數人開始發現他們現在所擁有的特權，其實是國家通過暴力手段給予他們的，在這之後，要如何在多數派與少數派之間建立起相互批判與轉化的橋梁？這是一種非常重要的對話，我希望這種批判性的相互對話與轉化，以後會出現在美國、加拿大和台灣。您所倡議的，相互批判、相互共生，學會一起生活、一起成長，是非常具有力道的講法。

中島：事實上，這個相互批判或者批評的講法，源於日本政治哲學學者丸山真男。他一直在思考沖繩問題。在過去和現在，對日本社會而言，沖繩一直是被高度邊緣化的問題，「沖繩縣」的出現，遭受著日本政府的殖民暴力。從日本大陸出發，我們要如何重新思考沖繩？在這個背景底下，丸山藉由強調多數必須負擔起來的責任，提出了「相互批判」這樣的想法。所以，近代以來，日本也出現了如何思考少數人之權利的歷史。

莫：太好了！對了，關於「天下體系」，賴老師有沒有想法？或者，任何要加進來的討論？

賴：我只想強調一件事情，中島教授所說的「相互批判」是一個非常重要的想法。在這一系列的線上會議以來，我們總是強調相互轉化（co-transformation）、共存（co-existence）、共生（co-living），而今天我們也描述這個動態過程內部的一個新的向度，也就是「相互批判」（mutual critique）。藉由相互的反思、相互的批判，人們得以打開彼我視角之外的第三空間，正是在那裡，我們才能夠繼續再一起生活、彼此相互轉化。所以，這個相互批判的維度，對我來說，是很重要的。

莫：好的，我想這是一場很棒的對談，但因為時間的關係，我們得繼續往下走，底下還有三個問題。接下來的問題，可以說也跟中島老師所談到的沖繩問題相關。

基本上，現代的日本經歷過令人難以置信的複雜經驗。我注意到，中島教授在過去這兩年的英語著作裡，思考了很多有關於日本現代性的問題，包括：國家的問題、憲法的問題、主權、日本社會中的儒家作用、宗教，以及稍後我們會討論的東亞藝文書院（EAA）和交互共生之哲學的制度化。

而現在，我想要問中島教授的是，當您在探討現代日本之歷史與思想的時候，是什麼樣的資源，促使您提出「共生」這個想法？在思考「共生」問題的時候，近代以來的日本歷史，能夠帶給我們什麼樣經驗或啟發？每個國家都有它自己的殖民歷史，對吧？正如您已經談到的沖繩問題，做為一個國家，日本也必須去處理過去的殖民歷史，就像加拿大、美國和台灣一樣。那麼，透過「共生」這個概念，您會怎麼看待近代以來的日本歷史與思想之發展？

中島：謝謝你閱讀了我這幾年的寫作。在這些英語文章裡，我試圖思考日本的現代性與當代性。你很容易就可以想像，在日本的現代性裡，有著很多複雜的層次。日本當然有其殖民的歷史，但是在戰後的日本社會裡，日本人被要求忘記這樣的殖民歷史，取而代之的是，去認同日本是由四個島嶼所組成的單一民族國家。這是一個忘記殖民歷史的戰後情景，但我不認為這是跟近代以來、戰前的日本說再見的好方法。相反地，我們必須去面對日本的殖民歷史，才有機會真正地去克服它。這是我的基本想法。在這一點上，我特意選擇「沖繩問題」做為面對日本殖民歷史的焦點。這也就是為什麼我會將丸山真男，特別是他的「相互批判」，引入共生哲學的原因。

從沖繩的經驗來看，我們怎麼可能繼續將「主權問題」視為某種單一而強力的宣示？對此，我提出「共享的主權」這個想法。問題是，要如何劃分並分享主權？在這裡，共生哲學可以同時提供關於「切割」與「連結」的不同想像。我們需要進行所謂的「切割」，也就是從「主權」和「文明」這類主要概念的既有設置中分離出來，與此同時，我們也需要進行所謂的「連結」，也就是一再去重構出「主權」和「文明」的嶄新內容。我們不能訴諸一種簡單的做法，就要徹底擺脫主權和文明。正因為它們的缺席與在場同樣都會造成困擾，我們必須學習以一種更好的、更加寬容方式來面對它們。

莫：確實，如你所說，「共享的主權」這個概念非常重要。這不是一個要逃避現代性、主權、文明的問題，而是一個相互生成（mutual becoming）、相互批判的問題。也就是說，一個社會如何以相互共享的方式來思考主權問題，而不是以一種奠基於霸權的殖民模式來看待主權。

我認為，當我們想起台灣的歷史，以及漢人與原住民之間所應該共同分有的義務與責任，「共享的主權」這樣的想法，便顯其意義深遠。此外，我們也知道做為島嶼的台灣，其主權地位也是一個相當棘手的問題。現在，以一種新的方式來思考所謂的「主權」，這確實是意味深遠的想法。

賴：我想問您，有關於「儒家立憲」的想法？我們可以發現，像蔣慶這樣的中國大陸學者，因為想要推動政治的儒學，便嘗試將儒家與憲法結合起來。您怎麼看待這類出現在中國大陸內部的思想運動？

中島：是的。實際上，我寫過一些文章討論中國大陸內部的儒學運動。也因此，我總是感覺到，這與日本戰前社會的氣氛非常相似。當時的日本，也是一個高度儒家化的社會。嚴格來說，那是一種儒家對神道教的混合產物，儒家在這樣的串聯中起著很大的作用。那麼，如何使戰後的日本社會「解—儒家化」（de-confucianize），這便成為了關鍵的課題。在中國，有一種趨勢是去質疑儒家的價值或者政治的儒學。這種趨勢或者態度，被解讀為整個世界在走向所謂的「後世俗社會」的一種表現。然而，我卻不認為這類儒學在中國大陸可以得到多數人的支持，因為他們知道曾經有過一個負面的經驗就發生在日本。也許這麼說吧，他們還需要對其政治儒學的思想做出更多細緻的闡述和調整。尤其，他們可以從戰前日本在政治儒學的糟糕與失敗經驗裡，學習到一些東西。

賴：我也認為這樣的做法很難成功，因為過於極端地拒絕來自西方的價值與形式。他們強調，曾經有過一個輝煌的時代（比如漢朝，當時的儒家哲學與政治的主權是結合在一起的）。在那個黃金年代裡，政治和道德理想完美地結合在一塊。政治儒學相信，只要能復刻那個年代，便可以幫助我們超克西方現代性帶來的種種麻煩。

中島：我的觀察和你稍有不同。其實，他們還是使用了非常現代的框架比如憲法。他們很清楚必須要打造一部儒家憲法。在我看來，它其實是一種很具有當代特色的現代化儒家思想。這就是刺點所在：對我來說，他們即使回到漢朝，那也是一個非常現代的漢朝。

莫：在這裡，我想要加入討論。任何一種將政治儒學放在中國語境下進行討論的當代試驗，都還必須尋找一種話語來解釋改革與開放，如此一來，才能夠對眼下的中國社會提出一種連貫的、合理性的描述，對嗎？我的意思是說，在毛澤東時代，對於社會主義的解釋與階級鬥爭是相互連貫的敍述。而現在，中國是一個非常明顯的、被市場經濟驅動的資本主義社會。它很難再回到那個階級鬥爭的話語裡頭了，執政者也不會想再回到那裡去。他們真正想要的是維穩，對吧？所以，什麼樣的話語能夠替中國過去30年來的發展，提供一種連貫性的合理解釋，才是重點所在。我認為，類似像政治儒學這樣的思想運動，某種程度上，一個最大的任務是要去回應當前中國的意識形態問題。不再是毛主義，不再是反資本或者反市場的那種社會主義。我想，這是一個非常複雜的問題。

中島：如果我們在中國大陸討論這個話題，會變得非常敏感。因為相關的討論很難與舊時代的共產主義清楚地切割開來。然而，你的判斷是對的。現在的中國不再是共產主義的中國，甚至也不是朝向資本主義發展的中國。他們企圖離開現狀，返回到儒家的傳統裡，但是，具體的想法與做法，又與蔣慶或者其他政治儒家的支持者不盡相同。儘管共產黨政府企圖使用與政治儒家相似的語言，但我不認為它的效果會太好，特別是對年輕世代來說。這些年輕人對儒學不會有想要投身其中的想法。這很像是日本的戰後情境。現在如果你問日本人，你是儒家嗎？他們全都會跟你說，我們不是儒家。然而，戰前的日本社會，在每一個意義上，都可以說是一個儒教國家。就像是現在的日本一樣，當下的中國社會也逐漸失去了那種繼續支持儒家話語的基礎。所以，我認為這幾乎是不可能實現的提案。在戰前的日本，我們還有天皇做為象徵，向社會大眾召示儒家話語結構所提供的生活形態。而現在的中國並沒有這樣的象徵。

莫：這真是一個很有意思，而且欲罷不能的話題。但因為時間的關係，我們得往下一個問題前進。我在想，先讓賴老師來問第九題，之後我可以連結第八題和第十題一起提問。這是一個有關於東亞藝文書院的問題，我讓賴老師來發問。

賴：因為時間的緣故，我將會縮短問題。談到「東亞藝文書院」，就我所知，中島教授您是建立起這個教育、文化和學術，同時也促成北京大學與東京大學合作之特殊機構的關鍵人物。這個書院的想法來自於您年輕時候的夢想。在您年輕的時候，想要打造一個特殊的教育環境。現在看來，太好了！您的夢想已經落實了。對我來說，您在中國與日本之間建立起一座橋梁，眾所周知，中、日兩國存在著很大的矛盾，但您卻達成了一個很重要的努力，促使兩間大學一起合作，讓兩邊的年輕學生能夠一起思考「轉化」與「共生」。您能夠向台灣的朋友介紹這個機構嗎？另外，我也想問您，怎麼看待現在的台灣處境？特別是我們現在正面臨一個很嚴重的中、美對抗關係，台灣被夾在中間，遭受很大的壓力，被要求選邊站。這也是一個被殖民化的問題。您對台灣的學者或朋友，有什麼樣的建議？這是我的最後一個問題。謝謝！

中島：謝謝你。故事是這樣的，首先UTCP（東京大学大学院総合文化研究科・教養学部附属 共生のための国際哲学研究センター，University of Tokyo Center for the Philosophy）的運作，已經

超過10年了。在這段期間，我們和來自世界各地的大學有過很多不同的合作，包括中國、台灣、韓國、東南亞、歐洲、美國等等。在這個平台上，我們試圖在教育和研究的領域裡，落實「共生」這個想法。但同時，我又感覺到UTCP的整個運動好像還缺少了什麼？我想，就是制度化吧！在過去，UTCP有著非常活躍的表現，但這些表現也僅僅是學術上的活動而已。要如何將「共生哲學」的理念融入大學的系統當中？現在就變成了我們所思考的關鍵問題。我對於這種將理念給體制化的想像是，我們將會有一所東亞大學，其中包括來自日本、韓國、台灣與中國大陸的不同師生。那時候，我就是這樣想像或作夢的。在這方面，後來很幸運能夠成立「東亞藝文書院」（EAA, East Asian Academy for New Liberal Arts），它是北京大學和東京大學之間的體制化平台。也就是我對於「共生」如何體制化的一部分實現。所以，我也想邀請台灣和韓國的朋友一起加入這個平台。我是怎麼想像這件事情的呢？在參與今天的訪談之前，我和東京大學的同事有一場對話與交談，在我所提交的報告裡，我談到了相關的想法。我說道，是時候開始在不同的大學之間，共享老師與學生了！現在，東京大學有它自己的教授與學生，東大的老師教東大的學生。但是，如果讓來自不同大學的老師來教東大的學生，情況將會發生很大的改變。反之亦然，東京大學的老師也可以在台灣的大學教書。這是我對「共生」如何在大學系統裡落實的想像。

對東京大學或日本來說，「東亞藝文書院」可以看成是一個歷史性的事件。因為它是一個在中、日之間搭起橋梁的全新理念。現在，我們兩所學校有著相似的課程，一起分享我們的學生與老師。當然，我不知道這會不會只是一個微不足道的改變，因為我們只是彼此共享10位學生。或許這樣的改變，在日後會帶來很大的影響，又或許不會，但它已經是一個全新的嘗試了。兩個國家的大學，一起共享老師與學生。在未來，我也想要繼續把這種「共生」的體制化想像，推展到其他的大學裡，包括台灣和韓國。然後，我在想，因為夾在美、中之間，現在台灣的情況可能非常複雜和困難。但如果從學術的立場來說，做為學者我們仍有可能對現在的處境，造成一些好的影響。我希望，東亞藝文書院的故事和做法可以為台灣朋友提供一些想像。

賴：對台灣和韓國的學生來說，這是個好消息。我想要表達對您的最大感謝。對我來說，您充滿想像力，相較之下，現在大多數的學者因為必須花上大把的時間專注在其專業細項上，故而也經常缺少靈活的想像力。您和東亞藝文書院正在開啟新的想像，並藉此新意象來打開「東亞」的新的可能性。最後，我也要向您表達感謝，因為你和石井剛教授同意我們使用「東亞藝文書院」的名義，協同舉辦明年關於共生哲學的國際會議。這是我們莫大的榮幸。非常謝謝你！

莫：謝謝您，中島教授。能夠跟「東亞藝文書院」一起合作，這絕對是最棒的消息！另外，我想要回應中島老師剛才有關於學術與知識空間的見解。確實，我們有老師，有學生，有一些組織、一些機構，在我們面對這樣一個複雜的政治處境的時刻，比如處在美、中關係之間的台灣，或者中、日之間的矛盾，做為一個學者，仍然有一個作戰空間內在於學術寫作，或者書院的精神與活動裡。在書院裡頭，您會遇到來自不同背景的人，但卻可以在一個自由的文藝傳統裡頭，相互合作、彼此理解、豐富對方。我認為，這才是最重要的！未來，我們期待能夠參與更多東亞藝文書院的活動，同時也去推廣這些活動，讓東亞藝文書院在台灣成為家喻戶曉的機構。

中島：隨時歡迎你們參加，謝謝你們。

莫：現在我們來問中島教授最後一個問題。這個問題，我肯定這一年半來每個人在心裡面都曾想過。中島教授最近在《世界思想》

這個刊物上，發表了關於Covid-19的文章。[5]整個世界經歷了一年半的時間，日本又剛剛舉辦過奧運，而我們卻仍然在努力控制疫情。我的問題是：您認為Covid-19的流行，對哲學來說意味著什麼？它是不是四處撬動那些以往被我們視為理所當然的思想與分類模式？在這之前我們從沒有想過，真的會有一種全球性、不分你我的挑戰，會造成這麼大的創傷，甚至還會繼續流行下去。做為哲學家，要如何回應這個問題？當然，這些描述都只是我和賴老師的簡單勾勒，我們想聽聽您對Covid-19的想法，即便只是一些初步的思考也可以。

中島：我想，Covid-19再一次向我們揭示了那些古老的問題，比如像是：不平等、孤獨這樣的問題。其實在Covid-19發生之前，我們也不得不面對這些問題，只是現在我們無法再以同樣方式來處理。Covid-19的出現，等於再次顯示出了這些老問題依然迫在眉睫。另外，我的想法是這樣：Covid-19要求我們再次思考所謂的生命政治（bio-politics）。健康是每個人的核心所在，然而，所謂的「健康」總是被解釋成「為民族而持有的健康」。比如說，保持健康是我們的義務。接種疫苗是為了保護整個國家，而主要不是為了我們自己。藉此，我們得以重新檢視那些為了國家和保存生命而有的現代保健觀念。這是由covid-19所喚起的關鍵性問題。在今天的訪談的第一個部分，我曾提及20世紀的日本如何看待生命（life）的問題。現在，我們又碰了相同的問題。20世紀的日本在思考「生命」這個概念的時候，總是習慣與國家（民族，nation）拉上關係：為國家、為民族而生。然而，現在我們也可以採取另一種方式來看待生活（living）或者生命（life）。舉例來說，我們可不可以引入「養生」

---

5 中島隆博〈わたしたちの共生——パーソナルなものをめぐって〉『世界思想 特集：共生』第48号 世界思想社（2021.4）、94-97.

這個概念，來取代中文裡的「衛生」或者日文所說的えいせい（Eisei，衛生）？「衛生」是一個現代語境底下的治理觀念。所以，我在想，或許在Covid-19的處境底下，我們最終有機會從現代生命的治理形態裡，重新跳脫出來。

莫：是的，中島教授在這個問題上，提出了非常有意思的想法。covid-19喚醒我們再次關注那些一直擺在那裡、不曾離去的古老問題。現代社會認為我們再也不會遭遇傳染病的大流行，孤獨、疾病、髒亂都是舊有的危機管理模式所導致的問題。我們擁有現代化的醫療體系，傳染病的大流行已經是100年前的軼事。然而，covid-19的出現迫使我們去面對那些自始至終都無法被徹底解決的古老問題。它們一直都在，而這樣的經驗也可以幫助我們思考彼此相互的脆弱性。我使用的詞語是vulnerability，一種脆弱性。

台灣是一個很好的例子。在covid-19的控管上，台灣做的相當不錯。我們是一個島嶼，所以能夠保護好自己的邊界。然而，問題是：不管你在自己的國境之內做的多好，它都不是「世界」。在某些時候，我們需要與世界的其他地區交流，並且對它們開放。這就意味著，你不能只是以國家（nation）的角度來思考問題。相當有趣的，即使在你自己的國家內部取得勝利，它也不能真正地保護你。你可以一直關閉邊境，但最終我們還是想要生活在一個具有流動性的世界裡。所以，covid-19挑戰了民族國家的邏輯。你可以在自己家裡戰勝流行病，但疾病還是在世界之中流竄，隨時準備再次襲擊你的村莊。也就是說，我們必須學習以全球的眼光來思考問題，「養生」不能只是某個國家的養生，對嗎？在中文裡，這樣的情狀可以稱之為「互相依賴的脆弱性」。我們是如此地脆弱，covid-19這件事情證明了，我們的身體以一種深刻的方式彼此相互連繫起來。而這正是我們思考「養生」或者「共生」的起點。賴老師，你對這個問題，有什麼想法嗎？

賴：對我來說，我們並不真的擁有孤獨。我們總是在此在（Dasein）之中與其他人共在。我們也與其他的物類共存。我們共享著空氣、陽光和土地。我們住在同一片土地上，而我們也只擁有這一個地球。所以，沒有人能夠徹底封閉自己，這是不可能的事。對我來說，covid-19展示了這個事實：我們總是與他者生活在一起，包括病毒。所以，我們必須與病毒共生。對我來說，這樣的思考方式就是遭遇絕對他者。亙古以來，人類從來沒有真正從風險裡逃脫出來。我們始終碰到各種大小不一的麻煩問題，不只有現在，對吧？

中島：是的。你的說法完全正確！病毒就是我們的他者，沒有人可以徹底避開他者。我們必須與病毒合作。這就是關鍵所在。有一種說法是，人類的思想就像是身體上的病毒。因此，我們一直是以自己生活方式與他者生活在一起。面對病毒，真正要做事情是，去發明一種能與病毒共存的方式。在今日covid-19的處境之下，這是我們所面臨的挑戰。我認為你的觀察是全然正確的。

莫：在這一系列的講座裡，我們討論過《莊子》和「共生哲學」，賴老師一再提醒我們，「自我」絕不是封閉起來的。我們所擁有的是一個開放性的自我，它是動態的，它一直在與他人進行協調和互動。我想，Covid-19所展現的，就是這個事實。所以，我也很明確地告訴那些生活在美國和加拿大的同事，儘管疫苗的接種率已經達到70%，不要想說covid-19已經結束，因為你們和我們一樣對「世界」都是開放的。你們還有責任，不只是對自己的國家，也要對全世界提供所需的疫苗與醫療資源。如果我們的世界真的可以繼續往前走，那將是因為我們已經克服了民族主義的邏輯。病毒有一天會捲土重來，就像賴老師所說的，它其實一直與我們共在。我們必須學習那種能夠超越地域觀點的「養生」，這既然是一種全球性的危機，也就需要一種全球性的回應。

中島：是的，確實如此。

莫：謝謝中島老師和我們一起討論這些問題。我認為，今天開啟了很多領域，也探討了很多議題。事實上，今天談論到的每一個話題，都可以為其開闢專屬的研討會。現在，我們就給線上的朋友開放問答。

蔡瑞麟（台灣警察學校）：中島教授，您好。我是蔡瑞霖。您的討論非常精彩！請讓我問您一些問題。您如何看待大江健三郎？大江是1994年諾貝爾文學獎得主，他的文學報導深刻地批判了「沖繩事件」，然而，最終他卻不得不對抗政府，以捍衛他在這件事情上所投入的努力。沖繩問題和大江健三郎是不是您提出「交互共生」這類主張的關鍵理由？日本社會怎麼看待您這樣的主張？最後，您認為像大江這種報導人類苦痛經驗的寫作對於社會成員之間的相互理解是必要的嗎？我們如何恰當（properly）理解這類作品的功能？那種集體性的創傷，要怎麼平撫？在《莊子》內心深處，會不會也有一條無形的、看不見的，不真的那麼快樂無瑕的魚？

中島：謝謝你的提問。第一個問題是關於大江健三郎，特別是他在1970年出版的《沖繩札記》。[6]大江是1994年的文學獎得主，在《沖繩札記》裡，他呼籲日本政府必須正視殖民的歷史，並思考如何在沖繩與日本本島之間建立橋梁。在1972年，沖繩回歸日本之前，《札記》在當時成為極具煽動性的著作，引起了很大的討論。但現在，大江年紀太大了，他已經無法回應沖繩的現狀，特別是美軍基地的問題。大江的任務已經結束，現在該輪到我們認真思考「沖繩

6 參見大江健三郎，陳言（譯），《沖繩札記》，繁體和簡體版本，分別由聯經和生活・讀書・新知三聯書店出版。

問題」了。這就是我為什麼要寫那些討論沖繩的文章，並且提出相互批判與共享主權的原因。這是我對你第一個問題的回答。

第二個問題是，在日本社會裡，如何推廣「共生」的想法？感謝那些非營利組織的投入和參與，現在，「共生」在日本成為了一個熟悉且受到歡迎的想法。舉例來說，日本政府在其政治議程上，也開始使用「共生」這樣的語彙。我認為，「共生」這個想法，在現代的日本社會裡，確實是有效地被推廣出去的。儘管如此，我們還是必須觀察日本政府，在哪些政治化的語意下，使用「共生」這個詞語。觀察「共生」在哪些政治場合裡被使用，並提出批判，這才是關鍵所在。

你的第三個問題，提到了《莊子》和其他文學寫作類型的「恰當」（proper）閱讀。我的感覺是，恰當（或者正確、適當）是具有爭議而且危險的想法，當然我的意思不是說，我們要毫無保留地接受所有的閱讀方式。不是這樣的，根據文本自身的脈絡，閱讀本身就會有一些限制。在某種程度上，我們的閱讀一定受限於文理、概念結構、歷史背景等等。所以，面對《莊子》和其他文學寫作，我們能夠找到的不是某種正確的讀法，而是根據上述情境條件而來的，可能比較好的讀法。

莫：謝謝中島教授和蔡老師，你們談到了一些很有意思的問題。現在，我看到賴奕瑋舉手了，他是我們的會議助理，我讓他來提問。

賴奕瑋（中山大學中文系）：中島教授，很高興再次見到您。我們知道東京奧運剛剛閉幕，在這過程中，我發現一個相當有意思的隊伍，它叫做Refugee Olympic Team（奧運會難民代表團）。所以我在想，您所倡議的human co-becoming或者co-living確實是有效的，因為就在奧運裡，我們可以找到這種類似為「共生」理念而設計的參與方式。我的問題是，我們如何邀請所有人一起加入共生體系？他們之中，可能是沒有國籍的，也可能來自於不同的文化。所謂的「亞洲」是一個複合的文化概念，除了您所提到的日本、韓國、台灣、中國大陸外，東南亞和中東也組成了「亞洲」，但亞洲人卻有著極大差異的身分認同與文化背景。如何讓每個人都加入「共生」的議程？這是我的問題，我認為讓每個人都能夠參與進入「共生體系」，這會是最重要的事情。

中島：謝謝你的提問。根據阿倫特的說法，國際難民是20世紀的當代特徵。現在是21世紀了，我認為她的觀察依舊有效。國際難民不是外來者。他是我們所屬結構的一部分。在「共生」的理念中，我們必然要求（也邀請）這些人進到這個平台來。你的想法完全正確。職是之故，如何解構國家的邊界或者國家的主權，這將成為關鍵問題。直到今天，我們仍然生活在19世紀的主權觀念和民族國家的體系裡。我不認為，這是一個生活在21世紀的合理情況。台灣是一個很好的例子。我們必須克服19世紀的主權體系。我認為，若能觀察台灣的經驗，可以獲得很多的啟發。所以，我想要更多地了解台灣經驗。謝謝你。

莫：謝謝中島教授，做為一個每年都在台灣教書的學者，我可以說，我的學生確實教會了我很多東西。這是一些很豐富的經驗，尤其當我們在思考好客、對他人的義務、民族國家的界線等問題的時候，「台灣經驗」給予了我很多的啟發。非常謝謝你的回答。我看到賴老師舉手了。

賴：我想用中文問中島老師一個問題。對我來說，您跟石井剛教授開啟了所謂東京學派，我一直會把它跟京都學派做對比。在西方的哲學界裡面，一講到東洋哲學可以走到世界的舞台，具有世界性的哲學高度的時候，就會想到京都學派的西田幾多郎、鈴木大拙，他們跟歐陸哲學、現象學、海德格哲學的關係都是蠻密切的。而您所帶領的東京學派感覺更具有批判性和解構的面向，特別是批判形上學的傾向。可不可以請您對照京都學派，談一談東京學派的思想運動，它的核心特色在什麼地方？

中島：好的，謝謝你，這是個很棒的問題。這四年來，我一直在思考「東京學派」。「京都學派」在國際學術的舞台上，已經成為一個被高度重視的語彙。有著大量的論文研究西田幾多郎先生的哲學，但卻很少有人關注東京學派。京都學派以西田做為核心，它是一種高度形上學化，同時具有民族或者國家色彩的哲學系統。那麼，東京學派的特色是什麼呢？在戰前的情勢底下，東京學派也曾與日本的國家政治有著高度的連結。在當時，它也是一種高度政治化的哲學，但是到了戰後的情境，東京學派試圖批判以往那種與政府同構的高度政治化哲學態度。東京學派一直試圖擺脫戰前的日本語境。所以，我們努力追隨一種精神，它被稱為東京學派的戰後思考。這種戰後的東京學派思想就體現在，坂部惠、廣松涉、大森莊藏等學者身上。他們都是東京大學，特別是駒場校區的教授。對於住在駒場的人來說，比起東京學派，他們更喜歡被稱作「駒場學派」。其特色是具高度的批判性思考，尤其針對京都學派和戰前的東京學派。這是我的回答。

賴：我非常期待東京大學的思想運動，不只是純粹的學術性的speculative philosophy，它是具有很強的經世的關懷，對於整個社會政治以及人的存在處境，回到一個ground，這個ground不是建構在一個形而上學的基礎上，而是回歸人類的具體處境來重新面對他者、恢復學問和學術責任，也就是把宗教性的或終極性關懷帶回到對於人的真正感受，我覺得這是一個非常值得關注的思想運動。

中島：我完全同意你的觀察，謝謝你。

莫：現在聊天室有兩個問題。第一個問題是，前面談到後疫情的「衛生」問題，「衛」字有保衛、對抗的意思。生物學哲學裡的主體性問題，免疫系統如何對抗外來者而保衛自己，其分辨敵我的功能有可能被挪用至「如何實現自我之主體」。也就是說，現在問題就變成了：我們要保衛誰的生？一個族群能不能被視為具有主體性？再者前面您提到一種disarmed的哲學構想，也就是卸下武裝的哲學，但我們是否能在任何情況都沒有衛生又可以維持生存的需要？

中島：公共衛生是保衛誰的生？這就是問題的重點所在。這是一個值得推敲的問題。衛生的思考方式，試圖去保護一種具有主體性的生命。但是，這樣一種主體性的生命，經常被定位、定向在民族和國家裡頭。而我的思考，和這種衛生的思考方式不太一樣，我們不可以捍衛這種隸屬於國家的主體性。只要我們生活在與他人相關的情境裡，我們的生活（our living）就不會被自身的主體性所壟斷，因為我們的生活總是與他人共享。所以，「養生」這個傳統的、看起來有點過時的概念，或許真的可以提供一些洞見，幫助我們思考相互關聯的生活或者彼此相關的主體。這是我對你的問題的回答。而所謂的卸下武裝、開放哲學，意思就是說，要關聯到（要進入到）與他人共生的情境裡。

莫：第二個問題是，「金錢做為媒介，開啟了資本主義的運作。然而，在你所討論的社會資本裡，好像沒有市場的流動性。在『共生』和『共享』裡頭，社會資本是可以被預測的，還是不可以被預測的？」所以，第二個問題要問的應該是，構成社會資本的媒介是什麼？我們是用什麼媒介來組成社會資本？

中島：我會認為，現在「金錢」這樣的概念已經變得非常不可靠了。舉例來說，日圓（日本円，Japanese Yen），一個看似擁有主權的貨幣，它可以在人為的操作下大量貶值。所以，我們怎麼能夠依賴貨幣呢（亦即，我們不能用貨幣的計量方式，來設想所謂的「社會關係資本」）？當我提到「社會關係資本」的時候，我所設想的是一個比貨幣還要有力量、還要更普及的概念。這是我的簡單回答。

莫：是的，非常有意思。讓我先回到「衛生」的那個問題，也就是思考我與他人的關係，而不要去壟斷我們一起生活在其中的空間。我們通過他人而與他人共存，這是covid-19教會我們的事。即使在台灣內部可以控制住新冠的流行，我們仍然居住在一個與他人共在的世界裡，因此我們必須與他人一起合作。養生，意味著滋養彼此的生命（to nurture their lives），這裡講述的是一種能夠釋放彼此緊張狀態的相互關係性（it's a kind of mutual relatedness into clear relief）。我們不能夠有一種想要壟斷（monopoly）或者置身事外（independence）的幻想，這種想要支配或者獨存的想法，反而是很例外的，我會說它是一種美國式的想像。

中島：所以，打破這樣的幻想是很重要的。這正是關鍵所在。現在我們必須學會另一種有關於社會組成的想像。

莫：絕對是這樣，沒錯！我們還有5分鐘，李志桓提了一個問題。民族主義是一個我們無法真正擺脫的問題，因為我們都擁有語言和文化差異。所以，或許存在著兩種民族主義：養生的民族主義和衛生的民族主義？[7]

中島：這是一個不好回答的問題。我不認為，在語言和文化之間的差異會消失。這些個性或者特色是非常重要的。不過，回到根

7 讀者可以留意的是，其實「衛生」一詞同樣出自《莊子》，〈庚桑楚〉有一段文字：「行不知所之，居不知所為，與物委蛇，而同其波，是衛生之經已。」然而，正如中島隆博教授所言，在現代漢語的使用習慣裡，「衛生」的語意已經和「捍衛主體性」這樣的意涵掛勾在一起。

柢上來說，我們不需要特意去建立民族主義，對吧？民族主義這件事情，完全不同於語言和文化，或許我們可以發現另一種接近語言和文化的方式（不必跟民族主義綁在一塊）。這是我的想法。至於，如何去解構民族主義，在這方面，「養生的民族主義」大概可以發揮很好的作用。

賴：我想要回應「養生」的問題。養生這個概念，出自《莊子》第三章〈養生主〉。《莊子》使用了一個非常有意思的「解牛」隱喻。對我來說，「解」具有與他人發生互動的象徵意義：既是阻礙，也是切割，又是傷害。有阻礙，才需要「解」，所以它意味著自然生命狀態原本就不能離開牛、不能離開與他人的關係。但關係也就意味著有麻煩，因為每個人都習慣按照自己的心意做事，就像一把鋒利的刀子一樣。人們彼此相遇，又彼此切割、彼此傷害，但又總還是朋友與家人。有些學者主張《莊子》想要逃避關係，藉以保存他的適性逍遙。但是，對我來說，「庖丁解牛」的隱喻意味著，我們總是在尋找可以相互轉化的藝術，需要跟牛、跟關係合作，這才是真正的養生之道。也是「解」的另一個語意，彼此釋放。

中島：是的，關於養生之道，我們需要共同轉化的藝術（we need some art of co-transformation）。在相互轉化的生活背景底下，怎麼發明讓彼此共存、共生的創造性做法？這是最重要而關鍵的問題，在這一點上，《莊子》可以給我們一些啟發。

莫：是的，確實如此。而且，這也就涉及剛才所說的「社會關係資本」，對吧？我很期待閱讀您關於資本主義和共生哲學的著作，對我來說，那是一條重新思考資本主義的嶄新道路。經濟被想成是不斷發生下去的，它必須去聚集、去生產、去滋養，藉以實現彼此的共生、共存與共榮。資本主義為人所詬病的地方在於，裡頭存在著不平等，但它可以被重新設計，對吧？可以朝向促使彼此的共同繁榮來設計。這樣也就可以減少眼下我們正在經歷的各種衝突與對抗。我認為這種想法非常有趣，這種講求繁榮和共生的語彙，已經不再是傳統馬克思的詞語了。而這也就是，共生哲學和馬克思主義可以進行對話的地方：可能是藝術的問題、養生的問題、共生的問題，或者是不再奠基於傳統無階級理論的另一種思考方式。這是一個複雜而引人入勝的想像。

中島：確實如此，很謝謝你這麼說。

莫：我想，我們已經超時了。對我個人來說，今天非常特別，而且飽受啟發。一路以來，我們觸及很多問題，從covid-19到莊子，從資本主義到少數運動，同時也談到了東亞藝文書院如何落實共生哲學的理念。所以，今天真的非常精彩而豐富。我要感謝中島教授所展現的耐心與洞察力，他幫助我們思考了很多重要的課題。

中島：也謝謝你們舉辦這麼有意思的訪談，從你們的問題和討論裡，我也學到了很多東西。非常謝謝你們。

賴：我很期待，中島教授和石井剛教授早日來台灣跟我們碰面和討論。這肯定會是我們非常榮幸而開心的事情。我要再說一次，非常謝謝你們願意參加這一系列的線上討論，以及明年的會議。

賴錫三，中山大學中文系教授。興趣在於重構「當代新道家」與「跨文化莊子學」。目前出版：《莊子靈光的當代詮釋》、《當代新道家》、《道家型知識分子論》、《莊子的跨文化編織》、《道家的倫理關懷與養生哲學》。

莫加南（Mark McConaghy），中山大學中文系助理教授。研究專長：現代華文文學，二十世紀中國民間文學學術史，中國大陸與台灣現代思想史，中英翻譯。

美國歷史的不癒傷口

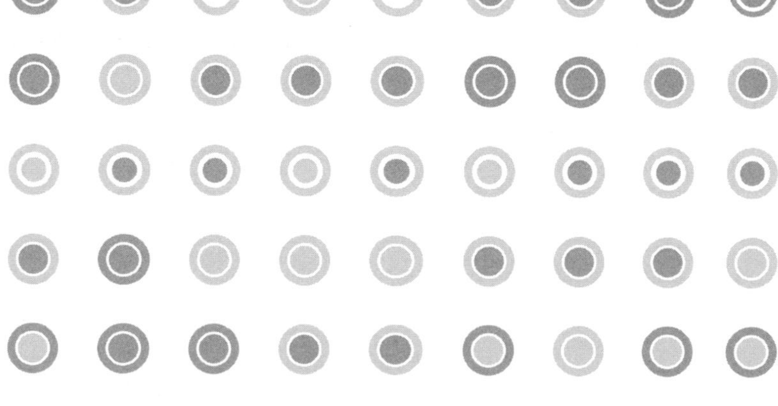

前言

今天美國社會面對的棘手問題，包括了無休止的黑白衝突，再加上川普等極右派所鼓吹的純種白人美國。這兩個問題都涉及了歷史的使用與誤用。

美利堅建國之前即已存在的奴隸制度，經過一場血流成河的內戰只獲得形式上的廢除，但是黑白之間的種族歧視與反抗一路延續今方興未艾。美國建國時已有盎格魯—新教加上獨立農人立國的自我意識，黑奴與原住民不在「美國人」之列。之後各種民族、膚色、文化、宗教、階級的移民陸續抵達新大陸，加上解放後的黑人以及原住民開始爭取權利，美國早已經是多民族的熔爐或者沙拉拼盤。但是盎格魯—新教立國的神話歷久不衰。經過亨廷頓提出文明衝突論以及「誰是美國人」的學術包裝，成為白人少數從事自衛—進攻的動員口號。奇特的是，許多旅美華人也受到啓發，引為華人的文化保守主義政治的資源。

張千帆和劉宗坤兩位先生的文章，分別回顧了美國史的這兩個爭議。這並不是我們事先的安排，他們兩位彼此也並無聯繫。這種巧合，只能說是兩位各自閱讀與思考在先，目睹眼下的美國現實，有感而發，所見略同，居然形成了這個精彩的專輯。我們感謝兩位。

編者

奴隸制還是經濟利益？：

美國內戰成因探析

張千帆

許多人認為，廢奴是美國內戰的結果而非原因；美國之所以發生內戰，是因為奴隸制以外的原因——譬如為了維護國家統一，或不可調和的經濟利益衝突使南北不可避免地走向戰爭。這些似是而非的論點或非全錯，但是至少因為否定奴隸制對於內戰的關鍵意義而忽視了一個基本事實：假如沒有奴隸制，美國絕無可能發生內戰。雖然美國內戰的動機甚至目的未必是主動廢除奴隸制，內戰的最根本原因就是奴隸制，而非其它。一言以蔽之，美國內戰並非是「為了」消滅奴隸制，但的的確確是「因為」奴隸制的存在而發生。本文在詮釋福格爾理論並和秦暉先生商榷之後，繼續討論美國南北在大西部的爭奪、關於奴隸制的宗教辯論以及1860年大選和內戰的關係。

一、引言

1860年12月，林肯當選美國總統之後短短一個多月時間，南卡羅萊納等南部7州即宣布脫離聯邦並成立「美利堅邦聯國」（Confederate States of America）；聯邦宣布出兵後不久，又有德克薩斯等4州加入。1861-1865年，美國經歷了歷時四年之久的南北內戰。雙方將士死亡人數高達61.5萬人，約有10%的20-45歲北方男性和30%的18-40歲南方白人男性在戰爭中死亡。這場傷亡慘重的內戰被1831年遊歷美國的托克維爾不幸言中。他在1835年《論美國的民主》中憂心忡忡地說：「奴隸制並不通過利益直接攻擊美國聯邦，而是通過生活方式（mores）間接攻擊之。」[1] 他去世後不到兩年，美國就爆發了內戰。

和其它許多事件一樣，這場戰爭也具有「美國例外」的特殊性。例外之一首先是它發生在美國——當時世界上寥寥無幾的憲政國家；1788年制憲至今，美國的憲政民主機制化解了數不清的政治與社會危機，為什麼立憲70餘年之後仍然會發生如此規模浩大的內戰？例外之二部分回答了這個問題——奴隸制。當時，英國等歐洲各國已先後廢除奴隸制，但美國這個頭號憲政國家卻反而保留了和其國體背道而馳的奴隸制。19世紀因為族群衝突而發生的其它內戰，所爭的只是涉及歧視，並未像蓄奴制這樣達到了完全剝奪人格自由的嚴重程度。這也部分產生了例外之三：在其它地方，「哪裡有壓迫，哪裡就有反抗」，被壓迫者就是種族壓迫的反抗者；但是在美國，套著枷鎖的黑奴怎麼反抗？儘管也有近20萬自由黑人參加內戰（犧牲3萬人），也有源源不斷的南方黑奴逃往自由北方，但無可爭議的是，美國內戰的主體是一場南方白人和北方白人之間的戰爭。這樣當然也就帶來一個解釋難題：美國內戰發生的原因究竟是什麼？清一色白人的共和黨真的那麼好嗎——為了解放南部黑奴，不惜付出數十萬的傷亡？

奴隸制是分裂美國南北的夢魘。獨立戰爭期間，各州都有黑奴，

1 Alexis de Tocqueville, *Democracy in America*, George Lawrence（trans.）, J.P. Mayer（ed.）, Harper & Row（1969）, p. 376.

總數大約為50萬。在6個南方州，黑奴占了人口的40%。1788年聯邦憲法允許奴隸交易合法進行20年，而3/4多數州的修憲要求使得任何激進的廢奴運動都不可能成功。1807年的《奴隸貿易法》禁止非洲奴隸貿易，次年元旦如期生效。但為了國家統一，全國範圍內並沒有發生廢奴主義運動。許多人以為美國奴隸制問題壽終正寢，或禁止進口奴隸之後的奴隸人口不足以自我維持，或奴隸主良心發現、放棄「財產」，或低效奴隸制農業遲早會被發達自由工業模式自然替代；總之，南方奴隸制的消失只是一個時間問題。然而，這一切並沒有發生。奴隸禁運之後半個多世紀，南方黑奴人口增長到400萬；奴隸制仍然生命力強勁，完全沒有自動退出歷史舞臺的跡象。1830-1840年興起的廢奴主義運動和南北對大西部的爭奪則愈演愈烈，道德指控的火藥味越來越濃，南北白人幾成沒有共同語言的兩個人種，內戰才隨著林肯當選而一觸即發。

美國內戰成因究竟是什麼？自內戰結束至今160年裡，美國史學界一直在探討這個問題，著述可謂汗牛充棟。[2] 一般認為，美國內戰有四大原因——經濟利益、白人至上文化、聯邦控制各州的權力以及奴隸制。[3] 當代史學家已很少爭論美國內戰是因奴隸制而起，只是在爭論究竟是和奴隸制相關的經濟、政治、社會還是文化因素導致了內戰。但是自2020年佛洛德事件、BLM運動和川普敗選之後，某些極右翼華人也一廂情願地希望川普是「林肯再世」，發動內戰奪回政權，因而開始關心美國內戰問題。中文圈流行兩種觀點——主權統一論和經濟決定論。二者都否定奴隸制本身作為內戰原因的重

2 參見Steven E. Woodworth ed., *The American Civil War: A Handbook of Literature and Research*, Westport（1996）.

3 Martin Kelly, What Were the Top 4 Causes of the Civil War?, https://www.thoughtco.com/top-causes-of-the-civil-war-104532.

要性，也都被美國主流史學界所否定。二者的共同基調是：對的，沒有誰在乎奴隸或奴隸制本身；廢奴是內戰結果，而非內戰原因；美國之所以發生內戰，是因為奴隸制以外的原因——譬如為了維護國家統一，或不可調和的經濟利益衝突使南北不可避免地走向戰爭……

這些似是而非的論點或非全錯，但是至少因為否定奴隸制對於內戰的關鍵意義而發生了根本錯誤：假如沒有奴隸制，美國絕無可能發生內戰；雖然美國內戰的動機甚至目的未必是主動廢除奴隸制，內戰的最根本原因就是奴隸制，而非是因為南北經濟利益衝突或其它原因。[4] 一言以蔽之，美國內戰並非是「為了」消滅奴隸制，但的的確確是「因為」奴隸制的存在而發生。

二、主權統一論

顧名思義，主權統一論是中國很熟悉的「大國邏輯」，因而甚得「小粉紅」的青睞。[5] 用它不僅可以彰顯「主權高於人權」——至少人權在主權面前不重要，而且可以乘勢揭露美國主張「人權高於主權」之「虛偽」：今天動輒要求中國如何如何，看看當年你自己吧！美國內戰的歷史似乎也是昭然若揭，林肯總統自己屢次表明，至少對於他來說戰爭的目的就是維護聯邦統一。1862年8月，他在發表《黑奴解放宣言》一個月之前明確否定內戰是為了廢奴：

4 Kenneth Stampp ed., *The Causes of the Civil War*, Touchstone（1992）.

5 譬如見塗柏鏗，〈美國南北戰爭的最大誤解：奴隸、自由與統一〉，https://www.hk01.com/世界專題/459228/美國南北戰爭的最大誤解-奴隸-自由與統一。

> 在這場鬥爭中，對我來說至高無上的目標既不是挽救也不是摧毀奴隸制，而是拯救聯邦。假如我不釋放任何奴隸而能拯救聯邦，我會這麼做；假如我釋放所有奴隸而能拯救聯邦，我也會這麼做；假如我釋放某些奴隸而讓其餘繼續為奴，而能拯救聯邦，我還是會這麼做……我並不想修正我經常表達的個人希望，那就是每個地方所有人都獲得自由。

林肯這麼說已經夠坦率了——因為仗已開打，他也不怕表達讓黑奴獲得自由的個人願望。但他也說得夠清楚——打這一仗是為了維持統一，和解放奴隸無關。事實上，作為競選策略，他在不同地方競選時也曾「見人說人話，見鬼說鬼話」，力求獲得南方勢力的同情至少容忍。1858年，他和競爭對手道格拉斯的第一場辯論就「政治不正確」：「我從來沒有也不會以任何方式實現黑白種族的社會與政治平等……黑白種族之間存在生理差異，我相信這永遠不會允許兩個種族在社會與政治平等狀態下生活在一起。」162年之後，就是這幾句話讓伊利諾州爭論，要不要把林肯的塑像也和道格拉斯的一起推倒。[6]

這樣對待林肯當然是不公平的。應該沒有懸念地說，這幾句是他出於競選策略的違心話。當然，當時北方的白人至上情緒也很普遍。重要的是，林肯是共和黨中的溫和派，正是他的溫和立場讓他在1860年大選獲勝，但「溫和」也是有底線的，那就是奴隸制至少不能再擴大。林肯所代表的溫和共和黨的初衷是讓南方奴隸制自生自

6 John O'Connor, Douglas statue comes down, but Lincoln had racist views, too, *AP News*, 20 September 2020, https://apnews.com/article/race-and-ethnicity-slavery-illinois-racial-injustice-archive-a23f377eb924b54bb039fc734065b5ea.

滅，而不是要主動廢奴，因為那樣會得罪南方奴隸主，進而造成國家分裂。他是想走一條漸進的中間路線，既不得罪南方並損害國家統一，也不縱容奴隸制的擴大。因此，林肯關於拯救聯邦的聲明是真誠的，但這顯然不表明他個人支持奴隸制。他的三個「假如」也表明，他不會選擇第四個被漏掉的「假如」：假如擴大奴隸制可以拯救聯邦，他會不會這麼做？這才是惟一的真問題。其它三個條件都是虛構的，南方不會答應其中任何一個，因為他們恰恰是要求奴隸制擴大到西部。假如北方這麼答應了，那麼南方的核心訴求得到了滿足，還脫離幹什麼呢？恰恰是因為北方不會同意南方堅持的這第四個「假如」，所以南北才必有一戰。

主權統一論不僅混淆了目的和原因，也倒置了內戰因果。內戰不是因為北方要統一聯邦，所以對南方發動戰爭；恰好相反，是南方脫離聯邦在先，並在南卡要塞薩姆特打響了第一槍，北方才不得不應戰。林肯聲明的意思是，他被逼到了絕境。作為總統，他於公於私都要維護統一。有哪個總統會心甘情願坐失半壁江山？1832年，南卡要實行「法理獨立」，傑克遜總統當即威脅出兵，逼迫南卡收回「廢止理論」。[7] 國內發生分裂，維護統一是總統出於責任的反應，而不是對內戰原因的「解釋」。要解釋美國內戰，難道不應該首先解釋南方為什麼脫離嗎？當然，即便南方威脅脫離，北方也不一定要打仗，完全可以通過「綏靖」把南方請回來——但如上所述，這恰恰突破了北方的底線；正因為南方的底線是擴大奴隸制，而北方的底線恰好相反，南北才不得不打這一仗。難道這不足以說明，奴

7 Richard E. Ellis, *The Union at Risk: Jacksonian Democracy, States' Rights, and the Nullification Crisis* (1987), p. 193; William W. Freehling, *Prelude to Civil War: The Nullification Crisis in South Carolina 1816-1836* (1965), p. 257.

隸制才是內戰的真正原因嗎？

主權統一論預設，國家統一是無條件、無底線的，但這一邏輯不能適用於美國內戰。恰好相反，美國內戰正是因為有底線而發生的，並因為維護了底線而獲得道德正當性。假如沒有奴隸制問題，假如南方人是因為自己遭遇系統性不公而要求脫離，那麼聯邦能否以「統一」為名出兵鎮壓，就成了一個道義上極有爭議的問題。對於1860年代的美國來說，這個「假如」是一個假問題，南方顯然沒有遭遇什麼系統性歧視或不公；相反，是他們維持了現代文明不能接受的奴隸制，並沉溺於奴隸制經濟帶來的巨大利益而不可自拔，才造成了美國內戰。

三、經濟決定論

這就把我們帶到了內戰成因的第二種解釋——是經濟，蠢貨！由於顯然的原因，經濟決定論對於我們來說也夠熟悉。它要說的也夠簡單：造成美國內戰的不是奴隸制，而是奴隸制經濟；奴隸制經濟當然和奴隸制有關，但關鍵不是奴隸制，而是南北之間的經濟利益矛盾使之不可避免必有一戰。用馬克思主義的簡單話語表達，南部以奴隸制形式出現的封建莊園式生產關係，已不能適應以製造業為代表的資本主義生產力的發展，美國內戰就是先進資產階級消滅落後封建階級的結果。

經濟決定論未必像傳統教科書裡說得那麼乏味。1910-1940年代，它甚至是解釋美國內戰的主流學派。當時的「進步主義史學派」即認為，經濟是南北危機的基礎。1793年，惠特尼發明軋棉機，棉花產業變得非常有利可圖，許多其它種植紛紛改種棉花，極大提高了奴隸需求。許多北方工業購買南方棉花，加工紡織品。進入19世紀，南北經濟模式出現根本差異。北部已經工業化，主要依靠製造業和小農經濟；南部則是依靠黑奴的大規模種植業，主要是棉花和煙草。內戰開始時，美國已有400萬黑奴之眾。但1840-1850年代歐洲發生馬鈴薯饑荒之後，大量移民來到美國充作廉價勞動力，某種程度上降低了對奴隸制的需求。也就在此時，北方廢奴主義運動呈燎原之勢，北方工業資本堅決反對奴隸制經濟進入西部大開發，引起南方恐懼。北方自由工業和南方奴隸制農業形成了兩種根深柢固而本質不同的生產方式，南北之間不可調和的經濟利益衝突最終導致了內戰。

經濟決定論的代表作是比爾德的《美國憲法的經濟基礎》，至今仍然很有影響。[8]比爾德主張，內戰前夕，美國的北方金融和工業集團形成聯盟，和南方棉花種植經濟發生對抗。當時，南方奴隸制確實形成了一個巨大的產業鏈，黑奴本身也是一筆價值不菲的巨額「資產」，據說當時高達28億美元。[9]當奴隸制生產和生活方式遭到威脅之後，不可調和的利益衝突就產生了。1865年3月4日，林肯第二次總統就職宣言也部分支援經濟解釋：

> 這些奴隸產生了特殊和強大的利益。眾所周知，這種利益不知為什麼成了戰爭的原因。叛亂者的目標是加強、維持和擴大這個利益，為此不惜以戰爭撕裂聯邦，而聯邦政府只是主張限制其地域擴張的權利。

然而，研究美國內戰的當代史學家普遍認為，比爾德的經濟解釋過於簡單。北方利益實際上是高度分化的，並不存在高度一體化

---

8 Charles Beard and Mary Beard, *The Rise of American Civilization* (1927).

9 https://en.wikipedia.org/wiki/Origins_of_the_American_Civil_War.

的北方工商聯盟。相反，南北經濟利益倒是幾乎完美互補：北方為南方提供工業技術和產品，南方則提供原材料和農產品。[10] 既然國家統一對二者都有利，經濟利益衝突不可能是內戰的主要原因。今天，除了中國之外，美國和加拿大、墨西哥、日本、歐洲國家每年都發生大量貿易摩擦，有哪一次是通過戰爭解決的？事實上，內戰前的聯邦經濟政策是民主黨主導制定的，而北方的金融業、製造業、商人也不想和南方交惡而失去有利可圖的商機，因而普遍對激進的廢奴主義運動表示反感。[11] 內戰前夕，不少團體致力於通過妥協避免戰爭，但都是要解決和奴隸制相關的問題，而不是尋求經濟解決方案，可見經濟利益衝突並非南北緊張關係的癥結。

到1970年代，福格爾等學者的歷史經濟分析為美國內戰研究切換了不同視角。1974年他合著出版的《苦難的時代：美國奴隸制經濟學》甚至引起了學界和社會震動，[12] 從此聲名鵲起，並因為這一工作和諾斯分享了1993年諾貝爾經濟學獎。福格爾的主要貢獻是以經濟計量學的方法論證了奴隸制的經濟「效率」，駁斥了強迫勞動低效率的長期流行成見。在一般人的想像中，美國黑奴從事的是烈日炎炎摘棉花的簡單低能勞動，既不需要知識技能，也不可能激發生產動力，南方奴隸制種植園經濟效率不可能高，因而和北方工業競爭必然落敗。福格爾卻證明，南方黑奴有一部分從事相當複雜的工業化勞動，甚至奴隸已把「工業倫理」內在化。他通過統計分析得出，

---

10 Lee A. Craig, Industry, Agriculture, and the Economy, in Woodworth ed. *The American Civil War*, pp. 505-514.

11 Kenneth M. Stampp, *The Imperiled Union: Essays on the Background of the Civil War*, Oxford University Press（1981）p. 198.

12 Robert William Fogel and Stanley L. Engerman, *Time on the Cross: The Economics of American Negro Slavery*, Brown & Co（1974）.

南方奴隸制農業比北方農業效率高35%，而且並非因為工作時間長，而是勞動強度大——事實上，北方農民比南方黑奴的工作時間每年平均多400小時。[13] 南方經濟的就業率也更高：北方自由經濟只吸納1/3人口就業，南方奴隸制經濟卻能容納2/3人口就業。福格爾甚至斷言，美國奴隸制是「靈活而高度發達的資本主義方式」。[14]

既然如此，期待南方奴隸制會自生自滅是不現實的，福格爾的主要功績在於明確駁斥了當時在北方頗為流行的「自然限制論」。這種理論認為，「就算沒有內戰，奴隸制也會消失，一是因為棉花種植受到自然地理條件的限制，二是因為城市化會帶來巨大壓力。」[15] 由於適合棉花種植的土地有限，奴隸人口因為繁殖而不斷增長，必然造成人地比例不斷增長，奴隸價值不斷下跌，以至最後都不及他們的基本生活費用。多餘的奴隸又不可能城市化，城市白人工人對黑奴充滿敵意，使後者不能長久立足。福格爾指出，上述主張的第一點顯然沒有發生；由於國際棉花市場需求猛增，美國奴隸市場火爆，導致奴隸價格猛增，完全沒有供過於求的跡象。這樣，第二點也就不攻自破；奴隸緊缺得很，根本沒有把奴隸城市化的壓力。當然，因為奴隸價格的上漲，城鎮的奴隸人口會不斷減少，城市工業完全可以找成本更低的自由勞動力作為替代。[16] 這也得到了資料的證實：60%的奴隸從事棉花生產及相關勞動，種植園奴隸中有1/5是技工和半熟練工，只有6%的奴隸在鄉鎮工作。[17]

---

13 Ibid., pp. 76, 78.

14 Ibid., p. 64.

15 福格爾、恩格爾曼，《苦難的時代：美國奴隸制經濟學》，顏色譯，機械工業出版社（2015），頁63。

16 同上，頁65-69。

17 同上，頁64。

雖然《苦難的時代》之所以引起社會爭議，主要是因為它說南方黑奴的生活並非想像得那麼「苦難」，甚至某些方面比北方自由工人還好，譬如平均來說南方黑奴有更多的閒暇和家庭生活、成人之後營養和健康也不錯（當然不否認出生死亡率很高），因而有替奴隸制「洗地」的嫌疑，它的學術觀點仍然是振聾發聵的。1989年，福格爾出版《無願無約：美國奴隸制興衰》，[18] 修正了《美國黑奴經濟》忽視價值觀影響的傾向，但是基調不變——強迫勞動是可以很高效的，期待奴隸制自生自滅是不現實的。內戰前夕，美國南方比英國之外的任何歐洲國家富裕，人均產值增長也比北方更快——當然，這個「富裕」不可能關黑奴什麼事，「人均」則不僅沒有把占南方人口40%的黑奴算在分母基數內，而且把他們作為「財產」算在分子上。1860-1890年，世界棉花需求量增長一倍。看趨勢，奴隸主的好日子長著呢！要靠奴隸制自生自滅，還不知等到猴年馬月。美國奴隸制之所以崩潰，並非因為奴隸制經濟模式落後，而是政治與軍事行動的結果。事實上，正是因為奴隸制高效，所以才必須通過戰爭消滅之。在這個意義上，這場仗「值得」打。

福格爾的聲名鵲起被認為是「曇花一現」（flash in the pan），[19] 他對美國內戰的解釋並不為1970年代的美國「修正史學派」主流所接受。[20] 他的研究方法也受到不少批評，譬如他所選取的經濟資料未

18 Robert William Fogel, *Without Consent or Contract: The Rise and Fall of American Slavery*, W. W. Norton（1989）.

19 Peter Kolchin, More Time on the Cross? An Evaluation of Robert William Fogel's Without Consent or Contract, 58 *Journal of Southern History* 491-502（1992）.

20 例如參見Eric Foner, The Causes of the American Civil War: Recent Interpretations and New Directions, in Robert P. Swierenga ed., *Beyond the Civil War Synthesis: Political Essays of the Civil War Era*（1975）.

必可靠。他說南方就業率是北方的一倍，但那可能是因為統計口徑不一樣：對於北方，他只計算拿工資的勞動力，不算不拿工資但也參與勞動的婦女兒童；而如果以同樣的標準來計算南方，就業率幾乎是零，因為黑奴並不拿工資。不過，《苦難的時代》在這個問題上再次刷新了社會成見。最令我驚訝的是，南方奴隸竟然是有收入的！福格爾的統計得出，奴隸勞動創造的價值被奴隸主剝削的比重才10%，甚至低於工人工資的稅率；換言之，奴隸擁有絕大部分自己的勞動收入，奴隸主的「剝削」是很有限的。[21] 當然，當時的普遍現實究竟如何，仍有爭議。BBC官方網站對這個問題的看法是，奴隸勞動在一般情況下並沒有工資，但有些奴隸主為了鼓勵奴隸的勞動積極性，會為奴隸的表演、算命或日常工作之外的額外勞動付一點「獎金」；在某些地方，奴隸主甚至可能和奴隸形成某種承包關係，奴隸在每月交納定額費用之後保留剩餘收入，掙得多的熟練工可以和自由工人不相上下。[22] 總之，奴隸制就業率高是不足為奇的，不然養著奴隸吃乾飯嗎？

雖然福格爾本人並非種族主義者，社會對他的批評也多流於感情用事，但是他對非計量研究方法的簡單否定招致不少非議，他自己的計量研究則可能因為資料的可靠性、代表性和局限性等問題而只是提供了一個「客觀」、「準確」、「全面」的假象。對於許多歷史事件或現象來說，最重要的方面很可能是無法定量化的。

21 福格爾、恩格爾曼，《苦難的時代：美國奴隸制經濟學》，頁110。

22 https://www.historyextra.com/period/slave-labour/.

四、如何理解「低人權優勢」

福格爾的研究實際上反駁了馬克思的經濟決定論解釋——看似「落後」的經濟模式可以很「高效」，資本主義生產方式未必能通過自由貿易戰勝封建制甚至奴隸制。這當然也不是什麼新觀點，高強度的強迫勞動當然可以比自由勞動更有「效率」。用秦暉教授的話說，這就是「低人權優勢」。但是當秦暉引用福格爾的觀點來解釋美國內戰的時候，就變成了一種新的經濟決定論：「南北方在關稅問題上如果談不攏，關係就會惡化，那就會走向戰爭。如果關稅博弈能夠緩和，那就會走向和平。」[23] 內戰又成了一個經濟問題，關稅能否談攏決定了內戰是否發生。而秦暉的邏輯是，關稅是一定要加的，因為北方自由經濟不如南方奴隸經濟有效：「從邏輯上講，南方的奴隸經濟對北方是有威脅的。」因此，恰恰是北方提倡貿易保護主義，是南方提倡貿易自由主義，因為如果實行貿易自由的話，北方就競爭不過南方：「北方的資本大量湧入南方，那北方的發展就會出大問題，經濟會空心化，北方的自由人會出現大量失業。這些自由工人怎麼跟南方『有效率』的奴工競爭？那北方就會出現嚴重問題，甚至劣幣驅逐良幣都是有可能的。」[24]

然而，這個邏輯的事實前提是不成立的。秦暉誇大了福格爾的結論，以為北方經濟總體上不如南方經濟高效，而福格爾並沒有得出這個結論——他只是說北方的農業經濟不如南方農業有效。這當

23 秦暉，「美國內戰前的關稅之爭與制度之爭（上）」，《經濟觀察報》2019年1月19日，http://www.eeo.com.cn/2019/0119/345983.shtml.

24 同上。

然也幾乎是老生常談——假如他說北方的工業經濟還不如南方農業經濟高效，那才會顛覆常識，但是他並沒有這麼說，關於南北經濟效率的常識也一直沒有被顛覆：北方代表的是欣欣向榮的工業化自由經濟，南方則代表停滯的奴隸制農業經濟。不可否認的事實是，1815-1861年，北部經濟迅速現代化，84%的製造業投資是在北方自由州；南方則仍然依賴奴隸制經濟模式，對奴隸的投資甚至超過了對土地的投資。不錯，原材料輸出地也可以靠資源乃至「低人權優勢」致富：1850年代，棉花價格暴漲，奴隸也價值不菲；1860年，南方白人的人均資產是北方2倍，美國3/5富人是南方人，[25] 但大趨勢是毋庸置疑的：當時源源不斷的歐洲移民中，8個人裡面7個都去北方而非南方，從南到北的白人則是從北到南的2倍。[26] 因此，秦暉提出的問題是不存在的：「北方的資本家為什麼不去南方做奴隸主呢？」（也許確實有少數人這麼做），「北方的資本為什麼不大量湧入南方去追求奴隸制的『效率』，造成北方製造業的大轉移呢？」——因為工作機會和勤勞致富的希望都在北方，南方「低人權優勢」並不是那麼顯著。

事實上，南方是不是「低人權」本身就是一個問題，因為福格爾最引起爭議的一個發現是南方奴隸的日子似乎過得不錯，至少成人奴隸的生活不差，甚至不比北方自由工人差。原因也簡單，奴隸是要幹體力活的，得好好養著，就和好好飼養牛馬的邏輯一樣。但這也意味著奴隸主養活一個奴隸的成本不低，似乎並不是像資產階級拼命壓榨工人剩餘價值那樣，奴隸的「人權」狀況不算差；如果並非那麼「低人權」，那麼奴隸制經濟的「優勢」也就沒有了。當

---

25 https://www.britannica.com/event/American-Civil-War.

26 https://en.wikipedia.org/wiki/Origins_of_the_American_Civil_War.

然，奴隸生活實際上有沒有這麼好，可以再考證。福格爾自己提到，奴隸孩子從3-4歲就開始進入「服務業」，成為勞動力，[27] 可見養著奴隸還是要用的。他考察了奴隸的食品、住房、醫療，但是沒有提到教育；普及奴隸教育顯然不是明智之舉，沒有哪個奴隸主想給自己添亂。但這也意味著，如果沒有基礎教育，奴隸恐怕只能做些農活和簡單的加工業，至多在19世紀中葉那個年代的技術水準和自由工人競爭。[28]

因此，福格爾只是論證奴隸制經濟本身具有相當強的生命力，至少短期內不會自動消失，但是如果把他這個結論進一步引申，認為奴隸制經濟內在的「低人權優勢」會在自由競爭環境下擊垮北方工業經濟，則顯然誇大了他的立論。事實上，他自己的資料不僅不支援這種推論，而且恰好相反：1860年，全美人均收入128美元；其中北方為141，南方為103，差距仍然不小。1840-1860年經濟增長率北方1.3%，南方1.7%，[29] 南方確有一定優勢，但是這種優勢能否保持仍很難說，況且單憑這點優勢也很難指望南方能全面超越北方。北方的工業優勢是南方難以望其項背的：雖然南北人均鐵路里程差不多，但是人均棉紡織品產量北方是南方4倍，鐵產量6.4倍。[30] 在當時可見的未來，北方工業的顯著優勢是南方經濟很難超越的。秦暉認為南方的「低人權優勢」在不斷發揮出來，似乎北方快頂不住了，

---

27 Robert William Fogel, *Without Consent or Contract: The Rise and Fall of American Slavery*, p. 53.

28 福格爾注意到，男性58%（女性69%）從事下地手工勞動，23%從事管理和手工藝勞動，17%從事「其它不下地勞動」。如果把製糖業等食品加工也和紡織與麵粉加工一樣作為「工業」，那麼南方製造業也是相當可觀的。Ibid., pp. 46, 104.

29 同上，頁182-183。

30 同上，頁188-189。

只是內戰改變了這一趨勢。這樣不僅顛倒了南北經濟競爭力的對比，而且也搞反了發動內戰的罪魁：假如是這樣的話，那麼要分裂的就不是南方，而是北方。因為美國聯邦體制保證國內的自由貿易，南北是不能互徵關稅的；既然北方競爭不過南方，那麼它就要脫離聯邦設置關稅；北方就成了內戰的始作俑者，好像不發動戰爭就玩不下去。歷史顯然恰好相反，鬧獨立的當然是南方而非北方；內戰第一槍是南方打響的，北方只是被動應戰。

如下所述，南北貿易確有摩擦，但利益衝突並不是直接的，而是通過國際貿易間接發生的。北方工業的優勢是主要針對國內，需求穩定；南方農業則取決於國際市場需求，原先激烈抗議北方的貿易保護主義政策，唯恐國際貿易的對等制裁會損害南方棉花等產品出口。但1850年代以來，國際棉花需求強勁，甚至有「棉花為王」一說，南方也就自信滿滿，不再抱怨什麼。當然，他們還是對北方主導國會通過的國際貿易保護主義政策有怨言，認為南方承擔了貿易保護主義的代價，也曾為此動過「脫離」的念頭，但只是說說而已。他們最大的恐懼還是北方全面主導了聯邦國會和總統（最高法院仍是南方人占多數），最後埋葬南方奴隸制。

在這個意義上，馬克思主義經濟解釋又有一定道理。對於絕大多數人來說，經濟格局決定了人生選擇；在民主政體，經濟優勢造成的人口優勢又決定了地理政治優勢。不出意料的是，北方人口增長比南方迅猛得多，政治優勢也越來越明顯，北方自由州不僅絕對控制了眾議院，1850年代開始也在參議院占上風，而且總統選舉人票的南北差距越來越大。1860年大選，印著林肯的選票都進不了南方十州，卻仍然毫無懸念地贏得了選舉人票的絕對多數。因此，林肯等溫和共和黨人期望奴隸制無疾而終雖然來日方長，卻不無道理。總體上，南方對現代化工業和現代文化表現出本能的恐懼，在經濟和政治上都處於明顯守勢而非攻勢。南方普遍認為，聯邦政府越來越不把奴隸制政治訴求當回事，南方政治地位的衰落指日可待。[31]最後脫離聯邦，正是南方意識到奴隸制前景大勢已去的絕望之舉。

總之，「低人權優勢」是一個解釋力很強的概念，也是秦暉教授對理解「中國模式」作出的一個重大貢獻，可以用來解釋許多中國現象。譬如最近有一位知名網紅搬出我在去年武漢疫情肆虐時發表的文章：「防治疫情——中國需要憲政民主」，他的大意是憲政民主就是一個笑話，看看歐美憲政民主國家的疫情鬧得多厲害？「中國模式」抗疫這麼成功，正是因為不實行憲政民主。事實上，中國抗疫成功的「祕訣」就是充分運用了「低人權優勢」；沒有哪個國家能把自己的公民管成這樣，不僅封城，甚至封戶。而疫情本身也是因為「低人權」而起，有什麼值得炫耀的呢？如果當時不限制李文亮醫生等人的言論自由，疫情很可能就不會爆發得如此兇猛。「中國模式」的「優勢」無非是經濟發展，經濟就是成本利益權衡；低人權顯然有助於節省勞力、資源各種成本，顯然是有「優勢」的。當然，低人權未必就有優勢，譬如一個國家的勞動力素質不行，就沒有優勢，但中國並沒有這類問題。這也是為什麼那麼多外國投資被吸引來中國，以至在自己國家造成了「鐵鏽帶」，甚至幫助民粹主義領袖崛起——川普現象確實體現了全球化經濟對國家化民主政治造成的挑戰。

綜上，我們一定要重視「低人權優勢」，但也要防止誇大這種優勢並墮入經濟決定論的陷阱。首先，低人權不僅有優勢，也有顯然的劣勢，正反兩本賬都要算，就像經濟後發有優勢也有劣勢一樣。打一個也許是不恰當的比方，三線城市比北京、上海有太多「優勢」

31 https://en.wikipedia.org/wiki/Origins_of_the_American_Civil_War.

了，住房、生活成本多低？交通還不擁堵，但是有誰會捨棄各種不便的一線城市去三線城市發展？當然，北京享有各類制度性特權，和其它地方並非自由平等競爭，但是即便取消一切特權，北京的比較優勢仍然會相當長時間內存在。因此，必須要全面衡量成本優勢和劣勢；優劣相抵之後，「低人權優勢」或「高人權劣勢」未必那麼顯然，經濟並沒有那麼大的決定作用。

這也是我們之間的一個主要分歧。「低人權優勢」以奴隸制經濟為重點，但究竟是奴隸制還是經濟利益在發揮作用？秦暉認為奴隸制當然也是關鍵，但是通過經濟產生作用；奴隸制只是修飾性定語，經濟才是決定性的主語。「低人權」還是要折算成經濟上的「優勢」，人權只能通過經濟發揮作用。當然，經濟確實是一個重要方面，人主要是理性自私的經濟動物。其實，這也是馬克思主義的邏輯起點，可惜他未能邏輯一致地運用於所有階級——資產階級是自私的，無產階級則是「高尚」的，犧牲自己也在所不惜——這當然是無稽之談。事實上，經濟利益只是決定人類行為的諸多動因之一，經濟決定論忽略了價值觀、信仰等非理性因素的影響。

如果誇大「低人權優勢」，也會給非決定論解釋帶來很大麻煩。既然低人權有那麼大的「優勢」，為什麼北方資本家不去南方做奴隸主？這確實會成為一個問題。優勢太大而不為所動，那就只能是因為北方人和資本家的道德人設高大上。如果說北方資本家就是因為厭惡奴隸制，而不願去做利潤巨大的奴隸主，那就必須誇大資本家或北方人的道德境界。這也不符合現實。宗教信仰或價值觀確實會發揮影響，但也不要誇大它們的影響。在真實存在的巨大利益面前，道德可以很蒼白。事實上，南方奴隸主也都是非常虔誠的基督徒；下面會講到，他們甚至拿《聖經》為奴隸制辯護。

當然，秦暉教授的「低人權優勢」概念是從中國發展而來，其用來解釋美國內戰的本意或是對當今中美之爭有所啟示。某個發展中國家的「低人權優勢」究竟有多大？這個問題沒有一個標準答案，不同國家、不同時期必須具體問題具體分析。俄羅斯農奴制是否有「低人權優勢」？標準歷史書上都寫的是劣勢，但也許俄羅斯並沒有其它選擇，也許甚至曾對快速工業化作出了貢獻。中國的「低人權優勢」是否足夠顯著，以至於中美「必有一戰」，也另當別論。中國對美國的「低人權優勢」也許超過美國南方對北方的優勢，甚至對美國國內政治造成困擾，但是不是就真的會對國際貿易規則和憲政民主秩序產生顛覆性影響？我認為也不宜誇大。「低人權優勢」當然可能害人，但主要是害己。相對於別人來說算「優勢」，但對於我們自己，低人權只能是劣勢。就和環境污染一樣，當然也會污染別人，但首先污染的是自己。

對於美國內戰，首要因素是奴隸制，而非經濟利益衝突。要判斷二者的主次，不妨問一個這樣的問題：如果沒有種族因素，南北會不會因經濟優勢或劣勢發生內戰？答案是「絕對不會」，民主政治正是為了以和平方式調解一切衝突；有了奴隸制這個種族因素，那麼南北無論處於經濟優勢還是劣勢，都難免一戰——儘管這是雙方都不希望看到的結果。

五、關稅之爭和法理脫離

這當然不是說關稅或經濟對內戰的影響微不足道。畢竟，人是利益驅動的自私動物，內戰當然和南北經濟利益衝突密切相關。南方顯然不願意放棄奴隸制經濟帶來的巨大「好處」，南方奴隸主肯定不願意放棄400萬黑奴這筆巨額「財產」和奴隸制生活方式。政治學家李普賽在分析南方各縣投票行為中發現，奴隸擁有比例和脫離聯邦的支持率成明顯正比關係：181個黑奴比例高的縣有72%選民投票支持脫離，205個黑奴比例低的縣只有37%支持率，153個比例中等的縣則有60%支持率。[32] 當南方認為聯邦憲法下的政治體制對奴隸製造成威脅時，他們最終選擇脫離聯邦。

和其它原因相比，關稅和內戰之間的因果關係是間接與偶然的，因為關稅畢竟是對外而非對內南北互徵，但是由於南北經濟模式不同，徵收關稅對南北經濟也會產生不同後果。當時，美國北方工業雖然發展迅猛，但還說不上強大，直接面臨英國等歐洲工業國家進口的競爭，關稅保護主義政策對北方工業有利；南方棉花經濟則是出口主導，3/4的棉花產量都用於出口，而保護主義政策對出口有害。1812年英美戰爭和拿破崙戰爭造成歐洲禁運，英國轉向美國出口低價成品，對北方新興工業造成威脅。為了保護本國工業，國會1816、1824年兩次增設關稅，對進口成品徵收高額關稅，南方叫苦不迭，南卡受到了尤其嚴重的影響。南卡認為自己不僅受到高關稅的直接傷害，因為進口商品的價格更貴了，而且也受到間接傷害，因為減少英國進口意味著影響國際貿易平衡，削弱了英國對南卡出口棉花的購買力。

1828年，南卡分離主義運動的「教父」卡爾霍恩為了阻止關稅進一步提高，同時又封住北方的嘴，故意起草了一部高得連北方人都不會接受的關稅法案，指望國會拒絕通過後嫁禍北方。但沒想到，1828年關稅方案陰差陽錯通過了國會兩院，小亞當斯總統簽署後生效，引起了南方乃至部分新英格蘭地區的反對。小亞當斯總統因為簽署法案而失去民意，並在同年選舉中輸給了國家主義的民主黨候

32 Seymour Martin Lipset, *Political Man: The Social Bases of Politics*, Doubleday（1960） p. 349.

選人傑克遜。南方期待傑克遜當選會顯著降低關稅，但是希望落空。傑克遜上任後，宣布關稅「合憲」。南卡激進派回應，聯邦關稅在南卡州內「無效」。同年，已成為副總統的卡爾霍恩匿名發表〈南卡聲明與抗議〉，和總統傑克遜唱對臺戲。

1832年，在卡爾霍恩的抗議下，國會降低了關稅，但遠不能讓南方滿意，由此造成嚴重的地域危機，卡爾霍恩掛冠而去，南卡甚至暗示要脫離聯邦。新成立的南卡議會召開大會，以136:26宣布1828年和1832年關稅違憲「無效」，並拒絕實施。傑克遜不能容忍南卡對聯邦法律統一的公然挑戰，宣布南卡廢止聯邦關稅的決定構成「叛國」，並強化了南卡州內的聯邦要塞。1833年，國會中的傑克遜主義支持者通過「強迫法案」，授權總統動用陸海軍強制實施國會立法，暴力似乎一觸即發。但關鍵時刻，大概是因為南卡孤掌難鳴，沒有得到其它州的聲援，撤回了「廢止主義」決定。之後南北調和並達成妥協，顯著調低了關稅，南北衝突度過一劫。

由此可見，利益確實會產生衝突，但要說利益衝突必然「你死我活」、「必有一戰」，那只是獨裁思維在作祟——成王敗寇、「勝者通吃」，當然你死我活了，政治變成了一場「零和遊戲」；但「零和遊戲」的結果必然是兩敗俱傷，因而通吃思維看似「理性」——什麼都歸我得，實則極不理性：雙方為了一點經濟利益大打出手，最後造成60萬人死亡的戰爭，誰從中受益了？與其如此，何不妥協？經濟主義強調理性，但馬克思的經濟決定論和階級鬥爭恰恰是說不通的。階級之間確實存在利益衝突和一定程度的「鬥爭」，勞資雙方都要爭取自我利益最大化，但是如果因此而得出階級鬥爭「你死我活」、最後一個階級「消滅」另一個階級的結論，那豈不又自相矛盾了——難道「無產階級」就真的「失去的只有鎖鏈」、連自己被別人消滅的危險都不在乎嗎？何況勞資本質上是互補而非互斥的：沒有資本，勞動力無法組織起來創造財富；沒有勞力，資本也不能當飯吃。因此，經濟上的理性行為是勞資合作而非無底線「鬥爭」。

美國南北經濟利益關係也是一樣，互補大於互斥。畢竟，南方供應原材料，北方工業加工成品，雙方有何必要把對方置之死地而後快呢？那樣真的對自己好嗎？單純的關稅政策衝突不可能導致內戰，何況代表南方利益的民主黨頻繁掌權，即便是國會少數也對稅收政策有所制約，關稅不可能太高。事實上，1846年的關稅政策主要是民主黨制定的，南方很滿意，北方實業家則抱怨關稅太低。1850年之後，鑄鐵和紡織業每況愈下。1854年，鐵產量全球過剩、價格下跌，許多美國鐵廠倒閉，共和黨將此歸咎於南方民主黨控制下聯邦通過的低關稅政策。1857年發生金融危機，強化了共和黨。危機之後，棉花價格暴跌，黑奴價格則繼續猛漲不止，南方奴隸主要求聯邦立法重開非洲奴隸貿易，地域衝突升級。北方尤其是賓州認為關稅太低，某些南方人則害怕北方主導國會後會發生關稅失控，但實際上並沒有發展到失控的地步。[33] 事實上，1861年之前的關稅政策對南方有利，因而為南方所支持。1861年的莫里爾（Morrill）關稅之所以能顯著提高關稅並獲得通過，是因為南方已經宣布脫離，許多南方議員因此離開國會，因而是南方脫離的結果而非原因。

事實是，1860-1861年間的南北論戰極少提及關稅。[34] 對於任何想要調解爭議、阻止脫離的群體來說，關稅都不是一個主要問題。或者說，就不同地域的經濟利益而言，關稅從來就是一個問題，關

33 Jon L. Wakelyn ed., *Southern Pamphlets on Secession, November 1860–April 1861*, University of North Carolina Press（1996）, pp. 23-30.

34 Frank Friedel ed., *Union Pamphlets of the Civil War: 1861–1865*（vol. 1）, Harvard University Press（1967）, pp. 171-173.

稅高低必然對各地經濟影響不一，但民主政治的解決方式很簡單——談判妥協。一旦確立了對於國家整體有利的關稅政策，為了國家利益而犧牲的一方完全可以得到補償。今天美國農民為什麼得到那麼多「補貼」呢？同樣的憲法體制之下，今天如此通用的辦法，難道1860年的美國人就想不到嗎？——是的，那個時候「補貼」奴隸制經濟還真不是一個選項，但那不是因為南方經濟和北方競爭，而是因為「奴隸制」這個關鍵字。北方不會同意去補貼在他們看起來道德上罪惡、對社會有害、有時也讓他們經濟上受損的南方奴隸制。如果說關稅當時確實成了一個南北死結的話，那也全是拜奴隸制所賜。

六、奴隸制擴張與大西部爭奪

和關稅相比，南北之間還存在經濟利害關係大得多的問題，並產生了愈演愈烈的流血衝突，那就是對尚未開發的大西部的爭奪。這個問題其實早在聯邦制憲之前即已存在，隨著大西部的漸次開發而不斷加劇。早在費城制憲之前，1787年《西北法令》規定了美國接納新州的程序，禁止俄亥俄河以北的中西部進行奴隸交易，奴隸制在西部的擴張已成「敏感」問題。1803年，傑弗遜總統從拿破崙那裡以1500萬美金的價格買下83萬平方英里的路易斯安那，便宜到「白菜價」——每平方英里18美金、每平方公里（百萬平方米）7美金、不到3美分一英畝。一夜之間，聯邦領土面積翻倍。即便這麼一筆划算的大買賣，聯邦黨還在國會反對，因為路易斯安那會增強南方奴隸制的力量。1804年，以區隔賓州與馬里蘭的梅森—迪克森線為界，北方州全部取消奴隸制。1812年，路易斯安那成為蓄奴州；當時並沒有引起太大爭議，因為那裡是黑奴占人口47%的「深南」地區，而且「蓄奴州」和「自由州」各11個，數量正好持平。

但是1818年，從路易斯安那領地切出的密蘇里申請建立蓄奴州，平衡就打破了。紐約州眾議員塔瑪奇（James Tallmadge）在國會提議建立密蘇里作為自由州，當場激起南方議員的大聲抗議。雖然塔瑪奇提案通過了眾議院，5名北方參議員倒戈，結果未能通過參議院，而眾議院拒絕接受參議院的方案。國會兩院相持不下，爭論了兩年，最後通過《密蘇里妥協》解決了危機。正好麻省願意割讓緬因區作為自由州，和成為蓄奴州的密蘇里沖抵，雙方各12個州，仍然維持平衡。1820年《密蘇里妥協》還規定，路易斯安那購買中獲得的北緯36.30度以北的土地不得成為蓄奴州。《密蘇里妥協》開始了南北雙方的一系列政治交易，也讓南方人意識到奴隸制可能受到北方的政治攻擊。1836年，阿肯色成為奴隸制；次年，密西根成為自由州，恢復平衡。

南方之所以對西部寸土必爭，有政治和經濟兩方面原因，但政治原因是主要的。經濟上，南方的單一棉花種植模式造成土地肥力耗竭，難以長久持續，因而需要在西部擴張中開發新地。雖然大西部的土地並不適合棉花種植，南方害怕西部的「耕者有其田」政策會導致自由小農反對奴隸制，因而對西部的自由土地、自由勞動政策的反對程度比反對關稅更為激烈。更讓南部擔心的是，鐵路和運河等「交通革命」使越來越多的西部農產品運往東北部，加強了西北之間的經濟和政治聯繫。許多南方人則將耕者有其田的「激進」政策視為西部的「廢奴主義化」，並將西北聯盟視為北方計畫破壞南方生活方式的證明。

但最根本的，南方害怕自己會失去在參議院的均勢，從而在聯邦政治上全面落敗——眾議院按人口比例分配各州議席，南方即使把黑奴人口折算成3/5加入基數也明顯不敵；參議院各州平等2席，但是如果自由—蓄奴持平格局被打破，那麼南方就同時失去了對國會兩院的控制，奴隸制就岌岌可危了。1840年代，民主黨控制了國會多數、總統和許多州的職位，聯邦政策對南方有利，奴隸主得以高枕無憂。1845年，佛羅里達與德克薩斯成為蓄奴州，15個蓄奴州反超過了自由州；1846年愛荷華、1848年威斯康辛分別作為自由州加入，才又恢復平衡。然而，蓄奴州的版圖永遠定格在1845年；1850-60年代增設的5個新州全是自由州，沒有一個蓄奴州。《密蘇里妥協》開啟的政治平衡被不可逆轉地打破了。

1848年，美墨戰爭結束，美國贏得130萬平方公里新增土地，奴隸制擴張問題變得更加敏感。南方仍然指望在這些領地擴張奴隸制，但是遭到北方的堅決反對。1846年，北方（賓州）民主黨眾議員威爾莫以1787年《西北法令》的語氣，在眾議院法案上附了一個「但書」（Wilmot Proviso）：「奴隸制或強迫服役不得存在於領地的任何部分，除非當事人因犯罪而首先被正當定罪。」換言之，國會只能取消、不得擴建奴隸制。和塔瑪奇提案一樣，《威爾莫但書》通過了眾議院，卻沒能通過南方力量占優的參議院，後來也屢次未能通過。

南北妥協必須繼續，但越來越難。亨利・克萊起草的《1850年妥協》同時受到北方輝格黨（共和黨前身）和南方民主黨反對，但是在北方民主黨道格拉斯幫助下通過。《1850年妥協》繼續平衡南北利益：加州作為自由州進入聯邦，但為了維持參議院平衡，加州承諾選派支持和反對奴隸制各1名參議員進入國會；猶他和新墨西哥由地方自主決定，德州不再主張西北領土，華盛頓特區禁止奴隸貿易（但不禁止奴隸制本身），同時強化了1793年《逃奴法》的實施機制，要求聯邦和自由州有義務遣返從蓄奴州逃亡的奴隸。《逃奴法》令北方感到羞辱，加劇了南北敵對情緒。斯托夫人的《湯姆叔叔的小屋》甫一出版就上了最佳排行榜，極大激發了北方對《逃奴法》的反感。原以為《1850年妥協》一勞永逸地解決了南北地域之爭，其實只是勉強維持了十年和平。

1854年，《肯薩斯—內布拉斯加法》重新點燃了激烈爭議，很快製造了「流血的肯薩斯」，最終導致56人喪生。[35] 這部法律允許肯薩斯和內布拉斯加通過公投自主決定作為自由州還是蓄奴州進入聯邦，相當於廢止了1820年《密蘇里妥協》，因為肯薩斯是在《密蘇里妥協》禁止蓄奴的分界線以北，但現在卻只要獲得公投多數支持就可以成為蓄奴州，北方因此強烈抗議。鄰州密蘇里的擁奴主義者則大量湧入肯薩斯，要操縱公投並使之成為蓄奴州，結果在勞倫斯釀成釀成血案。雙方互鬥愈演愈烈，後來在約翰布朗率領「自由土地人」殺死5名擁奴主義者的「大屠殺」達到高潮。1855-59年間，肯薩斯幾乎預演了美國內戰，一度有兩個首都——勞倫斯和拉康普頓、兩部憲法——托皮卡（Topeka）州憲和拉康普頓（Lecompton）州憲、兩個按各自憲法選舉產生的政權。為了息事寧人，新上任的布坎南總統希望按拉康普頓州憲，接納肯薩斯作為蓄奴州，但是州選民以一萬多票優勢明確拒絕——當然，據說雙方都有相當規模的舞弊。到了民主黨主導的國會，這個決定遲遲得不到批准。直到1861年，南方各州脫離聯邦之後，民主黨議員退出國會，肯薩斯才作為自由州加入聯邦。

沒想到，看起來很「民主」的地方公投自決卻在肯薩斯捅了一個大馬蜂窩。這個理論原先是北方民主黨領袖斯蒂芬道格拉斯提出的，他後來是共和黨候選人林肯的競選對手。道格拉斯堅決擁護基層民主，認為州的基本屬性必須由當地居民自行決定，聯邦不能越

35 https://en.wikipedia.org/wiki/Bleeding_Kansas.

組代庖。但西部是決定奴隸制命運的關鍵，因而也是南北必爭之地，不同地方、不同利益必然提出不同的憲法解釋理論。北方認為，限制奴隸制的惟一辦法是限制其在新領土上擴張；南方則堅信自己對州內奴隸制享有完全自主權，蓄奴州之間的國內奴隸貿易不受聯邦干涉。對聯邦許可權的不同理解加上憲法解釋的不同方法，合成四種憲法理論：其中兩種是遵循憲法文本和歷史的保守主義解釋方法，另外兩種則是超越憲法文本的激進主義解釋方法。

道格拉斯的地方自決論代表了北方民主黨的主張，實際上是州權主義（state sovereignty）的翻版。它否定了聯邦對奴隸制的決定權，主張西部領土是否建立奴隸制純粹是一個地方問題，必須由當地居民自己決定，國會無權干涉，否則就侵犯了美國立憲的自治傳統。當然，州權主義更早是由卡爾霍恩為了維持南方奴隸制而提出的理論，但是這種理論更為激進，主張南方不僅有權廢止違反其州憲的聯邦立法，而且享有授權各州擴張奴隸制的「州主權」；聯邦在西部領土則只是主權州的「代理人」，聯邦權力限於幫助實施州法，無權禁止任何奴隸主帶入其「合法財產」。卡爾霍恩的州權理論實際上要求聯邦保護奴隸制，而這很可能造成聯邦權力前所未有的擴張。[36]

兩種主張聯邦有權決定奴隸制的理論分別代表了兩個新興黨派的主張，儘管都沒有獲得國會通過。其中1860年的克裡滕登（Crittenden）妥協，代表憲法統一黨的保守主義解釋主張，認為西部領土究竟是自由州還是蓄奴州只能通過聯邦修憲規定。1846年的《威爾莫但書》則代表了後來的林肯與共和黨綱領，主張國會無需

36 James M. McPherson, *This Mighty Scourge: Perspectives on the Civil War*（2007）, p. 7.

修憲即有權在西部領土完全排除蓄奴制，包括美墨戰爭中贏得的大片領地。不同黨派、不同利益及其憲法理論的分道揚鑣表明，南北利益妥協越來越難了。

事實上，《但書》已經把利益之爭上升到道德層面，其盛氣淩人的措辭暗含著奴隸制是道德犯罪，第一次讓南方清晰感覺到北方對奴隸制的道德鄙視。之前，南方認為自己只是要求北方的平等對待，南方奴隸「財產」獲得和北方合法財產同等的保護，但是北方顯然不這麼看待南方的「財產」。丹尼爾大法官給前總統馬丁范布倫的信中寫道：「一下子，一切友愛、同情乃至容忍都湮滅得一乾二淨，產生的是暴烈、不能平息、不會消退的敵意。」[37]

七、廢奴運動與政治極化

1854年的《肯薩斯—內布拉斯加法》被證明是走向內戰的分水嶺，代表反對力量的共和黨應運而生，其綱領就是反對奴隸制進入大西部。由於民主黨領袖拒絕反對奴隸制導致北方越來越多的不滿，輝格黨必須打破民主黨對民主與平等話語的壟斷，因而需要重組新黨並將廢奴作為黨綱。1855-1856年的「流血肯薩斯」衝突起先並不具有意識形態高度，但是約翰布朗率人刺殺5名擁奴主義殖民者之後，全國再度掀起了地域主義爭議高潮。1856年大選幾乎完全圍繞肯薩斯引發的奴隸制問題，共和黨譴責《肯薩斯—內布拉斯加法》擴大蓄奴制，並提出「自由土地、自由勞力、自由人，弗里芒特」的競選口號。加州參議員弗里芒特（John Charles Frémont）是共和黨

37 Earl M. Maltz, Biography is Destiny: The Case of Justice Peter V. Daniel, 72 *Brooklyn Law Review* 245-246（2006）.

推出的總統候選人，他的名字剛好和「自由人」押韻。南方民主黨也毫不示弱：如果弗里芒特贏的話，那就準備退出聯邦。當然，共和黨剛成立兩年，弗里芒特不出意料敗給了布坎南，但是北方共和黨—南方民主黨的政治極化格局已經形成。

1850年代是美國政治風雲激盪的時代，當時美國人也確實比今天的人更關心政治，投票率動輒高達80-90%。在決定命運的1860年大選，投票率達到84%。選民的踴躍參與如洶湧潮水，漫過常年形成的政治水渠，打破了四平八穩的民主黨—輝格黨兩黨體制。布坎南總統在肯薩斯問題上的執迷不悟不僅激怒了共和黨，而且疏遠了自己的北方民主黨。黨內對頭道格拉斯指責他違背了《肯薩斯—內布拉斯加法》所體現的人民主權原則，南方保守派則認為他侵犯州權。道格拉斯在南方不得人心，因為南方極端主義要求西部領地通過蓄奴立法，而他不僅幫助挫敗了支持蓄奴制的拉康普頓州憲，而且提出了「自由港」理論，主張西部領土居民可以拒絕通過蓄奴立法，從而拒絕接受1857年「蓄奴案」判決所允許的奴隸制。南北民主黨由此分裂，並成就了共和黨的勝利。

1858年，南北形成四黨格局：北方共和黨與民主黨、南方民主黨和南北邊界州的憲法統一黨。南方民主黨不再能通過其北方盟友影響聯邦政治，極端主義情緒明顯增長。《紐約時報》曾主張共和黨中的溫和派與北方民主黨的反體制力量聯手，不要再反對地方人民主權，退而求其次，遏制奴隸制擴張並平息地域之爭。雖然共和黨國會議員投票支持1858年法案，阻止肯薩斯作為蓄奴州並提倡人民主權原則，但共和黨主流拒絕修改聯邦主義立場。

在民主政體下，政治或政黨極化的根源是民眾的兩極分化。如果不關注美國社會1830-1840年代迅猛發展的北方廢奴運動，就無法理解1850年代的美國政治極化。事實上，卡爾霍恩提出的「廢止理論」

不只是在南方受歡迎，北方有些廢奴主義者已經開始運用，公開抵制1850年《逃奴法》的實施。波士頓即吹噓從來沒有遣返過一個逃奴，派克等地方精英公然組織暴徒阻止執法。1851年10月1日，紐約州自由黨的廢奴運動領袖聚集錫拉丘斯，成功策劃「營救傑瑞」（Jerry Rescue）行動，襲擊警局並將逃奴「傑瑞」偷渡到加拿大。著名廢奴主義領袖加里森（William Lloyd Garrison）甚至公開焚燒縱容蓄奴的聯邦憲法，把它貶斥為「死亡契約、地獄協定」。1854年，他引用《獨立宣言》：「面對一切形式的壓迫——尤其是把人變成物的那種，我都忍不住憤怒和憎惡。」

北方激進廢奴運動的標誌性人物是約翰布朗（John Brown），[38] 一個普通得不能再普通的名字。去年剛好出了一個關於他的七集連續劇「上帝之鳥」（The Good Lord Bird），[39] 不算「大製作」，但反響似乎不錯。布朗出生於一個虔誠的加爾文教家庭，早年經商並不成功。1837年，他參加了克利夫蘭舉行的廢奴主義集會後深受感動，公開宣布自己要獻身於摧毀奴隸制，並於1848年形成了兵諫計畫。1856年，布朗帶著他的5個兒子到肯薩斯和支持奴隸制的軍隊作戰，殺死了5名擁奴主義殖民者。1857年，最高法院的「蓄奴案」判決確認奴隸制的合法性，激起了廢奴主義者暴風驟雨的譴責。布朗回到東部為兵變集資，並獲得六位有聲望的廢奴主義者匿名贊助。他們在維吉尼亞哈伯斯渡口附近租了一個農莊，招募了20名戰士，其中包括他的3個兒子和幾名黑人。1859年10月16日，他率領這幫人攻占了哈伯斯渡口的聯邦兵工廠，目的是在維吉尼亞和馬里蘭州的山

38 https://www.history.com/topics/american-civil-war/american-civil-war-history.

39 https://www.jacobinmag.com/2020/10/john-brown-good-lord-bird-slavery.

上為釋放奴隸建立堅固營地。兩天之後，布朗兵變就被羅伯特李上校（後來的李將軍）帶兵鎮壓，10人被擊斃，其中包括他的2個兒子，他自己受傷被俘。布朗被捕後，著名作家梭羅專門寫了〈為約翰布朗班長辯護〉的散文。自己也是逃奴的黑人道格拉斯（Frederick Douglass）盛讚布朗的道德勇氣：「我只是為廢奴而活著，他卻可以為廢奴而死。」據說在執行絞刑前，他遞給衛兵一張紙條，上面寫著：「我約翰布朗現在確信，這片罪惡土地上的罪惡只能用鮮血來洗刷。」不到一年半，美國內戰即被這句話不幸言中。

約翰布朗的傳奇故事表明，美國南北之爭遠不只是政客、商人、奴隸主經濟與政治利益的冷漠考量，而是帶著廢奴運動南北對撞的巨大道德激情。[40] 1840年代起，廢奴主義者就指責奴隸制不僅社會不公，而且道德敗壞，南北雙方逐漸變成了道德、文化、社會、政治、經濟上對立的兩類人。當然，道德指責和經濟考量未必非此即彼、二者選一，而完全可以兼而有之。1830-1840年代，廢奴運動確實只是極少數人的運動，沒有太大影響，直到1850年代才成氣候。這部分是因為經濟危機打擊了北方白人工人，越來越多的北方人開始接受「蓄奴勢力」（Slave Power）陰謀論，進而與廢奴主義合流成為新的思想和政治運動。許多人之所以反對奴隸制擴張，未必是因為他們同情奴隸命運或憎惡奴隸制，而是害怕大奴隸主把好地都買光了，斷絕了自由白人農民使用家庭或雇用勞力的謀生機會。1854年，「自由土地人」（Free Soiler）加入共和黨，強力推行「自由勞動」原則。在此之前，針對奴隸制的經濟批判就很常見。共和黨成立後，也是經濟和道德批判雙管齊下，「蓄奴勢力」陰謀論將廢奴運動和

---

40 Williamjames Hoffer, *The Caning of Charles Sumner: Honor, Idealism, and the Origins of the Civil War*（2010）.

奴隸制對北方自由勞動力與民主價值的威脅結合一體，極大助長了廢奴主義情緒的蔓延。布朗兵變之後，南北和談幾乎不可能再若無其事地進行下去。南北之爭已升格為針對奴隸制的道德底線之爭，不可能通過利益妥協和平解決。

八、1860年大選與美國內戰

在這種勢態下，1860年林肯當選總統成了南部脫離和南北內戰的直接導火線。1860年11月6日的總統大選分割為南北兩個戰場，勢力限於北方的共和黨和南部民主黨並沒有直接交鋒；共和黨候選人林肯的名字都沒能進得了南方十州，但是北方戰場決定了總統選舉結果。林肯和北方民主黨候選人道格拉斯競爭北方選票，南方民主黨則和邊界州成立的憲法統一黨爭奪南方選票。最後林肯輕鬆獲勝，贏得180張選舉人票、40%選民投票，獲得30%選民票的道格拉斯卻只獲得12張選舉人票；南方民主黨獲得72張選舉人票、18%選民票，統一黨獲得39張選舉人票、13%選民票。

從大選結果看，林肯的勝利是決定性的。一共303張選舉人票，只需要152張即獲勝當選，但是林肯不僅贏得了180張之多，而且在他贏得的18個州中，16個州的選票都過了半數：康乃迪克（6）、伊利諾（11）、印第安那（13）、愛荷華（4）、緬因（8）、馬塞諸塞（13）、密西根（6）、明尼蘇達（4）、新罕普舍（5）、新澤西（4）、紐約（35）、俄亥俄（23）、賓州（27）、羅德島（4）、弗蒙特（5）、威斯康辛（5）。[41] 這16個州的選舉人票加起來就有173張。換言之，

41 https://en.wikipedia.org/wiki/1860_United_States_presidential_election.

即便南北民主黨沒有發生分裂，甚至和憲法統一黨聯合起來對抗共和黨，也無法贏得以上16州中的任何一個，而只能額外得到加州的4票、俄勒岡3票，根本不足以扳回總統大選的敗局。

這說明什麼？這說明1860年，廢奴已經是美國的人心所向；以上18州都是自由州，林肯的勝利就是自由州的勝利。不論蓄奴州怎麼投票，都改變不了聯邦政府共和黨占主導的構成。儘管林肯並非共和黨中的激進派，這個結果——更準確地說，造成這個結果的憲法體制——是南方不能接受的。事實上，共和黨中的保守派成功阻止某些激進派成為總統候選人，作為黨內「溫和派」的林肯第三次投票才獲得候選人提名，但共和黨的激進派在北方各州都很有影響。由於北方州的數量已經勝出南方蓄奴州，多數州要求廢除《逃奴法》並禁止西部成為蓄奴州。南方對重開非洲奴隸貿易的要求只能讓共和黨對「蓄奴勢力」陰謀論深信不疑，林肯出現後的民粹主義「輝格黨風格」則加深了南方恐懼，雙方互信和談判空間越來越小。共和黨的迅猛崛起和民主黨的政治失敗讓南方奴隸主看到自己的全國政治影響在節節敗退，林肯的當選是壓垮南方信心的「最後一根稻草」，再不脫離聯邦就來不及了。

1860年12月24日，南卡召集臨時大會宣布「脫離原因宣言」：「南卡及其它州之前在『美利堅合眾國』名下的聯盟從此解散。」南卡和密西西比、佛羅里達、阿拉巴馬、喬治亞、路易斯安那、德克薩斯7州成立「美利堅邦聯」。維吉尼亞、阿肯色、北卡和田納西4州還在觀望，不少「有條件支援統一派」希望聯邦讓步。南北邊界的蓄奴州密蘇里、肯塔基和馬里蘭則雖未脫離聯邦，但明顯同情邦聯。1861年3月4日，林肯如期就任總統，但並沒有立即對7州宣戰，而只是宣布脫離行為「非法」，並拒絕向「邦聯」移交其境內的聯邦設施。邦聯軍隊逼近南卡的薩姆特要塞，4月12日打響了內戰第一槍並奪取要塞。[42] 在林肯派兵鎮壓叛亂之後，「有條件統一派」紛紛倒向分離主義，之前觀望中的4州加入邦聯陣營。

九、美國內戰能避免嗎？

塞姆特這一槍能避免嗎？這個問題在內戰發生當時就開始爭論。前總統布坎南認為，內戰是共和黨狂熱分子挑起的完全不必要的衝突；紐約州長、林肯的國務卿西伍德（William Seward）則堅持，內戰是不可避免的結果。美國史學界一開始支持不可避免說和道德解釋論，威爾遜總統（原普林斯頓教授）的《美國蓄奴勢力興衰史（1872-77）》也是這種觀點。1920-1940年代，史學界轉向修正說，認為內戰主要是無能政治領袖的責任。如福格爾後來證明的，南方奴隸制並非那麼不人道，奴隸命運也不見得比北方工人差多少。但1960年代的史學主流認為，內戰的主要原因是1850年代的大眾民主潮流使兩黨制崩潰，造成了美國政治極化。在這個意義上，民主或民粹才是內戰的始作俑者。[43] 然而，如1860年的選舉結果顯示，即便南北民主黨不分裂，美國政治仍然圍繞兩黨主軸轉，而不受激進大眾情緒的影響，只是共和黨替代了原先的輝格黨，林肯當選也是不可避免的結果，而南方拒絕接受這個結果。這是美國憲法體制決定的：當這個國家的壓倒性多數再也不能容忍奴隸制，奴隸制的消失只是時間問題，任何抗拒力量都是螳臂當車，除非任由國家分裂。

還是回到內戰前夕的場景和當事人本身吧。從1858年開始，總

42 James M. McPherson, *Battle Cry of Freedom: The Civil War Era*（1988）.

43 David H. Donald, Died of Democracy, in Donald ed., *Why the North Won the Civil War*（1960）, pp. 79-90.

統候選人林肯和道格拉斯進行了7次辯論，主要議題都是關於奴隸制。南北對待奴隸制的態度截然相反，但都把奴隸製作為南北分道揚鑣的本質原因。1860年12月，林肯在給亞歷山大斯蒂芬斯信中說：「你們認為奴隸制是對的，應當擴展；我們則認為奴隸制是錯的，應當被限制。我認為這才是摩擦，它肯定是我們之間的惟一實質分歧。」[44] 對待奴隸制的態度將南北分為「你們」、「我們」，人民的分裂才是聯邦分裂的內在原因。1861年3月，已做上邦聯副總統的斯蒂芬斯發表演說，也稱奴隸制是造成危機的原因。事實上，早在1830年，卡爾霍恩為了聯合南方力量，以免南卡主張脫離的時候再次面臨孤立無緣的窘境，已將南方權利的核心界定為蓄奴權，並以「州權主義」作為保護南方奴隸制的憲法機制；甚至在他之前，南方奴隸主就已經看到聯邦權力對奴隸制的危險。[45] 因此，聯邦至上還是州權主義表面上是憲法解釋之爭，實質是奴隸制存廢之爭。1863年7月，共和黨參議員查理斯薩姆納發表「奴隸制的野蠻」演說，指出保留奴隸制是南方脫離的惟一原因：

> 這次戰爭的表面原因有兩個：一個是奴隸制，一個是州權主義。但後者只是為了掩蓋前者。如果奴隸制不存在了，州權主義也不會興風作浪。因此，內戰是因為奴隸制而起，沒有別的。

南方之所以堅持奴隸制，顯然是因為奴隸勞動為奴隸主和整個南方創造的巨大經濟收益，但是也和南方普遍的白人至上文化密切

---

44 Abraham Lincoln, To Alexander H. Stephens, December 22, 1860.

45 Jane H. Pease and William H. Pease, The Economics and Politics of Charleston's Nullification Crisis, 47 *Journal of Southern History* 335-362（1981）.

相關。雖然有人論證南北社會文化方面並非如此不同，[46] 但是南北至少在對奴隸制的認知上截然相反。事實上，奴隸主只是極少數。儘管蓄奴州當時有960萬人口，只有35萬人是奴隸主，不到3%。1860年，密西西比奴隸主比例最高，占人口49%，南卡占46%，而其中占7%的大奴隸主擁有3/4奴隸。[47] 絕大多數並不擁有奴隸的南方人之所以擁護奴隸制，主要是因為他們相信「白人至上」。邦聯「總統」大衛斯的核心論點是各州平等，而個人不平等：「我們承認一個從搖籃到墳墓的事實，那就是造物主在那個種族的人身上打上了低人一等的烙印，我們作為文明制度的政府也帶有這個烙印。」[48] 副總統斯蒂芬斯則在演講中稱：

> 傑弗遜的思想根本是錯的。它建立在種族平等的基礎上。這是一個錯誤……我們新政府建立在完全相反的思想基礎上；它的基礎和基石是一個偉大真理，那就是黑人和白人是不平等的，對優越種族順服的奴隸制是黑人的自然和正常狀態。

我不知道南方在多大程度上真誠地相信白人種族的優越性，抑或它只是為了維持不人道的奴隸體制尋找辯護理由和自我安慰，但是南北爭議顯然不是經濟利益衝突這麼簡單。本質上，它是兩種價值觀和生活方式的衝突。對於南方奴隸主來說，他們只是要保持原有的生活方式。在立憲後3/4個世紀，南方經濟和價值觀沒有發生變化，南方人只是要維護他們的「憲法自由」；在他們看來，是不斷

---

46 William C. Davis, *Look Away!: A History of the Confederate States of America*, Free Press（2002）. p. 9.

47 https://en.wikipedia.org/wiki/Origins_of_the_American_Civil_War.

48 *The Papers of Jefferson Davis*（vol. 6）, pp. 277-284.

進步並具有進攻性的北方要推翻這種生活方式。當時在南方頗為流行的《狄波評論》(*De Bow's Review*)雜誌說道:「我們在抵抗革命……我們是保守主義者」，只不過要保守憲法賦予的擁有「財產」的「自由」。逃亡北方後獲得自由並出版自傳的黑人作家道格拉斯則反唇相譏：「自由人吶喊了，不是為了把自由擴大到黑人，而是為了保護白人的自由。」南北不可調和的不是經濟利益，而是格格不入的兩種自由觀：做人的自由和把人作為財產的「自由」。[49]

面對北方咄咄逼人的政治和道德攻勢，南方在消極抵抗之餘也沒閑著，而是積極尋找奴隸制的法理和宗教依據。卡爾霍恩等人試圖把奴隸制從「必要的惡」包裝成「積極的善」，主張奴隸制使奴隸更加「文明」，提高了奴隸的道德和知識修養。[50] 事實上，南方還試圖從《聖經》上尋找奴隸制的宗教依據。當時，許多美國人並不認為奴隸制和《聖經》有什麼衝突。早在1780年代，賓州的貴格派即領導了廢奴運動，但他們人數很少、不成氣候。聯邦立憲之後實行政教分離，美國經歷了「第二次大覺醒」，新教得到極大復興。讀經成為時尚，南北新教都讀的同一個版本(King James)的《聖經》，卻對《聖經》在一個關鍵問題上的解釋發生了重大分歧——上帝是否允許奴役？在這場北方勝利似乎沒有什麼懸念的教義之爭中，結果卻是南方幾乎完勝：《聖經》支持——至少不反對——蓄奴制。不僅《舊約》多處提及以色列的奴隸，《新約》也有不少地方提及，而耶穌並未明確反對奴隸制。[51] 1844-1857年，南北新教發生了衛理

49 Edward L. Ayers, *What Caused the Civil War? Reflections on the South and Southern History* (2005).

50 John Calhoun, Slavery a Positive Good, 6 February 1837.

51 例如見Philip Schaff, *Slavery and the Bible: A tract for the times* (1861); John Richter Jones, *Slavery sanctioned by the Bible: The first*

公會、浸信會和長老會三教派分裂。對於基督教文化占絕對主流的當時美國，教義分裂或許是國家分裂無可避免的預兆。林肯在第二次就職演說中表示：「雙方都閱讀同一本聖經，都敬拜同一個上帝，各自卻都援引祂的力量對付另一方。」在北方贏得槍炮之戰之前，南方已經贏得教義之戰。

然而，教義之戰的「勝利」只是自欺欺人。古老的經典再偉大，也是有時代局限性的；如果後人硬是摳字眼為自己心儀的制度辯護，那只是對經典和神明的褻瀆，潛藏在背後的深層原因其實不是別的，就是放不下自己的切身利益。這個利益是否「保守」得住，能否被承認為憲法乃至某種自然法賦予的「權利」，或是由地方人民按照自己的想法決定的「自由」，端賴這種「自由」或「權利」究竟是什麼。或許在人類文明之初，建立在剝奪他人自由之上的「自由」可以得到社會的承認，甚至構成了當時社會運行的基礎，甚至還在「經典」中留下了痕跡——不論是《聖經》、《古蘭經》還是《論語》；兩千多年之後，這種「自由」不僅不受普遍承認，而且已然成為眾矢之的。1860年代，美國南方奴隸主還想繼續擴大這種「自由」，而且用《聖經》為自己的貪婪背書，讓自己心安理得享受野蠻體制帶來的毒果，只能說是逆人類文明的潮流而動。最後不惜為「保守」這種「自由」而背棄聯邦並打響第一槍，結果只能是曠日持久、傷亡慘重的真槍真炮之戰。

綜上，美國內戰確實並非為解放黑奴而起，但是除了奴隸制，任何其它原因都解釋不了內戰的緣起。廢奴也是美國內戰惟一值得誇耀的遺產，它畢竟廢除了一個反人性、反文明的罪惡體制。假如

(續)

part of a general treatise on the slavery question（1861）.

這場傷亡慘重的戰爭只是為了維護「國家統一」或某一方的經濟利益，那林肯豈不成了秦始皇？這樣的美國還能被奉為自由民主的「世界燈塔」嗎？美國立憲遺留的奴隸制「原罪」成了「民主燈塔」的一個巨大污點，最終使美國南北發生決裂。南北內戰消除了這個污點，但是並沒有能消除美國社會分裂。今天，美國左右分裂愈演愈烈，川普四年執政和2020年大選的民粹主義煽動更使美國左右形同水火；川普敗選，甚至有人煽動內戰。美國內戰會換一種形式重演嗎？這是留給當代美國人的問題。答案如何，讓我們拭目以待。

張千帆，北京大學法學院教授、北京大學人大與議會研究中心主任。主要研究憲政原理、比較憲法、中外政治與道德理論，代表作有《西方憲政體系》（上下冊）、《憲法學導論》、《憲政原理》、《憲政中國的命運》、《為了人的尊嚴》、《新倫理》、《憲政中國：迷途與前路》。

薩繆爾・亨廷頓的盎格魯—新教神話

劉宗坤

一、「短語的奴隸」

2017年7月18日，評論家卡洛斯・洛札達（Carlos Lozada）在《華盛頓郵報》發文，稱川普為「一位過世政治學家的奴隸」。他講的這位過世政治學家就是薩繆爾・亨廷頓（Samuel Huntington）。洛札達認為，當時川普治下的美國，「更貼切地說，是亨廷頓的美國。」[1] 川普稱自己只講實用，不相信理論，也沒有跡象顯示他讀過亨廷頓的書。他何以成為亨廷頓的奴隸？這聽起來有些神祕，似乎流於牽強，但晚近歷史上曾反復出現過這種「神祕」現象，也不止一位學者觀察到這種神祕現象。早在1936年，經濟學家約翰・凱因斯觀察到：「一些務實的人相信自己不受理論影響，他們往往是過氣經

1 Carlos Lozada, "Samuel Huntington, a prophet for the Trump era," Washington Post, July 18, 2017, https://www.washingtonpost.com/news/book-party/wp/2017/07/18/samuel-huntington-a-prophet-for-the-trump-era/.

濟學家的奴隸。大權在握的狂人自以為聽到上蒼呼喚，他們無非是從幾年前的三流學者那裡提煉出自己的狂熱而已。」[2]

亨廷頓晚年宣導的兩個具有共同內核的觀念——「文明的衝突」和「盎格魯—新教的美國」——在19世紀末和20世紀初曾在西方學界、政界風靡一時，各種民間版本廣為流傳。二戰以後，美國學界不再盛行用文化解釋政治衝突，而是傾向於把政治跟文化分開，在分析國際和國內衝突時，讓政治的歸政治，文化的歸文化，用具體的國家利益相悖或意識形態對立解釋政治衝突。不過，一些有教會背景和政治神學色彩的右翼理論仍然繼續主張美國是「盎格魯—新教」國家，甚至稱美國是「基督教國家」，跟其他國家的矛盾是「文明的衝突」。在美國，這種理論的受眾主要是福音派會眾和右翼傾向的選民。亨廷頓晚年的主要工作是挖掘百年前的舊學，把各種民間版本的「盎格魯—新教」傳說和「文明的衝突」觀念重新學術化，並借助他在學界的地位和大眾媒體迅速傳播。這類觀念在川普時代得到政治強化和部分實踐。

本文追溯「盎格魯—新教」觀念的歷史淵源，考察美國內在的兩種歷史文化傳統：一方面是自由、民主、平等、開放的傳統，另一方面是等級制、種族主義、排外、宗教末世論色彩濃厚的傳統。為了行文方便，我們把前者稱為「**第一種傳統**」，把後者稱為「**第二種傳統**」。

龔納·梅達爾（Gunnar Myrdal）曾把第一種傳統歸納為「美國信條」，認為它是美國歷史文化的正統：

---

2 John Maynard Keynes, *The General Theory of Employment, Interest and Money*（London: Macmillan & Co., 1936）, p. 383.

> 美國人，不管國家來源、階級、地域、信仰、膚色，都有個共同點：一種社會精神和政治信條。人們難免會做出這種評判：這一「美國信條」是這個內部截然不同的偉大國家結構的黏合劑。一旦察覺到這個美國信條，嘈雜的聲音就變成了旋律。由此，人們就會進一步看到另外一個現象：跟西方文明中任何其他大大小小的國家相比，美國有著最清晰地表達出來的人與人關係的普世理想體系。這個理想體系比任何地方的類似理想都得到更廣泛的理解和欣賞。美國信條並不像在其他一些國家那樣，只是政治和司法秩序運作隱含的背景。當然，美國的政治信條並沒有在現實社會生活中令人滿意地實現。但是，作為應當實現的原則，美國社會的所有人都感受到這個信條。[3]

從托克維爾到梅達爾，學者對美國歷史文化的敘述大多以第一種傳統為主線。這種敘述把第二種傳統作為美國歷史和文化的插曲，社會和政治常規的例外。1990年代起，一些學者開始反思這種單一傳統主導的敘述，認為另一種傳統根深柢固：等級制、父權家長制、種族主義、宗教狂熱、排外等。[4] 這兩種傳統都發源於「盎格魯—新教」，在各個歷史時段跟第一種傳統共同構成美國歷史文化的常態，甚至共存於同一個人的精神世界。在亨廷頓「文明的衝

3 Gunnar Myrdal, *An American Dilemma: The Negro Problem and Modern Democracy*（New York: Harper & Brothers Publishers, 1944）, p. 3.

4 Rogers Smith, "Beyond Tocqueville, Myrdal, and Hartz: The Multiple Traditions in America," *American Political Science Review*, Vol. 87, No. 3 （September 1993）, pp. 549-566.

突」和「盎格魯—新教的美國」等觀念中，我們可以清晰地看到美國兩種傳統相互交錯、相互補充、相互爭鬥。

在人文、政治和社會領域，「我們是短語的奴隸。」[5] 學者找出表達特定人群時代情緒的簡單易記短語，經媒體傳播，家喻戶曉，大眾並不細究這些觀念是否成立，在遇到現實問題時不再依據事實思考，而是做「短語的奴隸」，直接把諸如「文明的衝突」、「盎格魯—新教的美國」等現成短語套用到複雜的現實上去。這兩個短語承載的觀念深深植根於美國傳統中，體現了跟自由、民主、平等傳統相互對立、相互補充的「第二種傳統」。在這個意義上講，川普即便沒有讀過亨廷頓，卻不妨礙他做亨廷頓的奴隸。不過，更確切地說，川普和晚年亨廷頓都是美國第二種傳統的奴隸。川普的很多支持者和亨廷頓的很多讀者則成了體現美國第二種傳統的「文明的衝突」和「盎格魯—新教的美國」等短語的奴隸。

二、不斷縮小的文明圈

薩繆爾·亨廷頓在學術生涯的最後十五年出版了三本著作：《第三波浪潮》、《文明的衝突及世界秩序的重建》和《我們是誰？》。他的學生法蘭西斯·福山說這三本書其實是一本，都是「用文化解釋政治現象」，討論的核心問題都是「民主是否仰賴特定的文化—宗教傳統」。在《第三次浪潮》中，亨廷頓觀察到，自1970年代起，世界範圍內的第三波民主化浪潮主要出現在南歐、東歐和拉丁美洲的天主教和東正教國家。基於這種觀察，亨廷頓流露出懷疑民主普

5 H. J. Eckenrode, *Jefferson Davis: President of the South* （New York: The Macmillan Company, 1923）, p. 5.

世性的跡象，但並沒有提出明確的文化—宗教決定論。[6]

1993年，亨廷頓在《外交事務》發表《文明的衝突？》時，標題後面有個問號。他把「文明的衝突」稱為一種假說：「這是我的假說：在這個新世界，衝突的根本源頭主要不再是意識形態的或經濟的。人類的重大分化和衝突的主導源頭將是文化。在世界事務中，國家仍將是最強大的力量，但全球政治中的主要衝突將發生在不同文明的國家和群體之間。文明的衝突將主導全球政治。文明之間的斷層線將是未來的戰線。」[7]三年後，他把這篇20多頁的文章擴充成一部300多頁的論著時，標題去掉了問號，增加了一個確定性短語：「世界秩序的重建」，文化—宗教決定論大致成形。2004年，亨廷頓出版《我們是誰？》，在文化—宗教決定論中又增加了移民、種族和語言因素。這兩本書就像同一本書的上下兩部：上部用文化—宗教差異解釋國際衝突，下部用文化—宗教—種族—語言差異解釋美國的國內衝突，核心問題都是後冷戰時代美國的國家認同，即美國是一個什麼的國家，應當成為一個什麼樣的國家，以及如何迎接國內外的挑戰。[8]

在接受印度電視臺「對話」節目的訪談中，亨廷頓說「文明的衝突」是他發明的一個短語，[9]但他自己的文章和著作否定了這種說

6 "The Legacy of Sam Huntington," Harvard Kennedy School's Institute of Politics, November 30, 2010, https://www.youtube.com/watch?v=3M-vwHWCT1g.

7 Samuel Huntington, "The Clash of Civilization?," *Foreign Affairs*, Vol. 72, No. 3 （Summer 1993）, p. 22.

8 "The Legacy of Sam Huntington," Harvard Kennedy School's Institute of Politics, November 30, 2010, https://www.youtube.com/watch?v=3M-vwHWCT1g.

9 "Late Samuel P. Huntington," In Conversation, March 26, 2015,

法。在《文明的衝突？》中，他引用波納德·路易斯（Bernard Lewis）論述伊斯蘭極端主義的文章：「這足以構成文明的衝突——一個古代對手針對我們的猶太—基督教傳統、我們的世俗化社會以及二者在世界範圍內的廣泛傳播，做出的可能是非理性的，但絕對是歷史性的反應。」[10] 從亨廷頓的文章看，路易斯發表於1990年9月號《大西洋》月刊的文章可能是亨廷頓「文明衝突」觀念的直接來源。

亨廷頓論題的國際語境是冷戰後的世界格局。他的基本判斷是，冷戰以意識形態劃界，敵我陣營大致一方是社會主義，另一方是資本主義。後冷戰時代，意識形態不再是劃分陣營的標準，而是以文明的「斷層線」劃分。如果把這種判斷放到晚近歷史中看，亨廷頓其實等於講，冷戰過後，世界各國的陣營劃分又回到了冷戰前的界線，因為意識形態只是二戰後幾十年劃分陣營的尺規。

《我們是誰？》是《文明的衝突及世界秩序的重建》的延續，把衝突的舞臺從國際搬到美國國內，衝突的主角由「西方」或「基督教文明」變成「盎格魯—新教」傳統，相應地，衝突的配角和對立角色也由伊斯蘭教、儒教、日本等文明變成講西班牙語、信天主教的「拉丁裔移民」，尤其是墨西哥裔移民。如果把亨廷頓的這兩本書放到一起看，大致是一個文明圈不斷縮小的思想歷程。在發表〈文明的衝突？〉時，他認同的文明圈是「西方」，所關注的「衝突」是「西方」文明跟其他幾個文明圈，尤其是跟伊斯蘭文明圈、

(續)

https://www.youtube.com/watch?v=J-tgVEz5xMU.

10 Bernard Lewis, “The Roots of Muslim Rage,” *The Atlantic Monthly*, Vol. 266 （September 1990）, p. 60, in Samuel Huntington, “The Clash of Civilization?,” *Foreign Affairs*, Vol. 72, No. 3（Summer 1993）, p. 32; also in Samuel Huntington, *The Clash of Civilizations and the Remaking of World Order* （New York: Simon & Schuster, 1996） p. 213.

儒家文明圈的衝突。到出版《我們是誰？》的時候，他認同的文明圈已經縮小到「盎格魯—新教」，「只用英語做美國夢」的盎格魯—新教傳統的美國人：「沒有西班牙語的美國夢。只有盎格魯—新教社會創立的美國夢。墨西哥裔美國人只有用英語做夢，才能分享那個夢、那個社會。」[11]

晚年亨廷頓把世界構想成一個文明核心圈層層對外衝突的序列：在國際上，西方文明跟其他文明衝突，在美國國內，盎格魯—新教文化再跟其他族裔的文化衝突。在國際上，西方文明要排斥和遏制其他文明，尤其是伊斯蘭和儒家文明；在國內，盎格魯—新教文化要排斥和遏制其他文化，尤其是拉丁文化。這種構想假定了文明或文化是無法改變的：盎格魯—新教文化一成不變，伊斯蘭教文明和儒家文明都無法接受西方文明；美國的拉丁裔，尤其是墨西哥裔移民，經過兩代、三代都無法接受美國文化——用亨廷頓的語言講，即「盎格魯—新教的歷史文化傳統」。這種文明圖景體現了一種暗淡的世界觀：人群是其歷史文化傳統的奴隸，注定不能接受普世的文明價值和相應秩序，而是各自畫地為牢，把文明的邊界變成政治衝突的戰線。

亨廷頓的文明衝突論和盎格魯—新教理論遭到來自學界、政界和民間的反駁。在社會科學領域，對一種理論最有力的反駁往往不是另一種理論，而是事實——歷史事實和現實世界正在展開的事實。美國歷史和晚近的世界歷史都不支持亨廷頓的假說。美國歷史上最慘烈的政治衝突是內戰，不是與其他文明的衝突。美國內戰是「盎格魯—新教」的內部衝突。歷史學家最保守估計，至少60萬人

11 Samuel Huntington, *Who Are We? The Challenges to America's National Identity*（New York: Simon & Schuster, 2004）, p. 256.

死於那場戰禍，比美國任何一次跟其他「文明」或「文化」的衝突都慘烈。而且，引發內戰的很多問題——種族、等級、南北矛盾等，仍然左右著今天美國的政治。在世界範圍內，近一百多年，最慘烈的衝突發生在西方文明內部，第一次和第二次世界大戰都不是西方文明跟其他文明的衝突。

從歷史上看，文明形態差異和政治衝突之間沒有因果關係。從現實情況看，也是這樣。台灣比大陸有更多儒家傳統，更像中國傳統社會，但跟美國和西歐的政治衝突並不比大陸更激烈。文明形態差異跟政治衝突之間有某些事實相關性，但亨廷頓把前者當成後者的主導原因，過於籠統、武斷和草率。

三、「美國信條」下的多元主義

亨廷頓在《我們是誰？》中所針對的是美國的多元文化和社會的多元化趨勢：「20世紀的最後幾十年，美國的盎格魯—新教文化及其產生的信條遭到來自四面八方的攻擊，即學界和政界盛行的多元文化主義和多元化學說的攻擊。」亨廷頓列舉的多元主義現象包括：基於種族、族裔和性別的群體認同超越了國家認同；大量來自異國文化的移民堅持自己的傳統；雙重國籍和雙重國家效忠的移民不斷增加；美國學界、商界、政界精英日益高漲的世界主義和跨國身分認同等。這是來自美國內部的威脅。同時，還有來自外部的威脅：「美國的國家認同，就像其他民族—國家的認同一樣，受到全球化的挑戰，也受到全球化促發的需要更小、更有意義的基於『血緣和信仰』的認同的挑戰。」[12]

---

12 Samuel Huntington, "The Hispanic Challenge," *Foreign Policy*（March

亨廷頓借用龔納·梅達爾的術語「美國信條」描述美國傳統。梅達爾認為，自由、平等、人人有追求幸福的權利等「美國信條」像黏合劑一樣，把來自不同國家和種族的移民凝聚在一起，組成一個國家。不過，跟梅達爾的定義不同，亨廷頓認為「美國信條」不應當只是「政治原則」，而必須有「盎格魯—新教」的歷史文化內核：「大多數美國人把（美國）信條作為國家認同的關鍵要素。但是，這個信條是建國定居者獨特的盎格魯—新教文化產物。那種文化包括英語、基督教、宗教信仰、英格蘭的法治觀念，包括統治者的責任和個人權利、個人主義的新教異議價值觀、工作倫理、對建立人間天堂——『山巔之城』的能力和職責的信念。歷史上，數以百萬計的移民被這種信條及其創造的經濟機會和政治自由吸引到美國。」[13]

梅達爾雖然也認為「美國信條」的來源可以追溯到新教中為自由而戰和民主的精神，英格蘭法律中的正義、公道和平等原則，尊重《憲法》的美式保守主義，以及自然法與美國的清教傳統，但他同時強調，「美國信條」的核心價值來自啟蒙哲學中的人性解放。[14]亨廷頓則強調「美國信條」的種族—宗教—文化起源：它是盎格魯—新教這一特定種族、特定宗教、特定文化的產物。在他看來，起源決定著當下，過去決定了現在，來自於其他國家、種族、文化、宗教的移民只有認同盎格魯—新教的歷史文化傳統才算認同美國。

基於這種認識，亨廷頓認為，美國正受到移民，尤其是拉丁裔

（續）

and April, 2004）, p. 32.

13 Ibid., p. 31-32.

14 Gunnar Myrdal, *An American Dilemma: The Negro Problem and Modern Democracy*（New York: Harper & Brothers Publishers, 1944）, pp. 8-17.

移民的威脅，面臨國家分裂的危險：「美國將是否保持單一全國語言、盎格魯—新教核心文化的國家？忽視這個問題，美國人等於默許自己最終變成兩個擁有兩種文化（盎格魯和西班牙）、說兩種語言（英語和西班牙語）的兩個族群。」他就此斷言：「西班牙裔和盎格魯裔的分化可能取代黑人和白人的種族分化，成為美國社會最嚴重的分裂。」[15]

回顧歷史，我們會看到，亨廷頓的憂慮在美國曾經發生過多次。歷史上不斷有人警告，盎格魯—新教社會正受到黑人威脅、天主教威脅、愛爾蘭移民威脅、德國移民威脅、南歐移民威脅、東歐移民威脅、猶太移民威脅、中國移民威脅……除了英格蘭移民以外的幾乎所有大規模移民，都曾經被認為是對盎格魯—新教傳統的威脅。[16]而且，每次移民威脅論都會強調，威脅美國的新一波移民跟以前融入美國的老移民不一樣：以前的移民能夠融入，但新移民因為文化、宗教、習俗、人種等原因，無法融入美國。歷史上，人們把這種思潮和情緒稱為「本土主義」（nativism），它往往與種族主義糾纏不清。

為了避免種族主義之嫌，亨廷頓在《我們是誰？》中特別指出，他強調的是「盎格魯—新教文化的重要性，不是盎格魯—新教人群的重要性」。他也認為，美國的偉大之處在於國家認同不再建立在民族和種族基礎上，而是一以貫之地堅守盎格魯—新教文化和建國信條。[17]但是，與梅達爾頗具包容性的「美國信條」不同，亨廷頓

---

15 Samuel Huntington, "The Hispanic Challenge," *Foreign Policy*（March and April, 2004）, p. 32.

16 Robert Levine, "Assimilation, Past and Present," *The Public Interest*（Spring 2005）, p. 93.

17 Samuel Huntington, *Who Are We? The Challenges to America's*

的「盎格魯—新教」信條具有鮮明的種族—宗教—文化排他性。其他種族、其他宗教、其他文化傳統的美國人可以認同「美國信條」，但不一定認同「盎格魯—新教」文化。這種現象在當代政治語境中尤為突出：大部分美國選民認同自由、平等、民主的「美國信條」，但並不認同福音派新教體現的不寬容、家長制、神學政治、反同性戀、反墮胎和反科學的文化。

在抽象的意義上，亨廷頓反對以民族和種族為基礎的國家認同，支持多民族、多種族的美國，但具體到現實世界，他卻把特定種族—宗教—文化作為國家認同的內核。無論在歷史上，還是在現實世界，美國的盎格魯—新教「種族—宗教」內核並沒有足夠的包容性，往往被當作本土主義排外的理論依據，事實上已經成為美國第二種傳統的標誌。

在美國第二種傳統的排他性階梯上至少有三個等級：最高等級是「西方文明」，有比較強的包容性，在最廣泛意義上，甚至幾乎等同於現代文明：憲政制度、個人自由、權利平等、民主選舉等。第二個等級是基督教新教文明，已經有較強的排他性，把天主教和猶太教排除在外，更不論其他文明和其他宗教。第三個等級是盎格魯—新教文化，不但有宗教教派限定，而且有族裔限定，是排他性最強的一級。亨廷頓晚年經歷了這三個等級，逐級下降，在最後一本書《我們是誰？》中達到最低點——只有說英語的盎格魯—新教的美國夢，沒有其他文化、其他宗教、說其他語言的美國夢。

按照這種限定，大量美國人只能有殘缺的美國夢，他們或者文化血統不符合要求，或者宗教不符合要求，或者英語達不到標準。亨廷頓表達的與其說是一種理論或學說，不如說是一種情緒。那種

(續)

National Identity（New York: Simon & Schuster, 2004）, p. xvii.

純粹的盎格魯—新教美國夢，從殖民地時期起就從來沒有在美國存在過，兩百多年的美國史一直都是各宗教教派並存、各族裔雜居、第一代移民講母語或雙語。是承載「美國信條」的共同的美國夢，而不是特定的種族—宗教—文化認同，把不同種族、不同宗教、不同文化和講不同母語的人群凝聚成一個國家。

固然，美國的價值觀和政治制度有著鮮明的英格蘭傳統，但湯瑪斯·傑佛遜在《獨立宣言》中表述的「美國信條」——人人平等，有生命、自由和追求幸福的權利，是跨宗教、跨種族、跨文化、跨語言的，是所有美國人的共同財富，具有極強的包容性。美國建國時確立的格言「*e pluralum anum*」——「由多歸一」，是這種包容性的寫照：在共同的「美國信條」之下，各州、各族、各教派組成統一的國家。而且，隨著不同族群移民的湧入，美國不斷吸收新鮮血液，如羅伯特·萊文所言，形成了一個「盎格魯—新教—非洲裔—天主教—印地安—德國—愛爾蘭—猶太—義大利—斯拉夫—亞裔」社會。[18] 不只是在種族和族裔的意義上是如此，在宗教—文化的意義上也是如此。

四、盎格魯薩克遜本土主義

回顧美國19世紀中葉到20世紀初葉，每一波移民潮都刺激本土主義興起，而所有本土主義都以盎格魯—新教為排外的旗幟。1840年代，來自愛爾蘭的移民曾達到美國人口的10%。美國反愛爾蘭移民情緒高漲，因為愛爾蘭移民信奉天主教，反天主教隨之成為全國

---

18 Robert Levine, "Assimilation, Past and Present," *The Public Interest*（Spring 2005）, p. 93.

性運動。天主教徒在一些行業受到排斥。茲以美國最高法院為例。早在1836年，天主教徒羅傑・泰內（Roger Taney）就被任命為最高法院大法官，但愛爾蘭移民湧入刺激起反天主教潮流後的近60年中，沒有一位天主教徒被任命為最高法院法官。直到1920年代，三K黨仍然能在全國範圍內掀起反天主教運動。

1890年代，移民曾經占到美國人口的14.8%，後來美國歷史上移民占人口的比重從來沒有打破那時的紀錄，包括亨廷頓提出拉丁裔移民威脅論的年代，移民只占美國人口的11.2%。1896年，法蘭西斯・沃爾克（Francis Walker）在《大西洋》月刊發文稱：「大量東歐和南歐的無知、粗蠻農民洶湧而來，降低了美國公民的品質。」更糟糕的是，移民中有成百上千的「聾啞、弱智、瞎子、傻瓜、瘋子、叫花子、罪犯」。在沃爾克看來，非盎格魯撒克遜人口不適合美國的公民自治和民主選舉制度，如果他們人數越來越多，將會毀掉美國的價值觀和制度設計。[19]

類似的遭遇也發生在猶太人身上。再以最高法院為例。1916年，當路易士・布蘭戴斯（Louis Brandeis）被提名為最高法院法官時，遭到美國律師協會、美國前總統威廉・塔夫特（William Taft）、眾多聯邦法院法官以及數十名參議員反對。反對的主要理由之一：他是猶太人。布蘭戴斯法官被任命後，有最高法院法官拒絕跟他出席公開活動，說不想身邊有個猶太佬。

經歷一個多世紀後，針對愛爾蘭移民、南歐移民、猶太移民和天主教徒的偏見已經不再被美國主流社會所接受。如今，美國最高

---

19 Francis Walker, “Restriction of Immigration,” *The Atlantic*, June 1896, https://www.theatlantic.com/magazine/archive/1896/06/restriction-of-immigration/306011/.

法院九名法官中有六名是天主教徒、兩名是猶太人，只有一名勉強算是盎格魯—新教徒。川普政府中起用的很多官員是曾被沃爾克認定沒有接受美國制度能力的移民的後裔。歷史上，無論是愛爾蘭人、義大利人，還是猶太人，融入美國社會都經歷了漫長的過程——50年左右被美國社會實質性接受，一個世紀左右才完全融入，不再被視為非我族類。在融入美國社會的同時，這幾個移民群體也改變了美國社會。

亞當・瑟沃爾（Adam Serwer）最近在《大西洋》月刊撰文，指盎格魯撒克遜之說「是一種由來已久的偽科學的學術導向，在美國19和20世紀之交的反東歐、南歐移民潮中流行一時。本土主義者需要一種說法，解釋為什麼波蘭、俄國、希臘、義大利和猶太移民跟以前的移民不一樣，為什麼他們來了會構成威脅。」[20] 跟當時民眾的集體心理和社會情緒相適應，理論家發明了美國文明的盎格魯撒克遜起源論，把美國的價值觀和政治制度追溯到古代的北歐部落。

1938年4月號的《美國社會學評論》有篇題為「美國的盎格魯撒克遜神話」的文章，概述了美國學界和政界這種說法的來龍去脈。文中引述幾位英國學者的看法，認為當時美國流行的盎格魯撒克遜理論既不符合英國史，也不符合美國獨立前的殖民地歷史；之所以在美國流行，跟歷次反移民浪潮和19世紀末20世紀初優生學在美國興起有關。美國版的優生學大致是說，盎格魯撒克遜是最優越的種族，需要保住這個血統在美國人中的主體地位。這種思潮波及社會、文化、政治和法律的各個方面。1924年，美國訂立了歷史上種族主

20 Adam Serwer, "'Anglo-Saxon' Is What You Say When 'Whites Only' Is Too Inclusive," *The Atlantic*, April 20, 2021, https://www.theatlantic.com/ideas/archive/2021/04/anglo-saxon-what-you-say-when-whites-only-too-inclusive/618646/.

義色彩最濃厚的移民法，不但基本斷絕了亞洲人移民，而且把南歐、東歐移民數量也降到了此前的零頭。

英國歷史學家里查德・陶尼（Richard Tawney）在美國訪問時曾發出感慨：短暫行程中聽到的「盎格魯撒克遜」比他在英國生活了大半輩子聽到的還多。英國作家吉伯特・柴斯特頓（Gilbert Chesterton）也有同感：「我們英國人混雜了不列顛人、羅馬人、日爾曼人、丹麥人、諾曼人和畢卡爾人的血統，到底有多少盎格魯人和撒克遜人的血統在裡面，只有愛狂想的古玩家感興趣。而瑞典人、猶太人、日爾曼人、愛爾蘭人、義大利人像瀑布一樣不斷向美國傾瀉；至於在美國咆哮的人種漩渦中還殘留多少英國人就已稀釋的盎格魯撒克遜血統，只有精神病才感興趣。」[21]

即便在100年前，有跡可循的「盎格魯撒克遜」人口也已經占美國人口的少數。根據1920年的人口普查記錄，白人，包括拉丁裔白人，占美國人口的87.1%，其中祖上來自不列顛和北愛爾蘭的人口全部加起來才占白人人口的41.4%。而不列顛的蘇格蘭人和威爾士不被認為是「盎格魯撒克遜人」。這兩個族裔在1920年人口普查中的占比已經不再單獨統計，而是統統把他們歸入英國人。在1790年的美國第一次人口普查中，蘇格蘭人和威爾士人約占英國裔人口的五分之一。1820年後，這兩個族裔移民美國的人口在英國裔移民中的占比高於五分之一。換言之，100年前，在美國人口中，祖上跟「盎格魯撒克遜」能沾上邊的最高估計也不到的36%。如果排除蘇格蘭人和威爾士人，盎格魯撒克遜裔占美國人口的比重小於三分之一。[22]

21 Frederick G. Detweiler, “The Anglo-Saxon Myth in the United States,” *American Sociological Review*, Vol. 3, No. 2 （April 1938）, p. 188.

22 Ibid.

1920年至今的百年中，南歐裔、東歐裔、拉丁裔和亞裔移民遠遠超過來自英格蘭的移民，盎格魯撒克遜裔人口占比進一步縮小，加上跟其他族裔通婚，純粹盎格魯撒克遜人占美國人口比重已經無從可考。在1920年代的優生學狂熱過後，也很少有嚴肅學者再關心這種問題。

五、盎格魯薩克遜神話的政治起源

當代史學家蘿拉·博耐特（Lora Burnett）搜索了國會圖書館各時代的報刊資料庫，發現美國獨立後半個多世紀中，很少有人講「盎格魯撒克遜」。「盎格魯撒克遜」在報刊中出現的頻率猛增是在1836年之後，跟當時蓄奴與廢奴之爭同步，成為南方維護奴隸制的主要理由：白人，尤其是盎格魯撒克遜人，是能夠自治的優等種族，黑人沒有自治能力。[23] 由此可見，與其說「盎格魯薩克遜」優越論在美國的興起是歷史的產物，不如說是政治的產物。

第一次世界大戰結束後，弗蘭克·漢肯斯（Frank Hankins）觀察到，歐洲和美國追求種族純潔的思潮和運動都跟在動盪時期國民追求團結的政治努力有關。其基本邏輯是：自己的種族優越，優越的種族創造優越的文化和宗教，所以要保持種族純潔，不能讓外族玷污，不能讓其他宗教滲透：「我們在戰前和戰爭期間的德國清楚地看到這一點。我們在戰後美國的三K黨運動中也看到這一點。本質上，這是盎格魯撒克遜美國確認自己天生優越，並以一種好鬥的

23 Lora D. Burnett, “In the U.S, praise for Anglo-Saxon heritage has always been about white supremacy,” *The Washington Post*, April 26, 2021, https://www.washingtonpost.com/outlook/2021/04/26/us-praise-anglo-saxon-heritage-has-always-been-about-white-supremacy/.

方式告知各色人等：這是我們的國家，要由我們統治。」[24]

這種追求種族純潔性的情緒，也反映在一些新教教派的種族主義狂熱運動中。1925年7月2日，一位名叫喬治・麥圭尼斯（George McGuinnis）的牧師在報紙上號召所有盎格魯撒克遜人到科羅拉多集會，稱「盎格魯撒克遜人是失蹤的以色列十支派後裔」，「被上帝揀選統治陸地和海洋的種族」。[25]

漢肯斯注意到，當時美國的盎格魯撒克遜主義宣導者大都在德國接受高等教育，而德國學術界，費希特和黑格爾的日爾曼種族優越論盛行一時，把文明或文化的優越和特定種族掛鉤，其極端表現形式就是「單一民族國家」理念。當時美國學術界的重量級人物約翰・博爾蓋斯（John Burgess），從德國留學回到美國後出版了《政治學和比較憲法學》，傳播他在德國接受的種族和文化理論，但把德國教育中的日爾曼種族優越論置換成美國的盎格魯撒克遜優越論。在他看來，國家就是「同一個種族棲居在同一個地理區域」。按照這個標準，他認為德國是個還沒有最後成形的國家，因為很多日爾曼人還居住在國境外，同時，很多斯拉夫人、瓦隆人、法國人和立陶宛人卻居住在德國境內。至於美國，為了保持國家一致，必須限制和排除影響國家統一性的移民。[26]

漢肯斯批評博爾蓋斯的單一種族國家理論，認為「在種族方面，說德國是個條頓國家和說英國是個盎格魯撒克遜國家，都違反事實。如果是在人類學意義上，而不是在詩化和浪漫的意義上講，美

---

24 Frank Hankins, *The Racial Basis of Civilization: A Critique of the Nordic Doctrine*（New York: Alfred A. Knopf, Inc., 1926）, pp. 163-164.

25 Ibid. p. 164.

26 John Burgess, *Political Science and Comparative Constitutional Law*（Boston: Ginn & Company, 1893）.

國現在不是，也從來不是個盎格魯撒克遜種族的國家。」[27]

比漢肯斯稍晚的弗萊德里克·德特威勒（Frederick Detweiler）也指出，那種認為盎格魯薩克遜人比其他種族和文化更熱愛自由民主的看法與歷史不符：「這個國家建立其上的地基固然有英格蘭人的土壤。可能五分之三是英格蘭人和威爾士人。」但是，在美國獨立前，約翰·亞當斯（John Adams）估計，殖民地大約有三分之一的人反對獨立，擁戴英國國王，他們大多為英國移民和英國移民的後裔。而荷蘭裔、法國裔、北歐裔沒有這種保王情結。這種現象並不說明其他族裔更愛好沒有君主的憲政民主，但也不說明盎格魯撒克遜裔比其他族裔更天然擁護沒有君主的自由民主。[28]

美國從內戰前到種族隔離時代一直有學者認為，南方白人在種族和文化上都比北方白人優秀。歷史學家漢密爾頓·艾肯羅德（Hamilton Eckenrode）在1923年出版的《傑佛遜·大衛斯：南方總統》一書中，稱奴隸制時代的南方白人為「熱帶的北歐人」，是正統的盎格魯撒克遜後裔，並把南方比作「雅典」，把北方比作「斯'巴達」。[29]詹姆斯·亞當斯（James Adams）在1934年出版的《美國的悲劇》中發現，南方人流行把農業生活浪漫田園化，在受到更多北方對奴隸制的批評後，則用盎格魯撒克遜種族抬高自己，稱美國南方白人是更純粹的北歐人種，統治能力比北方白人更強。[30]

---

27 Frank Hankins, *The Racial Basis of Civilization: A Critique of the Nordic Doctrine* （New York: Alfred A. Knopf, Inc., 1926）, p. 174.

28 Frederick G. Detweiler, “The Anglo-Saxon Myth in the United States,” *American Sociological Review*, Vol. 3, No. 2 （April 1938）, p. 188.

29 H. J. Eckenrode, *Jefferson Davis: President of the South* （New York: The Macmillan Company, 1923） p. 12.

30 James Adams, *America's Tragedy*（New York: Charles Scribner's Sons, 1934）, p. 154.

1940年代，龔納・梅達爾在美國做研究時發現，所接觸的南方人中很多有這種懷舊心態，相信南方人是盎格魯撒克遜貴族的後裔，北方人則是英國下等人的後裔。顯然，這種信念跟歷史不符。學者需要創造更符合歷史事實的理論支持南方種族優越論。到二戰前，流行的盎格魯薩克遜理論認為，因為南方接受的移民遠遠少於北方，所以南方人的盎格魯撒克遜血統更純正。當時，人們講的移民主要是指愛爾蘭人、義大利人、東歐人、猶太人等，一種普遍的心態是，這些來自天主教、東正教、猶太教的移民威脅著美國的盎格魯—新教制度和傳統，降低了美國人的品質，有把美國變成一個像愛爾蘭、義大利、波蘭、俄國那種國家的危險。[31]

盎格魯薩克遜的種族—宗教神話是政治的產物，在歷史上也服從國際和國內政治的需要。按照這個神話，盎格魯薩克遜種族起源於北歐部落，在血緣上跟德國北方的日爾曼人是近親。事實上，從美國獨立到第一次世界大戰前，德語是美國除了英語以外的第二大語言，各地不但開設了很多德語學校，而且有德語報紙、德語教會、各種講德語的公益組織等。一戰期間， 美國和德國關係惡化，德國移民和德裔美國人隨之成為被排斥的對象，德語成為被打擊的語言。甚至有國會議員提案，要求接受聯邦教育撥款的州禁止教英語以外的語言，這顯然是針對德語。一戰前後，美國至少有14個州通過法律，禁止公立和私立學校教德語。

1919年，內布拉斯加州通過了「希曼法案」，禁止在公立學校、私立學校和教會教德語。有位路德宗教會學校的德語老師名叫羅伯

31 Gunnar Myrdal, *An American Dilemma: The Negro Problem and Modern Democracy*（New York: Harper & Brothers Publishers, 1944）, p. 1189.

特·梅耶（Robert Meyer），他教一名10歲的四年級學童讀德語《聖經》，被巡視的縣檢察官發現，遭到起訴。縣法院判梅耶有罪，罰款25美元。梅耶上訴到美國最高法院。他的代理律師是位愛爾蘭移民後裔，在法庭上稱「希曼法案」是「世界大戰引發的仇恨、國家偏執和種族偏見」的產物。州政府辯護稱，這個法案是為了讓所有居民都變成「100%的美國人」。[32]

最高法院在判決中指出：「普通法歷來承認，自由人要有序地追求幸福，有些必不可少的權利」，老師教授移民母語、學童的家長讓孩子學習母語都屬於這種追求幸福不可或缺的權利。「認為掌握德語本身有害，是不合理的。相反，人們一般認為掌握德語是有益的。在學校教這種語言是原告的職業。他教德語的權利和家長請他教自己孩子的權利屬於（《憲法》第十四）修正案保護的自由。」[33]

最高法院的這個判決相當於說，《憲法》保護德裔美國人用德語做美國夢的權利。80年後，亨廷頓稱，只有用英語做的盎格魯—新教創立的美國夢，沒有西班牙語的美國夢。1923年的最高法院堅守的是美國的第一種傳統，亨廷頓晚年返歸的是美國的第二種傳統。

六、保守主義不同於文化偏執

川普敗選後，共和黨眾議員馬昭莉·格林（Marjorie Greene）和幾名極右同僚要成立弘揚盎格魯撒克遜政治傳統的決策團。媒體披露之後，眾議院共和黨領袖凱文·麥卡錫（Kevin McCarthy）稱

---

32 *Meyer v. State of Nebraska*, 262 U.S. 390, 400 （1923）.

33 Ibid.

之為「本土主義狗哨」。他明確表示：「美國是建立在人人平等和以誠實、勤勞獲得成功的理念上面，不是建立在身分、種族和宗教上面。共和黨是林肯的黨，是為所有美國人爭取更多機會的黨，不是本土主義的狗哨黨。」[34]

在遭到廣泛譴責之後，國會極右團體弘揚「盎格魯薩克遜政治傳統」的計畫已經胎死腹中。這種失敗表明，亨廷頓晚年宣導的具有強烈排他性的種族—宗教—文化理論在實踐中難以獲得支持，甚至在共和黨右翼中都難以為繼，只能作為一種情緒表達。在這種社會和政治氛圍中，一些盎格魯—新教理論的宣導者更喜歡用「保守主義」這一更籠統的概念來表明自己的文化傾向。

美國的「激進」與「保守」都是在「美國信條」之下才不脫離正軌。「美國信條」既是國民信守的理想，也是國家對國民的承諾。這個理想和承諾的核心就是《獨立宣言》中講的人人享有平等的生命、自由、追求幸福的權利。在共同的「美國信條」之下，所謂「激進」無非是要快點兌現那個承諾；所謂「保守」無非是說不能冒進，而是要根據現實條件有秩序地一步一步實現那個承諾。歷史上，其他宗教、種族和文化移民的匯入並沒有毀掉那個理想和承諾，而是使之更加包容、更加強大。這是美國的第一種傳統。

按照這一傳統，《獨立宣言》中的建國理想就是「保守派」和「激進派」的共識。雖然現實跟理想之間有很大距離，是非善惡交錯，但這更加表明堅持「美國信條」中體現的建國理想的必要。梅達爾對此有細緻的觀察：

34 Kevin McCarthy, Twitter, April 16, 2021, https://twitter.com/GOPLeader/status/1383158647266611203。

> 有時，人們甚至能感覺那種在對毫不妥協的崇高理想的堅守和參差不齊的現實之間的關係。人們體會到，也許正是在這個仍然有些組織無序的年輕國家讓現實變成理想的難度，也就是美國無處不在的「錯誤」，用國家信條的崇高標準衡量被認為的「錯誤」，讓理想更加突出。美國不斷地為靈魂而掙扎。這些社會倫理原則被錘煉成簡單易記的公式。所有心智交流方式都被用來在每個人精神打上這些信條的烙印。學校講課教它們，教會佈道講它們。法院判決用法律術語宣布它們。[35]

同時，我們也要看到美國的第二種傳統，它不是要一步一步有秩序地實現《獨立宣言》中的建國理想，履行《獨立宣言》中的建國承諾，而是反對那個理想和承諾；不是追求人人平等，而是按照財富、種族、宗教和先來後到把人群分成三六九等；不是依照「美國信條」有秩序地改良不合理的現狀，而是把各種等級和不平等固化；不是以一種開放的心態對待不同種族、不同文化、不同宗教、不同文明的人群對良善政治秩序的追求，而是主張起源決定論。亨廷頓晚年宣導的是這種傳統。

法蘭西斯・福山對亨廷頓晚年返歸第二種傳統的趨向多有批評。他指出：「現代民主在歷史上的源頭植根於西方基督教，這毫無疑問是正確的。這不是新觀點；從托克維爾、黑格爾到尼采等思想家，都看到在很多方面現代民主事實上是基督教普世教義的世俗版本。但是，現代民主起源於特定的歷史語境，並不意味著它不能在起源後具有普適性。民主之所以得到傳播，是因為它是一種讓統

35 Ibid., pp. 3-4.

治者負責的有效方法，不只是因為它有高貴的文化源流。」[36]

福山也觀察到，美國的現實跟亨廷頓晚年的描述並不相符。比如，亨廷頓推崇盎格—新教徒的工作倫理，但事實上，當今美國工作最辛苦的並不是盎格魯—新教徒——至少不是只有他們，而是來自亞洲、拉美的第一代移民。在有機會的地方和有希望通過努力實現夢想的地方，人們才會努力工作。美國仍然不乏努力工作的盎格魯—新教徒，但這個群體中有很多人，工作並不努力，甚至沒有動力接受高等教育，成為排外的主力。他們代表的不是「美國信條」，而是用種族—宗教特色的本土主義阻擋「美國信條」的傳承。顯然，亨廷頓晚年成了這種本土主義情緒的學術代言人。但這種向後看的情緒不可能代表美國的未來，也不可能是美國人國家認同的未來。

書本提供知識，也提供偏見。亨廷頓的著述也是提供這兩者。他的理論對當今世界和美國的現象有一定解釋力，但包含不少基於宗教、種族和國家來源的偏見。 從歷史角度看，亨廷頓晚年的論題是美國兩種傳統相互衝突的延續。每代人都覺得自己遇到的挑戰前所未有，但看一下歷史——好在美國歷史不太長，每代人的問題都不是前所未有，一些被問題刺激出來的反應也有與以往類同的模式，所謂穿新鞋走老路。借用洛札達和凱因斯的語言講，川普時代，亨廷頓在美國政界的「奴隸」試圖實踐他的國內和國際政治願景，結果是世界空前的對抗，美國國內空前的分裂。

在可預見的未來，「盎格魯—新教」的歷史文化內核會繼續保持生命力，但美國只有內核遠遠不夠，不足以讓不同種族、不同文

36 Francis Fukuyama, "Samuel Huntington's Legacy," *Foreign Policy* （January 6, 2011）, https://foreignpolicy.com/2011/01/06/samuel-huntingtons-legacy/.

化傳統、不同宗教信仰的人群凝聚成一個國家。「美國信條」遠比產生「美國信條」的「盎格魯—新教」文化更博大、更有凝聚力。

劉宗坤，美國德克薩斯州執業律師、獨立撰稿人，主要興趣包括追蹤聯邦法院案件和觀察社會思潮變遷，著有《原罪與正義》等書。

思想
評論

文革下的螻蟻生態：

讀《製造反革命：柳幸福案與文革時期的基層法制生態》

趙穎、王曉冉

在「文革」這場打著「革命」名義的浩劫終於落下帷幕後，〈關於建國以來黨的若干歷史問題的決議〉總結說：「文化大革命是一場由領導者錯誤發動，被反革命集團利用，給黨、國家和各族人民帶來嚴重災難的內亂。」幾十年來，對這場浩劫的描摹和反思不在少數，但大多存在著重高層、輕底層，重國家、輕社會，重精英、輕草根的流弊。所言者多是官員、軍人、文化精英和成功人士的文革境遇，而普通民眾的災難好像無足輕重。實際上，這些沉默的大多數，才是國家罪錯的最後承擔者。芸芸眾生的生存狀態，是由無數的個體構建出來的。文革在這些普通人的日常生活史中留下了切膚痛楚與命運折變，最能反映文革政治的失敗和時代沉浮的湧流所向。

任何問題的研究都要回歸事實、回歸科學。從個體的命運折射出普羅大眾的境遇，回到普通的個體與具體的治理，是民眾史寫作應該遵奉的圭臬。王海光教授所著的《製造反革命：柳幸福案與文革時期的基層法制生態》[1]，從普通民眾的日常生活史出發，跳出了

1 王海光，《製造反革命：柳幸福案與文革時期的基層法制生態》（香港：香港中文大學出版社，2021)，引用只注頁碼。

以往重精英、輕百姓的研究窠臼。本書通過柳幸福等人在文革中的命運浮沉，以小見大，觸類旁通，旁涉了幾十個文革判案，建構了一個國家與民眾相互牽動的邏輯鏈條，細緻入微地顯現了文革時期的基層政治生態與法制狀況：文革雖然「砸爛公檢法」，但並不是無政府狀態，也不是無法，而是一種惡法——假借群眾專政之名實施的非法之法。法制不等於法治，法治以良法為前提，惡法非法，不建立以「彰善癉惡」為中心的規則，法制中的「正義」也只能淪落為人與人相互攻訐的工具。

一、基層政治生態：階級身分的政治規則

任何社會共同體都是由不同的社會身分系統組成的。一般而言，職業是最顯而易見的身分系統，代表著個體在社會系統中的地位和職能。一定社會成員按其職業履行一定的權利與義務，通過分工合作，維持社會組織的運轉。無產階級專政的國家裡，用階級革命意識形態打造出一個非常態的身分社會，階級出身、家庭成分成為一個人的身分標籤，以此劃分為先天不平等的紅、黑、灰的政治類別。這種不合理的身分劃分標準，隨著國家政治以「階級鬥爭為綱」的左傾路線的發展，在文革時期達到了極端狀態。王著《製造反革命》一書，通過柳幸福父子和劉松林等一干「四類分子」人物的「戴帽子」過程，還原了他們的生存境遇，揭示了階級身分政治系統的建構規則，展現了文革時期基層政治生態的一角。

劉松林是一個海龍縣土生土長的佃農，依靠耕作他人土地維生，為人正直厚道。按照階級革命的政治邏輯，劉松林無疑是最典型的革命依靠力量和基本群眾。但是這個貧雇農出身、又是革命烈屬的老成農民，卻在農村基層政權的重組過程中，因參加過本地佛

教組織龍華會，有過給村民弘道勸善的經歷，被判定為「反動會道門骨幹」而鋃鐺入獄。在宗族、信仰、祭奠敬拜活動非常複雜的鄉村社會，這樣的罪名顯然是不合情理的。究其根源，傳統鄉村中的德高望重者與土改後新政權基層幹部之間的新舊權威衝突，才是劉松林被定罪的根本原因。劉松林在村子裡很有人望，言行很有影響，他直言不諱地批評鄉村新政權的不當之處，「開罪了鄉村幹部」[2]，嚴重威脅到了基層建政時期的新權威。在革命法制的通例中，他自然是一個十足十的「反革命分子」。「四清」運動是農村基層社會以階級鬥爭重組階級身分的又一場大運動，在大抓階級鬥爭造成的社會緊張氣氛下，劉松林與基層幹部之間的人際關係糾葛被無限放大，被冠以「有嚴重的變天心理」、「對組織不滿」，「拉攏腐蝕幹部」，「一貫不參加集體勞動」、「熱心走資本主義道路」[3]等新罪名，戴上了歷史反革命的帽子。到了文革這個階級身分極端化的時代，劉松林的生存境遇進一步惡化，成了階級鬥爭的活靶子。他試圖以「烈屬」身分與之對抗，但帶來的是更嚴厲的打壓。最後，「要為子孫後代留條生路的想法，使這個剛強的倔老漢終於接受了現實政治的規訓」[4]，表示要服服帖帖地接受改造。

這個荒誕卻典型的悲劇個案，展現了激進的社會改造過程中，以階級鬥爭為核心的身分政治在重塑農村社會關係的同時，也在改變著農村社會的文明底色。隨著一波又一波政治運動的不斷高漲，個人犯法株連到子女親友，鬥爭內容從話語深入到思想，階級專政獲得了前所未有的蠻荒之力，徹底掃蕩了社會生活的溫情脈脈和道

2　同註1，頁37。

3　同註1，頁39-40。

4　同註1，頁42。

德倫理。

柳幸福案是階級身分政治在文革中的另一種表現形態。文革倡行的所謂「親不親，階級分」，把階級身分制度絕對化和普遍化了，整個社會生活陷入高度政治化的泥潭當中，形成了書中稱為「升鬥政治」的階級鬥爭生態環境。「升鬥政治」，指的是文革時期普通百姓在日常生活層面發生的「階級鬥爭」[5]。在相對封閉的鄉村熟人社會中，鄰里之間發生錙銖必較的摩擦和矛盾，本是普通民眾日常生活的常態。自古以來，村莊社會都有一套基於傳統倫理道德的衝突調節機制，維持著人們和諧共處的鄉村秩序。但文革時期，在「無產階級專政落實到基層」的階級鬥爭驅動下，基於傳統倫理的人際交往關係被階級成分的身分標識撕裂，日常生活中的矛盾與糾紛被上升為不同階級身分的對抗，強烈的階級身分落差人為製造了個人恩怨衝突，也為政治構陷大開方便之門。書中所講的柳幸福案，就是「升鬥政治」下政治構陷的典型案例。柳幸福出身地主家庭，同時還是一個有文化、喜歡說三道四的「臭知識分子」，能夠看出大隊革委會主任玩弄的政治伎倆，常常在不經意中「講出一番道理」，予以戳破，讓喜歡耍弄權術和花招的基層幹部大為惱火。可見，鄉村政治精英與鄉村知識精英的矛盾，是柳幸福被構陷的重要原因。基層幹部「土地爺」們在文革初期的造反運動衝擊下顏面掃地，急需重新樹立自己的權威。將柳幸福製造成「反革命」，對整黨過關的大隊革委會主任來說，有著殺雞儆猴、重新掌握鄉村話語權的重要意義。在階級鬥爭和身分政治的話語下，基層社會的生態環境泛政治化，柳幸福這種「四類分子」被認定天然具有反革命動機，這種階級專政的司法邏輯，使柳案的構陷與偽證得以合理化，在大隊、

5 同註1，頁57。

公社、縣專政機關共謀下，共同製造出了柳幸福的現行反革命假案。

柳、劉的「四類分子」帽子，都是不合規制的。但這種不合規制的帽子，卻讓我們看到了階級革命表裡不一的社會底色。在階級身分政治之下，「四類分子」的帽子無論是否合乎尺寸，一旦被戴上，就成了一道牢牢的緊箍咒，子孫後代都要被打上政治賤民的先天烙印。無論後天如何努力，這個階級身分的緊箍咒也是摘不下來的。這些「階級敵人」是革命製造出的「魔鬼」，又是革命不斷前進的墊腳石，在繼續革命的過程中不斷被型塑。文化大革命將革命發展到極致，也讓這些人迎來了命運的最低谷。

二、基層法制生態：權力失序與法律失序

「在階級鬥爭為綱的年代，社會的政治生態是相當嚴酷的，整人運動接連不斷，越演越烈。」[6]到文化大革命，形成了全民內戰。馮驥才在《一百個人的十年》中感歎：「文革，不僅調動了人性的弱點，如人的自私、貪欲、怯弱、妒嫉、虛榮，連人的優點，如忠誠、善良、淳樸、勇敢，也化為文革的力量。」[7]人性的兩極都被利用，「論跡天下無完人」。這在柳幸福案中也展現得淋漓盡致。文革鼓吹的相信群眾、依靠群眾的群眾路線，實質是利用群眾、運動群眾、玩弄群眾。所謂的群眾造反運動，其實是被少數人操縱，以群眾名義實施的，無視社會道德、社會規則和國家法律的多數人暴力，鬥爭對象是以「地、富、反、壞、右」為主體、不斷擴大的「階

---

6 韓鋼，〈《時過境未遷》序〉，《炎黃春秋》，2015年第5期，頁86。

7 馮驥才，《一百個人的十年》（南京：江蘇文藝出版社，1997），頁6-7。

級敵人」群體。從紅衛兵的「破四舊」到「清理階級隊伍」的群眾專政，莫不如此。

在被打為現行反革命的過程中，柳幸福一次又一次被責令反省、檢查自己的問題。為求得無產階級專政的饒恕，他只能不斷補充「作案」的細節與心理活動，對自己大潑髒水，進行徹底地自我否定：「我這個人的階級本性，出身剝削階級地主家庭，一貫堅持反動立場，對社會主義制度，對紅色政權大肆不滿。」[8]在1970年的「一打三反」運動中，柳幸福更是把這些「錯誤」的性質拔高到無以復加的地步，聲稱「自己有險惡的反動目的，攻擊了毛主席的親密戰友霍查同志，污蔑了阿爾巴尼亞的偉大領袖，詆毀了歐洲社會主義明燈，配合了蘇修1968年的反華浪潮，反對了社會主義陣營，造成了不好的輿論……」[9]柳幸福的這種自我貶損的認罪態度已經達到了非常荒誕的地步，但仍與文革時期的核心罪行——「惡攻」有一定的距離。文革「惡攻」罪是以對毛澤東的態度劃線的，為了徹底整垮柳幸福，柳幸福的對手們要他承認核心的罪行——有意毀壞「毛主席像」。為了達到這個目的，從預設階級立場出發，刑訊逼供與群眾專政的批鬥雙管齊下：開始是車輪大戰式的審訊，繼而又使用卡簧手銬的變相肉刑進行逼供，希望柳幸福能在「手被銬得扛不住」時全盤承認所有罪名；為了迫使柳幸福低頭認罪，不再「翻案」，大隊革委會又加緊收集柳幸福的「罪證」材料：柳幸福的家人在高壓審訊下的口供和事先編排好的來自學校師生、鄉村幹部、鄰居的兒子等人的全套「證詞」。在案件審理中，這些缺乏法理依據與事實依據的證詞成為群眾專政的定案依據，柳幸福反革命罪名

8 同註1，頁136。

9 同註1，頁126。

就這樣在階級專政的機器下被製造了出來。

馮驥才說：文革固然是一場政治運動，但「更大的是一個文化怪圈」。[10]從這個角度看，「文革進行了兩千年。」[11]從書中那些「無產階級」群氓在柳幸福案中無師自通的鬥人、整人、虛構陷害中，可以看出在中國幾千年統治文化中尊崇權力、漠視人道、助紂為虐等流弊在革命口號下的氾濫。正如一個老公安幹部對文革法制破壞的檢討所言：「倒轉專政鋒芒，製造冤假錯案，是公檢法被砸爛導致的必然結果。」[12]在文革砸爛公檢法、權力下放、依靠群眾辦案的大背景下，政治職能取代司法職能，政治標準取代法律標準，整個案件既沒有經過正規程式的調查，也沒有真正意義上的取證，除了最後的司法環節外，幾乎全程都是由基層政權直接完成的，完全是一場打著群眾路線的司法鬧劇。最後提交給司法機關材料，除了「政治正確」以外，錯字連篇、空洞無物、缺少實質性證據，「與其說是一份法律文書，倒不如說是一篇典型的革命大批判檄文」[13]。「從嚴處理，立即判刑」[14]、「從嚴處理，以法懲辦」[15]、「依法捕辦，嚴懲犯罪分子」[16]……生產隊、大隊、公社的革委會做出的這些處理建議，不難看出文革法制工具在司法實踐中的政治亂象。

王海光歸納出了文革時期階級專政犯罪學的三大原則：「政治路線原則」「階級路線原則」「群眾路線原則」[17]。在以身分政治

10 馮驥才，《一百個人的十年》，頁329。
11 馮驥才，《一百個人的十年》，頁315。
12 劉麗英，《往事回首》（北京：新華出版社，2009），頁136。
13 同註1，頁179。
14 同註1，頁171。
15 同註1，頁172。
16 同註1，頁174。
17 同註1，頁161。

為核心的社會環境下，在一切以階級為綱的根本邏輯中，只要煽動足夠多的群眾，就可以無視法律程序，以群體的名義對少數人實施專政。這種階級專政之惡具有雙面性，一面是對龐大的「反革命」群體不斷加強的專政力度，另一面是對普通民眾不斷嚴密的社會控制，不僅嚴重摧殘了受害者們的身心尊嚴，更可悲的是，在政治高壓環境下，許多人是以加害別人的方式進行自保。文革全面發動群眾的群眾路線，鼓動起來的不是群眾的聰明才智，而是群起攻伐精英的反智主義狂熱。在「鬥爭哲學」的政治生態下，出於自我保護的需要，群眾不斷發現敵人、製造敵人，即使大規模的群眾運動消停下來了，但每個社會單位的微觀政治鬥爭一直在進行，沒有停息。

三、撥亂反正的艱難和歷史之憾

柳幸福案件只是觀察文革的一個角度，在該書的後半部分，王海光將文革的結束及政治、法治邏輯的艱難回歸從具體的案件中抽離出來，重新回到「人」的視角下看待文革的結束，反思如何徹底告別文革，如何回歸政治理性、建立現代化的政治共識。

「經過十年文革的反覆折騰，階級鬥爭的神聖性已被這場運動的自身矛盾所解構。」[18]以出身為核心的無理性政治規則在強勢的政權力量輔助下俘獲了大量的群眾，群眾意志一旦膨脹並超過一定的幅度，整個社會就會像打開了的潘朵拉魔盒，陷入失序狀態。在文革這場災難中，領袖和高層利用群眾運動來達成自己的目標，群眾也在利用政治運動謀求自己的利益。這一切都打著「革命」這一神聖的名義進行。「錯誤的東西總是要發展到荒謬絕倫的程度，才

18 同註1，頁206。

會走向反面」，[19] 1971年的林彪事件，成為群眾狂熱的夢醒時刻，一夕之間，被極力推崇的接班人變成了叛徒，文革的合法性已然坍塌，社會心理因此產生了厭惡與抵觸情緒。極端的個人崇拜、畸形的階級路線、氾濫的群眾路線接連被懷疑，進而被推翻。然而，舊秩序的打破不代表新秩序的誕生，從舊秩序到新秩序的更迭，還要經歷極為艱難的政治轉型。

要想否定文革，回歸正常政治，首先就要對文革的反革命案件進行撥亂反正。這是新舊交替、政治轉軌的法律標誌。撥亂反正，不僅要糾正「四人幫」製造的反革命案件，還要重新審視整個毛澤東時代的反革命案件，徹底平反冤假錯案。當時的中共領導人在維護國家政權以及社會安穩的前提下，在「實踐是檢驗真理的唯一標準」的口號下，突破左的思想的鉗制，實事求是地對待並糾正歷史錯誤。然而，大規模冤假錯案的形成，是一個時代性的錯誤。時代錯誤的範圍廣大，有理論上的，也有實踐上的；有中央層面的，也有地方層面的；有政治性的，也有人際關係層面的，撥亂反正的難度很大。「多年形成的階級鬥爭胥吏政治，具有相當的頑固性，比中央政策的改變還要困難」[20]。柳幸福案是文革中無數冤假錯案中最具民眾性的一個案例，涉案範圍是村莊政治，主要操縱者是農村基層幹部，但正因如此，柳幸福的平反更能反映出撥亂反正的社會正義是照射到各個社會角落的。幾千萬的社會政治賤民及其家人被摘掉了「五類分子」的階級專政對象緊箍咒，其意義怎麼估計都不過分。但同時，在一攬子平反冤假錯案的過程中，又有淡化施暴者

19 陳小津，《我的「文革」歲月》（北京：中央文獻出版社，2009），頁427。

20 同註1，頁238。

和加害者歷史責任的問題，一些冤假錯案的製造者實際上並沒有得到追究。所以，柳幸福對於平反是不太服氣的。他說：「對於那些借刀殺人、殺人不用刀的壞人、整人陷害人的壞人及打砸搶分子，要一個不漏地搞出來。不搞出來是不能使他們受到教育的。讓他們逍遙法外，他們還會認為他們整人高明，整人正確，他們以後一有適當溫度還要幹壞事。他們過去跟隨四人幫上躥下跳，整人害人，造成了這麼大的流毒，他們現在沒有事了，我是不甘心的。」[21]

「不甘心」是這些冤案受害者們的真實心聲。他們希望的正義是能夠追責到每一個具體的加害者與幫兇，而不是文革、林彪、四人幫、極左路線等大而不實的空洞言辭。然而，問題也就在這裡。文革的爭鬥是一場牽涉所有人的內亂，堅守人性與道德的底線往往需要以榮譽甚至是生命為代價，這不是每個人都能做到的。在文革的極端政治下，「『覆巢之下豈有完卵』，或為刀俎或為魚肉，幾乎每個人都有程度不同的違心言行。今天的挨整者，或許就是昨天的整人者，沒說過錯話做過錯事的人幾乎沒有。」[22]錯誤的政治路線、荒誕的階級路線和畸形的群眾路線相結合，人性之惡被無限放大的同時，善也被迫成為惡的幫兇，一個人的悲劇、一部分人的悲劇和整個社會的悲劇就這樣聯繫在一起，扯不斷，理還亂。所以，撥亂反正的平反工作不能不是帶著遺憾的。面對在平庸之惡中沉默麻木的烏合之眾，後人實在難以再做出過多的苛責。

---

21 同註1，頁233。

22 韓鋼，〈《時過境未遷》序〉，《炎黃春秋》，2015年第5期，頁86。

四、結語

徹底否定文革，需要平反冤假錯案，但平反並不意味著撥亂反正工作的完成。「撥亂反正的核心意義是對人的解放，實現從階級身分政治社會到尊重個人權利的公民社會的轉變。」[23]在這本書的最後，王海光從現代化的角度將文革這段歷史與改革開放的歷程接軌，給如何向自由民主的公民社會轉型這一問題提供了極有價值的思考：「1980年代中國的現代化轉型，是在對文革痛定思痛的基礎上做出的一系列政策安排」。[24]在付出了慘痛的歷史代價之後，中國開始從經濟、政治、文化等多方面正視過去被視為敵人的西方文明理念，並將其輸入到改革開放的現代化路徑中，實現了社會發展水準的極大提高。

告別文革絕非一朝一夕之事，長期灌輸的階級鬥爭思維與接連不斷的政治運動，使得中國的現代化轉型尤為艱難。「擺脫文革的思維方式，要比簡單地否定文革困難得多。而若擺脫不了文革的思維方式，我們是走不出文革的。」[25]擺脫文革的思維方式，首先須從談「西」色變的夢魘中清醒過來。釐清現代化和西化的辯證關係，充分肯定西方現代文明所包含的科學精神、民主意識、法治觀念和人文關懷的普適性尤為重要。其次，言論自由是邁入現代化國家的門檻。作為最基本的人權之一，在言論自由得不到保障的情況下，民主和人權的保障只能成為無根之萍。在一個只能說官方欽定的正

23 同註1，頁207。

24 同註1，頁291。

25 同註1，頁297。

確話語的政治環境中，社會進步是無從談起的。剝奪言論自由、設置溝通障礙，最終只能導致錯謬的傳播，只能帶來專制主義的橫行。第三，要通過加強制度建設與法治建設防止集權，防止公權力限制、侵害公民的自由和民主權利。馮驥才曾經發問「弱者的依靠只有法律。那麼，法律的依靠是什麼？」[26]良法之治與守法之治結合，是法治社會的根本要求。從前者看，必須確立正義、公平和理性在法律中的地位，摒棄把法律看作是反映統治階級意志、維護其利益的工具的傳統觀念。從後者看，法律是治國的依據，是衡量是非曲直的唯一標準，具有絕對的權威。法律面前人人平等，任何人、任何組織、任何機構都必須依法而行。「人民遵守法律的首要條件也是其他權力機關不越出法律的範圍。」[27]在中國這樣有著悠久王權主義傳統國家，要特別警惕公權力的越界和擴張，一旦領導者、政黨、國家的權力超越法律的界限，「法無定法」只能導致「非法法也」[28]的重現。

趙穎，復旦大學馬克思主義學院中共黨史專業碩士研究生，研究興趣為中國共產黨與中國現代化，曾發表〈湮沒的帝都與明代王權主義下國家治理〉。

王曉冉，復旦大學馬克思主義學院中共黨史專業碩士研究生，研究興趣為中國共產黨與中國近現代思想文化。

26 馮驥才，《一百個人的十年》，頁285。

27 中共中央馬克思恩格斯列寧史達林著作編譯局編，《馬克思恩格斯全集》第22卷（北京：人民出版社，1965），頁91。

28 同註1，頁265。

致讀者

在世界文壇，魯迅的《阿Q正傳》已經是不朽之作，對幾代的中文讀者衝擊尤其強大。今年是這本小說正式問世的100週年，本期發表趙尋先生的長文，適時對魯迅筆下阿Q這個人物的倫理—政治涵意，提出與100年來的通行看法大異其趣的分析。由於中共奉阿Q為底層人民的代表人物，阿Q的革命「倫理」深深影響了中國革命的自我想像。趙尋參考亞里斯多德對憐憫以及阿倫特對社會革命的批評，檢討阿Q的殘忍倫理的政治後果。這篇文章在「魯迅作者」之間應該會引起爭論，但是爭論阿Q的政治倫理，豈不最能證明《阿Q正傳》不衰的現實意義嗎？

其實1922年在文學史上並不尋常，當年問世的名著，除了《阿Q正傳》，還有芥川龍之介的《羅生門》（〈竹藪中〉），喬伊斯的《尤里西斯》，艾略特的《荒原》，褚威格的《一位陌生女子的來信》等等。如果有作者願意共襄盛舉，我們很希望能邀請到相關的文章以饗讀者。

余英時先生在去年8月去世後，《思想》即盼望以合適的方式來紀念與追思他的成就。余先生一生主張民主與自由，不過除了若干少作，並沒有專著陳述他的自由主義信念。在本期的專輯「余英時與自由主義」中，王邦華、陳祖為兩位教授探討余先生在90年代接觸到羅爾斯政治自由主義後的一些回應，揣度余先生晚年會如何界定儒家在現代社會中的角色。以這種方式重現余先生的政治觀點，向余先生致上敬意，格外有其價值。

同樣出於敬意，唐小兵先生追述他跟余先生交往的點滴，特別記錄下余先生對大陸上像他這樣的新一代學人的期望，令人感慨有加。小兵先生一向研究中國知識分子，對於知識人在這個動盪不安的時代裡的種種命運，有一份深刻的同情。文章的結尾處從個人角度思考「人生的完成」這個挑戰，讀來也令人動容。

在本期《思想》的編輯工作接近尾聲時，傳來張灝先生過世的消息。張先生跟余先生一樣，都對當代中文世界的人文思想產生深遠的影響，我們後來者莫不曾經受惠於他們的觀念啟蒙乃至於人格的示範。張先生曾經在《思想》14期發表過〈殷海光先生的理想主義道路：從公共知識分子談起〉，在20期發表〈政教一元還是政教二元？：傳統儒家思想中的政教關係〉；在19期我們也發表過李懷宇先生的訪談〈張灝：探索時代〉，請讀者自行參考。

張灝先生於4月20日去世之後，上海的郭克先生在封城中撰文，趕上本期的出刊。郭克想起他最後一次跟張先生通電話，問張先生最近在研究什麼問題。張先生緩緩回答：為什麼在中國「人」會被神化？郭先生回顧張先生看出從軸心時代的先知到啟蒙知識份子，多有一種「精神氣質」，稱之為「人極意識」。軸心時代的先知尚受到超越意識的限制，但現代知識份子的「人極意識」則已無止境。這種人極意識，正是中國思想一貫地將人「神化」的源頭與動力。到了近代職業革命家帶領社會革命，這種「人極意識」就一發不可收拾了。這正是張先生晚年一直關注的大問題。

張先生所謂的「人極意識」，另一個說法即是「人類中心主義」。在疫情中，人類中心主義應是不得不面對的一種尷尬吧。

編 者

2022年初夏

思想45

余英時與自由主義

2022年7月初版 定價：新臺幣360元

編著	思想編委會
叢書主編	沙淑芬
校對	劉佳奇
封面設計	蔡婕岑、廖婉茹

出版者	聯經出版事業股份有限公司
地址	新北市汐止區大同路一段369號1樓
叢書主編電話	(02)86925588轉5310
台北聯經書房	台北市新生南路三段94號
電話	(02)23620308
台中辦事處	(04)22312023
台中電子信箱	e-mail：linking2@ms42.hinet.net
郵政劃撥帳戶第	0100559-3號
郵撥電話	(02)23620308
印刷者	世和印製企業有限公司
總經銷	聯合發行股份有限公司
發行所	新北市新店區寶橋路235巷6弄6號2樓
電話	(02)29178022

副總編輯	陳逸華
總編輯	涂豐恩
總經理	陳芝宇
社長	羅國俊
發行人	林載爵

行政院新聞局出版事業登記證局版臺業字第0130號

本書如有缺頁，破損，倒裝請寄回台北聯經書房更換。 ISBN 978-957-08- 6382-6 (平裝)
聯經網址：www.linkingbooks.com.tw
電子信箱：linking@udngroup.com

國家圖書館出版品預行編目資料

余英時與自由主義/思想編委會編著．初版．新北市．
聯經．2022年7月．376面．14.8×21公分（思想：45）
ISBN 978-957-08-6382-6（平裝）

1.CST：余英時 2.CST：政治思想 3.CST：自由主義

570.92 111008506